Puentes

University of Louisville Edition - S123

Sixth Edition

Patti J. Marinelli | Lizette Mujica Laughlin

 CENGAGE
Learning

Australia • Brazil • Japan • Korea • Mexico • Singapore • Spain • United Kingdom • United States

CENGAGE
Learning®

Puentes: University of Louisville Edition - S123, Sixth Edition

Puentes: Spanish for Intensive and High-Beginner Courses, Sixth Edition
Patti J. Marinelli | Lizette Mujica Laughlin

© 2014, 2011 Cengage Learning. All rights reserved.

Senior Project Development Manager:
 Linda deStefano

Market Development Manager:
 Heather Kramer

Senior Production/Manufacturing Manager:
 Donna M. Brown

Production Editorial Manager:
 Kim Fry

Sr. Rights Acquisition Account Manager:
 Todd Osborne

For product information and technology assistance, contact us at
Cengage Learning Customer & Sales Support, 1-800-354-9706

For permission to use material from this text or product,
submit all requests online at **cengage.com/permissions**
Further permissions questions can be emailed to
permissionrequest@cengage.com

This book contains select works from existing Cengage Learning resources and was produced by Cengage Learning Custom Solutions for collegiate use. As such, those adopting and/or contributing to this work are responsible for editorial content accuracy, continuity and completeness.

Compilation © 2013 Cengage Learning
ISBN-13: 978-1-285-90737-6

ISBN-10: 1-285-90737-X

Cengage Learning
5191 Natorp Boulevard
Mason, Ohio 45040
USA
Cengage Learning is a leading provider of customized learning solutions with office locations around the globe, including Singapore, the United Kingdom, Australia, Mexico, Brazil, and Japan. Locate your local office at:
international.cengage.com/region.

Cengage Learning products are represented in Canada by Nelson Education, Ltd.
For your lifelong learning solutions, visit **www.cengage.com/custom.**
Visit our corporate website at **www.cengage.com.**

Printed in the United States of America

Contents

 Paso preliminar p. 1

Vocabulario temático	Gramática	Cultura
▶ En la sala de clase; las instrucciones del / de la profesor(a)	▶ Los sustantivos y los artículos	
▶ El abecedario ▶ Los números de 0 a 100		▶ Los números mayas
▶ Para presentarnos ▶ Cómo hablar con tu profesor(a)		

 ¡Así somos! • *Puerto Rico* p. 11

	Vocabulario temático	Gramática	Cultura y Conexiones	Estrategias
A primera vista p. 12			▶ Yo soy… mi música	
Paso 1 p. 14	▶ Cómo saludar a los compañeros y a los profesores ▶ Información básica	▶ Los pronombres personales, el verbo **estar** y los adjetivos ▶ Los verbos **ser, tener, ir**		
Paso 2 p. 25	▶ La familia y los amigos ▶ Nuestra rutina entre semana	▶ Cómo indicar la posesión ▶ El tiempo presente de los verbos regulares		▶ Previewing a lesson
Paso 3 p. 36	▶ El tiempo libre	▶ El verbo **gustar** ▶ Las preguntas	▶ Los pasatiempos	
¡Vamos a Puerto Rico! p. 46			**Imágenes de Puerto Rico** ▶	
Un paso más p. 46	▶ ¡Vamos a hablar! ▶ ¡Vamos a ver! *En la Hacienda Vista Alegre*, Episodio 1 ▶ ▶ ¡Vamos a repasar!			
Gramática suplementaria p. 333		▶ El presente progresivo		
Cuaderno de actividades				▶ Reading: Deciphering unfamiliar words ▶ Writing: The writing process

Contents *continued*

Contents *continued*

Note to Students

Welcome to *Puentes*

Learning another language has been called by many "the journey of a lifetime." As we learn a new way to communicate, we meet remarkable new people and become acquainted with intriguingly different ways of life. Whether you have studied Spanish for one year or three, *Puentes,* **Sixth Edition,** will help you cross the bridge into the next level of language proficiency as you continue your journey into the Spanish-speaking world.

Suggestions for Success

Since you have studied Spanish prior to this course, you will discover that you are somewhat familiar with many of the points of study in this textbook. *Puentes,* **Sixth Edition,** has been designed to help you move from recognition of the various elements of language to active, practical use of this material. This program will also help you deepen your knowledge of the Spanish-speaking cultures.

Keep in mind that learning a language is a lot like learning how to drive a car, play a musical instrument, or play a sport. To become successful at any of them, it isn't enough to read a manual about the topic. Ultimately, you have to put in many hours of intense practice to finally learn how to parallel park, play a song on the guitar, or swim across the pool. The same is true for learning to speak, read, and write Spanish.

Here are some tips to help you on your way to success:

- Set aside a time each day to study and practice Spanish. It is important to study regularly and not get behind.
- Choose a place that is free of distractions so that you can concentrate on your assignments.
- Consult regularly the **Vocabulario temático: español e inglés** at the back of your textbook to practice new words and expressions.
- Speak Spanish outside of class with a study partner in order to improve more quickly and feel more comfortable participating in class.
- Know the difference between recognizing a point of information and mastering it. Review "old material" often so that you can use it to communicate your own thoughts in writing or speech.
- Remember that it is normal to make errors as you learn a new language. Learn to monitor yourself and correct as many errors as you can.

¡Buena suerte! ¡Buen viaje!

P.J.M.

L. M. L.

Acknowledgments

This sixth edition of **Puentes** reflects the dedicated work of the Heinle Cengage Learning team as well as the generous assistance of many colleagues and friends. We are grateful to each of you for your contributions and thank you all for your support.

We are delighted to welcome Karin Delius Fajardo as a collaborating author. Her expertise and creative energy permeate this edition and we are immensely grateful for her numerous contributions to the text, workbook, and video program.

Our deep appreciation goes to Heather Bradley Cole, Senior Acquisitions Editor, Introductory Spanish, for providing us with leadership, direction, and inspiration. We are also indebted to Sarah Link, Developmental Editor, for helping us hone the manuscript into an infinitely stronger work.

The **Puentes** program is greatly enriched by its top-notch ancillary materials, expertly managed by Claire Kaplan, Assistant Editor. We extend our sincere thanks to Kristen Chapron (Instructor's Resource Manual and Transition Guide), Brittany Kennedy, *Tulane University* (PowerPoint Presentations), Catherine Wiskes, *University of South Carolina* (Diagnostic Tests), Flavia Belpoliti, *University of Houston* (Testing Program – Strand A), Peggy Patterson, *Rice University* (Testing Program – Strand B), Jan Underwood, *Portland Community College* (Tutorial Quizzes and Web Searches).

From beginning to end, **Puentes** has benefitted from the careful planning and creative solutions of the Heinle team. For their dedication and consummate professionalism we recognize the following team members: Esther Marshall, Senior Content Project Manager; Linda Jurras, Art Director; Ben Rivera, Executive Brand Manager; Patrick Brand, Associate Media Editor; and Dan Cruse, Editorial Assistant. And, finally, our thanks also go to all the other people involved with the production of this edition and, in particular, Michael Packard, Project Manager on behalf of PreMediaGlobal, Luz Galante, native reader; and Alicia Fontan, proofreader.

This edition of **Puentes** features exciting new videos in **A primera vista**. We congratulate the actors and native informants for their fine work in these vignettes: Jaime de Souza, Liván Adames, Manuel Almeida, Audrie Cortés Puentes, Alba Domenech, Juan Rodríguez, and Tamara Rodríguez. We would also like to recognize the meticulous work of Assistant Editor, Claire Kaplan, and the AV team in producing these outstanding videos.

Adam Abelson – Media Producer

Andy Kwok – Media Producer

Stephanie Berube – Media Producer

Carolyn Nichols – Sr. Media Producer

Peter Schott – Senior Manager, Audio Video Production

A special note of thanks is due to Karin Fajardo for being on location for the filming and for helping to coordinate the interviews.

We would also like to thank our colleagues that provided valuable comments and suggestions throughout the review process.

Eileen Angelini – Canisius College

Bárbara Ávila-Shah – University at Buffalo, SUNY

Antonio Baena – Louisiana State University

Diana Barnes – Skidmore College

Marita Bell-Corrales – Macon State College

Timothy Benson – Lake Superior College

María José Bordera – Randolph-Macon College

María Bustos – University of Montana

Miriam Carrascal-Nagy – Front Range Community College

Esther Castro – Mount Holyoke College

An Chung Cheng – University of Toledo

Irene Chico-Wyatt – University of Kentucky

Beatriz Cobeta Gutierrez – George Washington University

Gregory Cole – Newberry College

Adam Crofts – College of Southern Idaho

James DeJong – Trinity University

Lisa DeWaard Dykstra – Clemson University

David Fiero – Western Washington University

Amy George-Hirons – Tulane University

Darris A. Hassell – University of South Carolina-Lancaster

Robert Hawley – West Shore Community College

Marilyn Kiss – Wagner College

Michael A. Kistner – University of Toledo

Robert Lesman – Shippensburg University of Pennsylvania

Katherine Lincoln – Tarleton State University

Alicia López Ópere – University of Richmond

Paula Luteran – Hutchinson Community College

Juan Martin – University of Toledo

Constance Montross – Clark University

Patricia Moore-Martínez – Temple University

Antje Muntendam – Radboud University-Nijmegen

Teresa Perez-Gamboa – University of Georgia

Alejandro Puga – DePauw University

Alice Reyes – Marywood University

Amy Richardson Carbajal – Western Washington University

Gabriel Rico – Victor Valley College

Regina Roebuck – University of Louisville

Esperanza Román Mendoza – George Mason University

Anne Rutter – University of Georgia

Nuria Sabaté-Llobera – Centre College

Ruth Sánchez Imizcoz – Sewanee: The University of the South

Bethany Sanio – University of Nebraska-Lincoln

Nohemy Solorzano-Thompson – Whitman College

Christine Stanley – Roanoke College

Jonathan Stowers – Salt Lake Community College

Laurie Tomchak – Windward Community College

Julie Wilhelm – Iowa State University

Theresa Zmurkewycz – Saint Joseph's University

Finally, for their unwavering support and never-ending supply of love and encouragement, we send our love and thanks to our families.

P. J. M.
L. M. L.

América del Sur

España

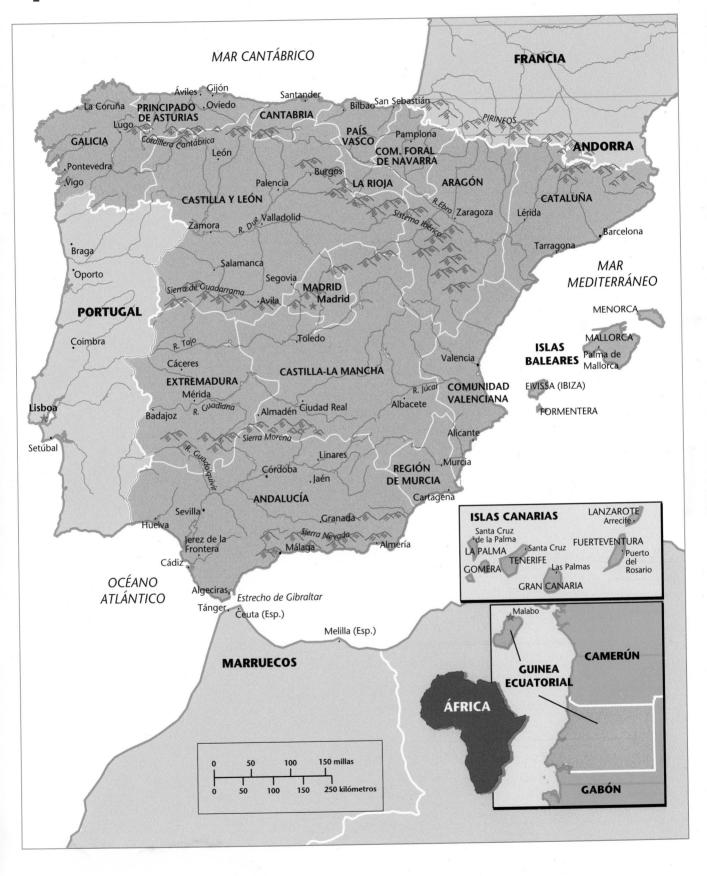

MAR CANTÁBRICO

FRANCIA

La Coruña
Áviles · Gijón
Santander
Bilbao · San Sebastián
PRINCIPADO
DE ASTURIAS
Oviedo
CANTABRIA
PIRINEOS
GALICIA
Lugo
Cordillera Cantábrica
PAÍS
VASCO
Pamplona
ANDORRA
León
COM. FORAL
DE NAVARRA
Pontevedra
Vigo
Burgos
LA RIOJA
ARAGÓN
CATALUÑA
Palencia
R. Ebro
Zaragoza
Lérida
CASTILLA Y LEÓN
Barcelona
Zamora
R. Due Valladolid
Sistema Ibérico
Tarragona
MAR
MEDITERRÁNEO
Braga
Salamanca
Segovia
MENORCA
Oporto
Sierra de Guadarrama
MADRID
Madrid
MALLORCA
ISLAS
BALEARES
Palma de
Mallorca
PORTUGAL
Ávila
Coimbra
Toledo
Valencia
EIVISSA (IBIZA)
R. Tajo
CASTILLA-LA MANCHA
Cáceres
COMUNIDAD
VALENCIANA
FORMENTERA
EXTREMADURA
R. Júcar
Mérida
R. Guadiana
Almadén · Ciudad Real
Albacete
Lisboa
Badajoz
Alicante
Setúbal
Sierra Morena
R. Guadalquivir
Linares
Murcia
REGIÓN
DE MURCIA
Córdoba
Jaén
Cartagena
ANDALUCÍA
Granada
ISLAS CANARIAS
LANZAROTE
Arrecife
Sevilla
Sierra Nevada
Almería
Santa Cruz
de la Palma
Huelva
Málaga
LA PALMA
Santa Cruz
FUERTEVENTURA
Jerez de la
Frontera
GOMERA
TENERIFE
Las Palmas
Puerto
del
Rosario
Cádiz
OCÉANO
ATLÁNTICO
GRAN CANARIA
Algeciras
Estrecho de Gibraltar
Tánger
Ceuta (Esp.)
Melilla (Esp.)
Malabo
CAMERÚN
MARRUECOS
GUINEA
ECUATORIAL
ÁFRICA
GABÓN

0   50   100   150 millas
0   50   100   150   250 kilómetros

XV

México, América Central y el Caribe

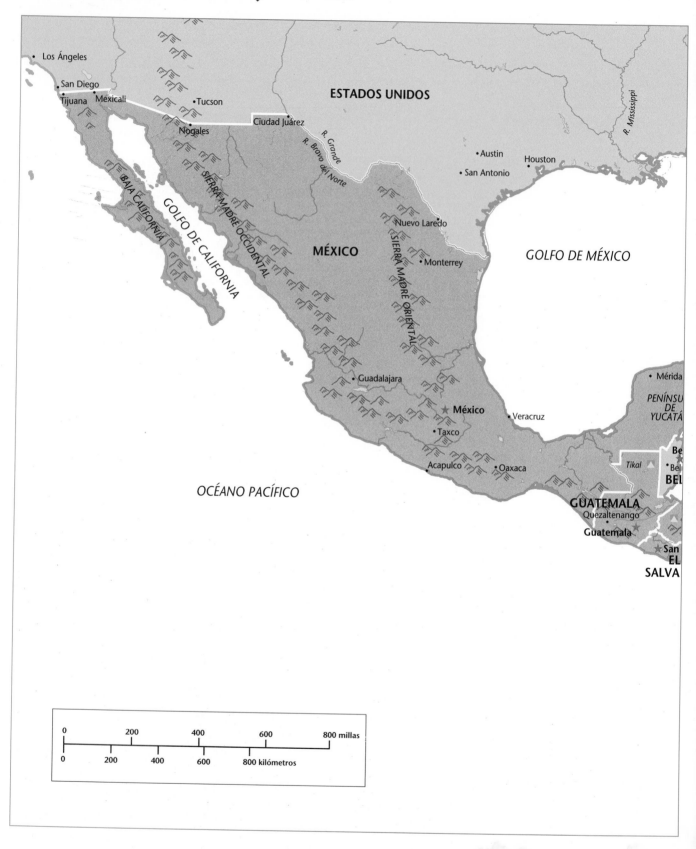

Los Ángeles
San Diego
Tijuana
Mexicali
Tucson
Nogales
Ciudad Juárez

ESTADOS UNIDOS

R. Mississippi

R. Grande
R. Bravo del Norte

Austin
Houston
San Antonio

Nuevo Laredo

MÉXICO

BAJA CALIFORNIA

GOLFO DE CALIFORNIA

SIERRA MADRE OCCIDENTAL

SIERRA MADRE ORIENTAL

Monterrey

GOLFO DE MÉXICO

Mérida

PENÍNSU
DE
YUCATÁ

Guadalajara

México

Veracruz

Taxco

Tikal

Be
Bel
BEL

Acapulco

Oaxaca

GUATEMALA

OCÉANO PACÍFICO

Quezaltenango

Guatemala

San
EL
SALVA

| 0 | 200 | 400 | 600 | 800 millas |

| 0 | 200 | 400 | 600 | 800 kilómetros |

Los sustantivos y los artículos

A. Los sustantivos. The words for people, places, and things—such as **profesor, universidad,** and **libro**—are known as nouns. In Spanish, all nouns are classified as masculine or feminine.

► A noun is masculine if it refers to a male, regardless of its ending: **estudiante, profesor.** For inanimate objects, a noun is generally masculine if it ends in -**o**: **libro, diccionario.**

► A noun is feminine if it refers to a female, regardless of its ending: **estudiante, profesora.** For inanimate objects, a noun is usually feminine if it ends in -**a**: **mochila, mesa.**

► Nouns that end in -**e** or a consonant may be masculine or feminine. If the noun does not refer to a person, you must learn the gender of these nouns on a case-by-case basis: **pupitre** (masculine); **reloj** (masculine); **clase** (feminine).

B. Singular y plural. A noun that refers to just one person or thing is **singular;** one that refers to two or more is **plural.**

► If a noun ends in a vowel, add -**s** to make it plural.
diccionario + s → diccionario**s**

► If a noun ends in a consonant, add -**es** to make it plural.
papel + es → papel**es**

C. Los artículos definidos. The English definite article *the* has four equivalents in Spanish; you must choose the one that matches the noun in gender (masculine or feminine) and in number (singular or plural).

	MASCULINO	FEMENINO
SINGULAR	**el** cuaderno	**la** silla
PLURAL	**los** cuadernos	**las** sillas

D. Los artículos indefinidos. The English indefinite articles *a/an* and their plural *some* also have four equivalents in Spanish; once again, you must choose the indefinite article that matches the noun in gender and number.

	MASCULINO	FEMENINO
SINGULAR	**un** diccionario	**una** mesa
PLURAL	**unos** diccionarios	**unas** mesas

⊕ **Heinle Grammar Tutorial:** Nouns and articles

A few nouns ending in -**a** are masculine: **mapa, problema.**

A few nouns ending in -**o** are feminine: **moto, mano** *(hand).*

P-1 ¿Qué hay en la sala de clase? Observa el dibujo de la página 2. Para cada oración, selecciona los artículos correctos. Luego di si es cierto o falso *(Then say if it's true or false).*

> MODELO   En (el / la) sala de clase hay (un / una) reloj.
>
> En la sala de clase hay un reloj. *cierto*

_____ 1. Hay (un / una) profesora. Es (el / la) señora Wing.

_____ 2. (Los / Las) estudiantes están en (el / la) clase de inglés.

_____ 3. Hay (una / unas) ventana en (el / la) puerta.

_____ 4. Hay (un / una) mapa de España en (el / la) sala de clase.

_____ 5. (Un / Una) estudiante usa (el / la) teléfono celular.

_____ 6. Hay (unos / unas) borradores en (el / la) silla.

_____ 7. (Un / Una) estudiante escribe mensajes de texto en (el / la) teléfono celular.

_____ 8. Hay (un / una) libro en (el / la) mesa de la profesora.

P-2 Singular y plural. Completa la tabla con el singular y plural de las palabras.

Singular	Plural
la profesora	
	los bolígrafos
	los pupitres
el papel	
	unas mochilas
una ventana	
un reloj	
	unos carteles

P-3 Sigan las instrucciones. Trabaja con dos o tres compañeros(as). Un(a) estudiante lee *(reads)* una serie de instrucciones y los demás *(the rest)* siguen *(follow)* las instrucciones.

Instrucciones A
1. Escuchen.
2. Abran el libro en la página 7.
3. Lean la información en Comentario cultural.
4. Cierren el libro.

Instrucciones B
1. Escuchen.
2. ¿Qué hay en la sala de clase? Repitan la pregunta.
3. Contesten en español.

Vocabulario temático

El abecedario *(The alphabet)*

CD1
Track 1-4

—¿Qué es esto?

—Es *un pupitre.*

—¿Cómo se escribe "pupitre"?

—Se escribe *pe-u-pe-i-te-erre-e.*

a	a	Argentina	ñ	eñe	España
b	be	Bolivia	o	o	Omán
c	ce	Colombia	p	pe	Perú
d	de	Dinamarca	q	cu	Quito
e	e	Ecuador	r	erre	Rusia
f	efe	Francia	s	ese	Suiza
g	ge	Guatemala	t	te	Tailandia
h	hache	Honduras	u	u	Uruguay
i	i	Inglaterra	v	uve	Venezuela
j	jota	Japón	w	uve doble	Washington
k	ka	Kenia	x	equis	México
l	ele	Luxemburgo	y	ye	Yemen
m	eme	Mónaco	z	zeta	Nueva Zelanda
n	ene	Nicaragua			

Some of the letters of the alphabet have different "names," which can vary by country. For example, the letter v can be called **uve, ve,** or **ve chica;** the letter **y** can be called **ye** or **i griega.**

Ponerlo a prueba

P-4 El ahorcado *(Hangman).* Trabaja con un(a) compañero(a). Piensa en una palabra para cosas en la sala de clase e incluye un espacio para cada letra. Luego, escribe la primera letra de la palabra. Entonces, tu compañero(a) debe adivinar *(guess)* el resto de las letras en la palabra. Por cada error que tu compañero(a) cometa *(makes),* puedes dibujar una parte del cuerpo hasta terminar el ahorcado.

MODELO   B_L _ _ RA_ _ *(bolígrafo)*

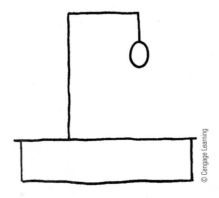

Vocabulario temático

Los números de 0 a 20 *(Numbers from 0 to 20)*

🔊 CD1 Track 1-5

—¿Cuántos pupitres hay en la sala de clase?

—Hay *veinte (20).*

—¿Cuántas sillas hay?

—Hay *veintuna (21).*

0	cero		11	once
1	uno		12	doce
2	dos		13	trece
3	tres		14	catorce
4	cuatro		15	quince
5	cinco		16	dieciséis
6	seis		17	diecisiete
7	siete		18	dieciocho
8	ocho		19	diecinueve
9	nueve		20	veinte
10	diez			

Los números de 10 a 100

🔊 CD1 Track 1-6

10	diez (once, doce, trece…)
20	veinte (veintiuno, veintidós, veintitrés,…)
30	treinta (treinta y uno, treinta y dos…)
40	cuarenta (cuarenta y uno, cuarenta y dos…)
50	cincuenta (cincuenta y uno, cincuenta y dos…)
60	sesenta (sesenta y uno…)
70	setenta (setenta y uno…)
80	ochenta (ochenta y uno…)
90	noventa (noventa y uno…)
100	cien (ciento uno, ciento dos, ciento tres…)

The numbers 21–29 are sometimes spelled **veinte y uno, veinte y dos,** etc. Also, the number one uses the feminine form **una** before feminine nouns; for example, **una ventana** *(one window),* **veintiuna sillas** *(twenty-one chairs).*

P-5 Secuencia de números. ¿Qué número no pertenece *(doesn't belong)* a cada secuencia?
Identifica el número incorrecto y da el número correcto.

 MODELO   diez, veinte, treinta, ~~catorce~~, cincuenta, sesenta

                   cuarenta

1. diez, once, veinte, trece, catorce, quince

2. dos, cuatro, seis, ocho, diez, once

3. cinco, diez, cincuenta, veinte, veinticinco, treinta

4. cien, noventa, ochenta, siete, sesenta, cincuenta

5. veinticinco, treinta y cinco, cuarenta y cinco, cincuenta y cinco, setenta y cinco

6. ochenta y dos, ochenta y cuatro, ochenta y siete, ochenta y ocho, noventa

 P-6 Matemáticas. ¿Eres bueno(a) en matemáticas? Trabajando con un(a)
compañero(a), sigan el modelo para hacer problemas de adición.

MODELO

Tú: Quince más quince son… (15 + 15 =…)

Tu compañero(a):   Treinta (30). Veinte más treinta son… (20 + 30 =…)

Tú: Cincuenta (50). Ocho más...

P-7 El inventario. Con un(a) compañero(a), di *(say)* cuántas de las siguientes
cosas/personas hay en tu sala de clase.

MODELO

Tú: ¿Cuántas puertas hay?

Tu compañero(a):   Hay una puerta.

1. cuántas sillas
2. cuántos pupitres
3. cuántas ventanas

4. cuántas computadoras
5. cuántos borradores
6. cuántos estudiantes

Comentario cultural   *Los números mayas*

**¿Conoces el sistema de números de los
mayas? ¿Sabes escribir el número 2 con el
sistema de los mayas?**

*Long before Columbus made his famous first
voyage to the New World in 1492, numerous
indigenous civilizations were flourishing in the
Americas. One of those civilizations is especially
well known for its achievements in mathematics.*

Muchos años antes de la llegada *(arrival)* de Cristóbal Colón al Nuevo Mundo,
existían grandes civilizaciones indígenas en las Américas. Una de las civilizaciones
más avanzadas era *(was)* la de los mayas. Los mayas vivían donde hoy se
encuentran México y Centroamérica. Los mayas son famosos por sus cálculos
matemáticos; fueron uno de los primeros pueblos *(one of the first peoples)* en usar
el concepto del cero. A diferencia de nuestro sistema decimal, el sistema maya
se basaba en *(was based upon)* el número veinte. Los números se escribían como
una serie de puntos y barras. Mira los números mayas de 0 a 14. ¿Puedes escribir
el número 15 según el sistema maya?

Vocabulario temático

Cómo hablar con tu profesor(a) (Talking with your professor)

CD1
Track 1-8

Image Source/Jupiter Images

Más despacio, por favor.   **Tengo una pregunta.**

¿Cómo se dice…?   **¿Qué quiere decir…?**

¿Puede repetir, por favor?   **¿En qué página?**

Sí. / No.   **No sé.**

Gracias.   **De nada.**

Perdón.   **Con permiso.**

Use **perdón** if you bump into someone or need to interrupt a conversation. Say **con permiso** when walking or reaching in front of someone.

> ### Ponerlo a prueba

P-8 Los compañeros de clase. Completa la conversación con las palabras más lógicas de la lista.

Hola   gusto   llamo   Mucho   Soy

ANA: (1) _____. Me (2) _____ Ana.

LARA: Hola, Ana. (3) _____ Lara.

ANA: (4) _____ gusto, Lara.

LARA: Mucho (5) _____, Ana.

P-9 ¿Qué se dice? Con un(a) compañero(a), usa una expresión adecuada para reaccionar en cada situación.

1. A classmate thanks you for the use of your pen.
   You respond: _____

2. You want to ask your professor how to say *backpack* in Spanish.
   You ask: _____

3. You want to thank your professor.
   You say: _____

4. You need to walk in front of a classmate to get to the chalkboard.
   You say: _____

5. You didn't catch the page number.
   You say: _____

6. Your partner asks you a question and you don't know the answer.
   You respond: _____

7. Your professor is speaking very quickly.
   You say: _____

8. When moving to sit next to a new partner, you step on someone's foot.
   You say: _____

9. You want to ask your professor a question.
   You say: _____

10. You want to ask your professor the meaning of the word **silla.**
   You say: _____

P-10 En nuestra sala de clase. ¿Qué dicen las personas en esta sala de clase? Escribe pequeños diálogos.

© Cengage Learning

Vocabulario

Sustantivos

el bolígrafo *ballpoint pen*
el borrador *eraser*
el calendario *calendar*
el cartel *poster*
el (la) compañero(a) *partner; classmate*
la computadora *computer*
el cuaderno *notebook*
el diccionario *dictionary*
el (la) estudiante *student*
la hoja de papel *sheet of paper*
la impresora *printer*
el lápiz *pencil*
el libro *book*
el mapa *map*
la mesa *table*
la mochila *backpack*
la pizarra *chalkboard*
el (la) profesor(a) *professor*
el pupitre *desk*
el reloj *clock*
el reproductor de MP3/MP4 *MP3/ MP4 player*
la sala de clase *classroom*
la silla *chair*
el teléfono celular *cell phone*
la tiza *chalk*
la ventana *window*

Expresiones

Abran el libro en la página… *Open the book to page . . .*
Cierren el libro. *Close the book.*
¿Cómo se dice…? *How do you say . . . ?*
¿Cómo se escribe…? *How do you write . . . ?*
Con permiso. *Excuse me.*
Contesten en español. *Answer in Spanish.*
De nada. *You're welcome.*
Escriban el ejercicio. *Write the exercise.*
Escuchen. *Listen.*
Estudien las páginas… *Study pages . . .*
Gracias. *Thank you.*
Hagan la tarea para… *Do the homework for . . .*
Hay… *There is/are . . .*
Lean la información. *Read the information.*
Más despacio, por favor. *More slowly, please.*
Perdón. *Pardon me; Excuse me.*
¿Puede repetir, por favor? *Could you repeat that, please?*
¿Qué quiere decir…? *What does . . . mean?*
Repita. *Repeat.*

Tengo una pregunta. *I have a question.*
Trabajen con un(a) compañero(a). *Work with a partner.*

Alphabet: p. 5
Numbers 0–100: p. 6

For further review, please turn to **Vocabulario temático: español e inglés** at the back of the book.

Go to the ***Puentes*** website for extra vocabulary practice using the Flashcard program.

¡Así somos!

CAPÍTULO 1

Fuse/Jupiter Images

For a selection of musical styles from this chapter's country of focus, access the **Puentes**, Sixth Edition, iTunes playlist at www.cengagebrain.com

OBJETIVOS

Speaking and Listening
- Introducing yourself
- Greeting others and saying good-bye
- Expressing some physical and emotional conditions
- Providing basic information about yourself, your family, and friends
- Talking about some of your daily activities at work, home, and school
- Expressing likes and dislikes
- Asking questions

Culture
- Music and cultural/personal identity
- Puerto Rico

Grammar
- Subject pronouns and adjectives
- **Estar, ser, tener,** and **ir** in the present tense
- Possessive adjectives
- Present tense of regular **-ar, -er,** and **-ir** verbs
- Basic sentence formation: statements and questions

Video
- Imágenes de Puerto Rico
- En la Hacienda Vista Alegre: Episodio 1

Gramática suplementaria
- El presente progresivo

Cuaderno de actividades

Reading
- Strategy: Deciphering unfamiliar words

Writing
- Strategy: The writing process

Playlist
- www.cengagebrain.com

Yo soy... mi música

La música es expresión de una identidad cultural y personal. Cada región tiene sus propios ritmos, canciones y bailes. El flamenco, la cumbia, el merengue, la norteña, el son... la lista de tradiciones musicales de España y Latinoamérica es innumerable. ¿Con qué estilo de música te identificas tú?

Para hablar de la música

► **Tipos de música:** el rock, el jazz, el hip hop, el *country*, el techno, la música clásica, la música alternativa, el pop, el reguetón.

► Me gusta escuchar... *I like to listen to . . .*

► Mi canción favorita es... *My favorite song is . . .*

► (No) Canto / Bailo muy bien. *I'm (not) a very good singer / dancer. (Literally: I [don't] sing / dance well.)*

► Sé tocar el piano / la guitarra / los tambores / varios instrumentos. *I can play the piano / guitar / drums / several instruments.*

► Me identifico con la música... *I identify with . . . music.*

A. ¿Comprendes? Lee la información sobre la música en la página 13. ¿Con cuál(es) de los tres tipos de música asocias estas palabras?

la percusión	las flautas	canciones poéticas	Marc Anthony
sensual	bailar	Carlos Gardel	Argentina
música melancólica	ritmos rápidos	espiritual	los incas

B. Comparaciones. Vamos a comparar *(Let's compare)* las tradiciones musicales de los Estados Unidos con las de los países hispanos. Trabajando con un(a) compañero(a), completen las oraciones con diferentes estilos de música típicos de los Estados Unidos.

1. La salsa tiene ritmos rápidos. La música _____ también tiene ritmos rápidos.

2. La música andina tiene un elemento espiritual. La música _____ también tiene un elemento espiritual.

3. El tango siempre se baila entre dos personas. El baile _____ también se baila entre dos.

C. ¿Qué dices tú? Habla con un(a) compañero(a) sobre la música. Completen las oraciones y comparen sus respuestas.

1. Me gusta escuchar la música... ¿Y a ti? *(And you?)*

2. Mi canción favorita es... ¿Y la tuya *(yours)*?

3. (No) Canto muy bien. ¿Y tú?

4. (No) Bailo muy bien. ¿Y tú?

5. (No) Sé tocar... ¿Y tú?

6. Me identifico con la música... ¿Y tú?

La salsa

En Nueva York, en la década de 1960, los inmigrantes del Caribe buscan una expresión de su realidad. Ellos combinan varios estilos musicales —el son, la cumbia, el mambo, el jazz— y crean un nuevo género: la salsa. La salsa representa la identidad cultural caribeña y urbana. Hoy, la gente *(people)* de muchos países *(countries)* baila a los ritmos rápidos generados por los instrumentos de percusión.

El puertorriqueño Marc Anthony es "el rey de la salsa". ▶

La música andina

La música andina es la música de los descendientes de los incas. Esta música se oye en Perú, Bolivia, Ecuador y partes de Colombia, Chile y Argentina. Aquí, entre las majestuosas montañas, los músicos producen sonidos melancólicos, monótonos y hermosos. Estos sonidos expresan la espiritualidad de un pueblo muy antiguo, un pueblo con una profunda relación con Pachamama *(Mother Earth)*.

◀ Los instrumentos andinos incluyen el bombo, la zampoña (flauta de pan), el charango y la quena (flauta de caña).

El tango

El tango se origina en el Río de la Plata (en Argentina y Uruguay) en el siglo *(century)* xix. Inicialmente, el tango se asocia con los burdeles *(brothels)* y se considera vulgar. Más tarde, en la década de 1920, el carismático Carlos Gardel populariza el tango en las grandes ciudades. Ahora, el tango se asocia con canciones poéticas, y el baile —de una coreografía estructurada— se considera sensual.

Se necesitan dos para bailar el tango. ▶

To access the audio recordings, visit **www.cengagebrain.com**.

PARA INVESTIGAR

¿Quieres aprender más sobre música? En Internet, escucha ejemplos de estos estilos musicales: tango, salsa, música andina, flamenco, música ranchera, cumbia y merengue.

Vocabulario temático

In this *Paso* you will practice:

▶ Introducing yourself

▶ Greeting others and saying good-bye

▶ Talking about how you feel

▶ Exchanging personal information

Grammar:

▶ Subject pronouns and adjectives

▶ The verbs **estar, ser, tener,** and **ir** in the present tense

🌐 Go to the ***Puentes*** website for extra vocabulary practice using the Flashcard Program.

A female speaker would respond **Encantada.**

Each **Vocabulario temático** section introduces new words and expressions in model sentences and questions—the building blocks you need to create your own conversations.

Las presentaciones informales
(Introducing yourself to classmates)

CD1
Track 1-9

FRANCISCO:	Hola. Soy **Francisco Martín**. ¿Cómo te llamas?
ELENA:	Me llamo **Elena Suárez Lagos**.
FRANCISCO:	Mucho gusto, **Elena**.
ELENA:	Mucho gusto, **Francisco**.

Las presentaciones formales *(Introducing yourself to professors)*

CD1
Track 1-10

RAFAEL:	Buenos días. Me llamo **Rafael Díaz**. ¿Cómo se llama usted?
PROFESORA:	Soy **Carmen Acosta**.
RAFAEL:	Encantado.
PROFESORA:	Igualmente.

Los saludos informales *(Greeting classmates and friends)*

CD1
Track 1-11

MARGARITA:	Hola, **Patricia**.
PATRICIA:	Hola, **Margarita**.
MARGARITA:	¿Cómo estás?
PATRICIA:	**Bien**, gracias. ¿Y tú? **Regular.**
MARGARITA:	Muy bien. **Hablamos** más tarde.
PATRICIA:	Está bien. **Hasta luego. Nos vemos.**

To speak with a professor, express "you" with the formal **usted (Ud.).**

Other common titles: **señor** *(Mr.),* **señora** *(Mrs.),* **señorita** *(Miss),* **doctor(a)** *(Dr.).*

Los saludos formales *(Greeting your professors)*

🔊
CD1
Track 1-12

ESTUDIANTE:	Buenas tardes, **profesor(a)**.
PROFESOR(A):	Buenas tardes, **Roberto**.
ESTUDIANTE:	¿Cómo está usted?
PROFESOR(A):	**Estoy bastante bien**. ¿Y usted? **Ocupado(a), pero bien.**
ESTUDIANTE:	**Bien,** gracias. Bueno, nos vemos en clase.
PROFESOR(A):	Adiós. **Hasta mañana.**

Más saludos y despedidas *(More ways to greet and say good-bye)*

CD1
Track 1-13

Buenos días.

(from morning to mid-day)

Buenas tardes.
(from after mid-day to dusk)

Buenas noches. *(from dusk on)*

Chao. *(informal)*

Hasta pronto.

¡Que pases un buen fin de semana!
(informal)

¡Que pase un buen fin de semana!
(formal)

The English equivalents of the
Vocabulario temático sections are
found at the back of the book.

Para expresar los estados *(Expressing how you feel)*

CD1
Track 1-14

—**¿Qué tal?** *(informal)*

—**Estoy... de maravilla.**

—**¿Cómo estás?** *(informal)*

—**Estoy muy** *enfermo(a).* **¿Y tú?**

—**¿Cómo está Ud.?** *(formal)*

—**Estoy un poco** *cansado(a).* **¿Y Ud.?**

© Cengage Learning

Use the informal **tú** with friends, family, and peers of your own age group.

Use the formal **Ud.** with professors, bosses, doctors, older people, and strangers.

Algunos estados *(How you feel)*

CD1
Track 1-15

de maravilla	cansado /cansada
(bastante) bien	contento/contenta
regular	enfermo/enferma
mal	enojado/enojada
de buen humor	nervioso/nerviosa
de mal humor	ocupado/ocupada
	preocupado/preocupada
	triste

Los pronombres personales, el verbo *estar* y los adjetivos

A. Los pronombres personales. Subject pronouns identify the person who performs the action or is the main focus of a sentence. Notice that there is no Spanish equivalent for the subject pronoun *it*.

yo	*I*	**nosotros(as)**	*we*
tú	*you (informal)*	**vosotros(as)**	*you (plural, informal, used in Spain)*
usted (Ud.)	*you (formal)*	**ustedes (Uds.)**	*you (plural, formal in Spain; both informal and formal in Latin America)*
él	*he*	**ellos**	*they (males, mixed group)*
ella	*she*	**ellas**	*they (females)*

B. Estar *(to be).* To create sentences, you must "conjugate" the verbs. That means you must use the verb form that corresponds to the subject of the sentence. Here is the conjugation of **estar** in the present tense.

estar *(to be)*

yo	**estoy**	nosotros(as)	**estamos**
tú	**estás**	vosotros(as)	**estáis**
usted (Ud.)	**está**	ustedes (Uds.)	**están**
él/ella	**está**	ellos/ellas	**están**

The verb **estar** is used to express how someone feels or where a person or thing is located.

Estoy un poco cansada.	***I'm (feeling)*** *a little tired.*
Mis amigos **están** en casa.	*My friends **are** at home.*

Subject pronouns are generally not used because the verb ending indicates the subject of the sentence.

¿Cómo **estás?**	*How are **you?*** (The subject is **tú**, or *you*.)

C. Los adjetivos. Adjectives (**enfermo, cansado, contento**, etc.) have different endings, depending on the word they describe. Use the **-o** ending to refer to a man; the **-a** ending, to a woman. Adjectives that end in **-e**, like **triste**, can refer to a man or a woman without a change of ending. Add an **-s** to describe two or more people. We refer to this kind of matching as "making adjectives agree in gender and number."

Roberto está enferm**o**.	*Roberto is sick.*
Anita está enferm**a**.	*Anita is sick.*
Roberto y Anita están enferm**os**.	*Roberto and Anita are sick.*

Ponerlo a prueba

CD1
ck 1-16

1-1 Por el campus. Tamika es una estudiante de Arizona. Estudia español en la Universidad de Puerto Rico. Escucha las conversaciones de Tamika. ¿Cómo responde Tamika a las diferentes situaciones?

To access the audio recordings, visit **www.cengagebrain.com.**

MODELO *You hear:* ¡Mucho gusto, Tamika!

You read and select how Tamika would respond:

a. Nos vemos en clase.	**b. Me llamo Tamika.**	**c. Mucho gusto.**
1. a. Estoy bien.	b. Me llamo Tamika.	c. Mucho gusto.
2. a. De maravilla. ¿Y tú?	b. Nos vemos en clase.	c. Adiós.
3. a. ¿Cómo estás?	b. Igualmente.	c. Buenos días, profesor.
4. a. Regular. ¿Y tú?	b. Encantada.	c. Bien, gracias. ¿Y usted?
5. a. Está bien. Chao.	b. Hola. ¿Cómo te llamas?	c. Estoy enojada.
6. a. Estamos cansados.	b. Estoy cansada.	c. Estás cansada.

1-2 En la Universidad de Puerto Rico. Estás en Puerto Rico para estudiar español. ¿Cómo respondes a las situaciones siguientes *(following)*? Escribe tu respuesta.

MODELO *You read:* Tu profesora de español: Buenos días.

You write an appropriate response: Buenos días, profesora.

1. Una compañera de clase: Hola. Soy Clarisa Estrada. ¿Cómo te llamas?

2. Un compañero de clase: Mucho gusto.

3. Tu profesor de literatura: Nos vemos en clase. Hasta pronto.

4. Tu amiga silvia: Hola. ¿Cómo estás?

5. Tu profesor de español: ¡Que pases un buen fin de semana!

6. Tu amigo marcos: Hablamos más tarde.

7. Tu profesora de historia: Buenas tardes.

8. Tu amiga rosa: Estoy un poco cansada. ¿Y tú?

1-3 Entre estudiantes. Preséntate *(Introduce yourself)* a tus compañeros de clase. Sigue el modelo.

MODELO
—Hola. Soy Josh Aranson. ¿Cómo te llamas?
—Me llamo Chrissy Hill.
—Mucho gusto, Chrissy.
—Mucho gusto, Josh.

1-4 Mis compañeros de clase. Saluda *(Greet)* a cinco o seis compañeros de clase. Sigue el modelo.

MODELO
—Hola, Sam.
—Hola, Megan.
—¿Cómo estás?
—Ocupada, pero bien. ¿Y tú?
—Muy bien, gracias.
—Bueno, hablamos más tarde.
—Hasta luego.
—Chao. Hasta pronto.

1-5 ¿Cómo estás? ¿Cómo te sientes *(do you feel)* en las situaciones siguientes *(that follow)*? Responde con oraciones completas con el verbo **estar** y un adjetivo apropiado. Compara tus respuestas con las de un(a) compañero(a) de clase.

nervioso(a)	de buen humor	de mal humor	triste
contento(a)	ocupado(a)	preocupado(a)	de maravilla
cansado(a)	enojado(a)	enfermo(a)	

> **MODELO**
>
> ***You read:*** Tienes un examen importante mañana.
>
> ***You say how you might feel:*** Estoy nervioso(a). ¿Y tú?
>
> ***Your classmate says how he/she might feel:*** Estoy preocupado(a).

1. Tu compañero(a) de cuarto *(roommate)* usa tu computadora y la daña *(breaks it)*.
2. Necesitas leer tres novelas y escribir tres composiciones para la clase de inglés.
3. ¡Tu profesor(a) de español cancela la clase!
4. Tu perro *(dog)* está muy enfermo.
5. Participas en un maratón.
6. No encuentras *(You can't find)* tu celular.
7. Unos amigos te invitan a comer en un restaurante.
8. Sacas A+ en una composición en la clase de inglés.

1-6 En nuestro campus. Trabaja con uno(a) o dos compañeros(as) de clase. Preparen breves diálogos para los dibujos. Después *(Afterward)*, presenten uno de los diálogos a la clase.

© Cengage Learning

1-7 Dramatización. Con un(a) compañero(a) de clase, dramaticen *(role-play)* la siguiente situación.

ESTUDIANTE	PROFESOR(A)
1. It's 2:15 P.M. You want to meet your professor before class starts, so you go to his/her office. Greet him/her and introduce yourself.	2. Respond to the student's introduction. Then ask how he/she is doing.
3. Express how you feel. Then ask the professor how he/she is doing.	4. Say that you are well but very busy.
5. You don't want to waste the professor's time, so you say that you'll see each other in class.	6. Say good-bye to the student.

Vocabulario temático

Información básica *(Exchanging basic information with classmates)* 🔊

CD1
Track 1-17

ROBERTO:	¿Cómo te llamas?
VICTORIA:	Me llamo *Victoria Rosati Álvarez*. Todos me dicen *Viki*.

> In Spanish, a full name **(nombre completo)** consists of the first and middle names and two surnames, or **apellidos**—the paternal (father's) last name followed by the maternal (mother's) last name. Lists are alphabetized by the paternal surname.

ROBERTO:	¿De dónde eres?
VICTORIA:	Soy de *Nueva York*. Nací en *San Juan, Puerto Rico*.

ROBERTO:	¿Dónde vives?
VICTORIA:	Aquí en la universidad vivo en *la residencia Capstone*. *una casa en la calle Azalea los apartamentos Greenbriar, cerca del campus*

> For street addresses **(la dirección),** say the street name first, then the number: **calle Main, 161.**

ROBERTO:	¿En qué año (de estudios) estás?
VICTORIA:	Estoy en *primer* año. *segundo* *tercer* *cuarto*

> To express *your*, use **tu** with friends and family; use **su** with older persons and strangers.

ROBERTO:	¿Cuántas clases tienes este semestre?
VICTORIA:	Tengo *cuatro clases y un laboratorio*.

ROBERTO:	¿Cuál es tu número de teléfono?
VICTORIA:	Mi celular es el *7-98-46-16 (siete, noventa y ocho, cuarenta y seis, dieciséis)*.

> Phone numbers are often given in groups of two, but area codes are often given as single digits.

ROBERTO:	¿Cuál es tu dirección de correo electrónico?
VICTORIA:	Es *Viki278@yahoo.com (Viki, dos, siete, ocho, arroba yahoo punto com)*.

> Some Spanish speakers use the English words *email* or *mail*. To say *underscore* in email addresses, use **guión bajo.**

Victoria Lourdes Rosati Álvarez

Calle Azalea, # 358   Tel: 754-2608
Nueva York, N.Y.   Cel: 798-4616

Email: Viki278@yahoo.com

Ponerlo a prueba

CD1
Track 1-18

1-8 Dos compañeros. Es el primer día de clase. Sonia y Francisco son compañeros en la clase de historia. Escucha su conversación. Completa la tabla con la información apropiada.

¿Cómo se llama?	_____ López	_____ Díaz Feliciano (Paco)
¿De dónde es?	_____	Ponce, _____
¿Cuál es su dirección?	_____ Barnwell, número _____	_____ Rosewood, número _____
¿Cuál es su número de teléfono?	696-_____	677-_____
¿Cuál es su dirección de correo electrónico?	_____	Eljefe968@hotmail.com

1-9 El primer día de clase. Vivian y Débora hablan antes de *(before)* clase. ¿Cómo responde Débora a las preguntas de Vivian?

LAS PREGUNTAS DE VIVIAN	LAS RESPUESTAS DE DÉBORA
____ 1. ¿Cómo te llamas?	a. Mi celular es el 254-6776.
____ 2. ¿En qué año estás?	b. Me llamo Débora, pero todos me dicen Debi.
____ 3. ¿Cuántas clases tienes este semestre?	c. Nací en Río Grande, pero ahora mi familia vive en San Juan.
____ 4. ¿De dónde eres?	d. Es coqui123@yahoo.com
____ 5. ¿Dónde vives?	e. Vivo en la Residencia Maxcy, 45.
____ 6. ¿Cuál es tu número de teléfono?	f. Estoy en segundo año.
____ 7. ¿Cuál es tu dirección de correo electrónico?	g. Tengo tres clases y dos laboratorios.

1-10 Los números de teléfono. ¿De quién es el número de teléfono? Toma turnos *(Take turns)* con un(a) compañero(a). Una persona dice un número y la otra persona dice a quién corresponde.

> **MODELO**
> —El siete, veinte, treinta y ocho, cero, cinco.
> —Es el número de Joaquín Pérez.
> —¡Sí!

Contactos	
Nayla Báez	**Miguel Ángel Mercado**
880-4792	786-0947
Luis Delgado	**Joaquín Pérez**
880-3501	720-3805
Mónica García	**Daliana Rivera**
720-8611	880-6391
Claribel Hernández	**Reinaldo Toledo**
815-5422	815-7816

1-11 La tarjeta. Recibes esta tarjeta *(business card)* en una recepción. Lee la información y contesta las preguntas.

1. ¿Cuál es el nombre completo de la agente de viajes *(travel agent)*? ¿Cuál es su apellido paterno? ¿Cuál es su apellido materno?
2. ¿Cuál es el nombre y la dirección de la agencia de viajes?
3. ¿Cuál es el número de teléfono de la agencia? ¿Cuál es el número personal de la agente?
4. ¿Cuál es la dirección de correo electrónico de la agente?

Viajes Marlo
Calle Colón, 25
San Juan, PR 00919
Tel. (787) 722-8400
Fax (787) 722-8490
Celular (787) 845-6754
MarilúGR@wepa.com

Marilú García Romero
Agente

 1-12 Mis compañeros. Habla con tres o cuatro compañeros de clase. Entrevístense con las preguntas y tomen apuntes *(take notes)*. ¿Con quién tienes más en común *(the most in common)*?

1. ¿Cómo te llamas?
2. ¿De dónde eres?
3. En la universidad, ¿vives en una residencia, en un apartamento o en una casa?
4. ¿En qué año de estudios estás?
5. ¿Cuántas clases tienes este semestre?
6. (Haz una pregunta original. *[Ask an original question.]*)

 1-13 Un directorio. Habla con varios compañeros de clase y prepara un pequeño directorio con sus datos *(information)*. Incluye el nombre completo (nombre y apellido), el teléfono y la dirección de correo electrónico.

 MODELO —¿Cómo te llamas? —Me llamo Mark Graciano.
—¿Cómo se escribe *Graciano*? —Se escribe ge-erre-a-ce-i-a-ene-o.

Nombre completo	Teléfono	Dirección de correo electrónico
1.		
2.		
3.		
4.		
5.		

Gramática

Los verbos *ser, tener, ir*

CD1
Track 1-19

Read and listen to the conversation between Marcos and his friend Tomás. Find examples of the following verbs and circle them: **ser, tener, ir**. Can you figure out the corresponding subject in each case?

—¿De dónde eres, Marcos?

—Soy de Vieques, pero estudio en la Universidad de Puerto Rico aquí en Arecibo.

—Yo también. ¿Tienes muchas clases este semestre?

—Sí, tengo cinco. La clase de física es muy difícil *(difficult)*.

— Yo tengo física también. Mira, voy a clase ahora *(now)*, pero ¿estudiamos juntos más tarde?

—Sí, de acuerdo.

Heinle Grammar Tutorial: Present Indicative: Irregular verbs

A. Tres verbos importantes. As you have seen in the **Vocabulario temático** section and in the dialogue above, the verbs **ser, tener,** and **ir** are among the most commonly used in Spanish. Here are the conjugations in the present tense.

	tener *(to have)*	**ser** *(to be)*	**ir** *(to go)*
yo	tengo	soy	voy
tú	tienes	eres	vas
usted	tiene	es	va
él/ella	tiene	es	va
nosotros(as)	tenemos	somos	vamos
vosotros(as)	tenéis	sois	vais
ustedes	tienen	son	van
ellos/ellas	tienen	son	van

B. Los usos de *tener, ser, ir*. Here are the main uses of these three verbs.

Tener *(to have)*

- ownership

Tengo una computadora.	*I have a computer.*

- with **que** + infinitive, for obligation (what you "have to" do)

Tenemos que trabajar ahora.	*We have to work now.*

- age

Tengo veinte años.	*I'm twenty (years old).*

- special phrases

Tengo (mucho) frío/calor.	*I'm (very) cold/hot.*
Tenemos (mucha) hambre/sed.	*We're (very) hungry/thirsty.*
Tenemos (mucha) prisa.	*We're in a (big) hurry.*
María tiene (mucho) cuidado.	*María is (very) careful.*
¿Tienes (mucho) sueño?	*Are you (very) sleepy?*
¿Tienes (mucho) miedo?	*Are you (very much) afraid?*
(No) Tienen razón.	*They are (not) right.*
(No) Tienen ganas de estudiar.	*They (don't) feel like studying.*

Ser (to be)

▶ before nouns, to identify a person or thing or state someone's nationality, political party, religion, etc.

Marcos y yo somos estudiantes.	*Marcos and I are students.*
Somos puertorriqueños.	*We are Puerto Rican.*

▶ to provide information such as telephone numbers and addresses

¿Cuál es tu teléfono?	*What is your phone number?*
Es el 254-2760.	*It's 254-2760.*

▶ with the preposition **de**, to say where someone or something is from

¿De dónde eres?	*Where are you from?*
Soy de los Estados Unidos.	*I'm from the United States.*

Ir (to go)

▶ with the preposition **a** *(to)*, to tell where someone is going

¿Adónde van Uds.?	*Where are you (all) going?*
Vamos a la cafetería.	*We're going to the cafeteria.*

▶ with the preposition **a** + infinitive, to say what somebody is going to do

Vamos a tomar algo.	*We're going to have something to drink.*
Vamos a estudiar juntos.	*We're going to study together.*

Ponerlo a prueba

1-14 Una entrevista. Tienes que entrevistar a Miguel y a Felipe, dos nuevos *(new)* estudiantes en tu universidad. Lee la conversación y escoge *(choose)* el verbo más lógico. Escribe el verbo en el tiempo presente.

TÚ: Hola, Miguel. Hola, Felipe. Tengo unas preguntas para Uds. Primero, ¿de dónde (ser / ir) 1. _____ Uds.?

MIGUEL: Felipe y yo (ser / ir) 2. _____ de Bayamón, Puerto Rico.

TÚ: No conozco *(I'm not familiar with)* Bayamón. ¿En qué parte de Puerto Rico (estar / ir) 3. _____? ¿(Ser / Tener) 4. _____ muchas atracciones turísticas?

MIGUEL: Bueno, Bayamón (estar / ir) 5. _____ más o menos en la región central de Puerto Rico. Y sí, hay muchas atracciones. Por ejemplo, el Parque de las Ciencias Luis A. Ferré (ser / tener) 6. _____ muy popular.

TÚ: ¡Qué interesante! Bueno, tengo una pregunta más. ¿Qué (ser / ir) 7. _____ a estudiar Uds. aquí en la universidad?

MIGUEL: Yo (ser / ir) 8. _____ a estudiar farmacia y Felipe (ser / ir) 9. _____ a estudiar biología.

TÚ: Gracias por contestar mis preguntas. ¿(Tener / Ir) 10. _____ (nosotros) a un café ahora?

MIGUEL: Sí, de acuerdo.

1-15 En Puerto Rico. Estás en Puerto Rico con tu familia para las vacaciones. Responde a las situaciones con oraciones completas.

> **MODELO** As you go through the security checkpoint, the guard asks your full name and age.
>
> *You reply:* Me llamo John Edward Kent. Tengo veinte años.

1. At immigration, the agent asks your profession and country of origin. You reply:
   _____.

2. The porter helping with the luggage inquires about what cities you and your family are going to visit (**visitar**) during your stay in Puerto Rico. (See the map at the beginning of the book.) You reply: _____.

3. At the hotel, the desk clerk asks for your home address and phone number. You reply: _____.

4. During a family excursion later that day, you need to tell the taxi driver that you and your family are going to **La Fortaleza**, so you say: _____. Then, to add that you are in a hurry, you say: _____.

5. As the taxi cab goes flying through the streets, you decide to show off your Spanish and ask your little brother in Spanish if he is afraid. You ask: _____.

La Fortaleza, residencia del gobernador de Puerto Rico, es la mansión ejecutiva más antigua de las Américas.

 1-16 Una presentación. Preséntate a tus compañeros de clase. Incluye la siguiente información y sigue el modelo:

- ► Tu nombre completo
- ► Tu edad *(age)*
- ► El año de estudios en la universidad
- ► Tu ciudad *(city)* de origen
- ► Información interesante sobre *(about)* tu ciudad

> **MODELO** Me llamo Rita Luisa Quevedo Lorca. Tengo diecinueve años y soy estudiante de la Pontificia Universidad Católica de Puerto Rico. Estoy en mi primer año de estudios. Soy de Isla Verde, Puerto Rico. Isla Verde está cerca de *(near)* la capital y es muy popular con los turistas. Tiene playas *(beaches)* bonitas y muchos restaurantes. Con frecuencia, mis amigos y yo vamos a los clubs en el centro de la ciudad.

Vocabulario temático

La familia y los amigos *(Family and friends)*

CD1
Track 1-20

—¿Cómo es tu familia, *Dulce*?
—Aquí tengo una foto. Mira.

Esta es mi tía *Felicia*. Es *soltera* y vive *con nosotros*.

Este es mi hermano mayor, *Carlos*. Tiene *veinte* años.

Este es mi papá. Se llama *Arturo*.

Esta soy yo. Tengo *diecisiete* años.

Esta es mi mamá. Se llama *Beatriz*.

Estos son mis buenos amigos, *Marcos y Sara*.

Esta es mi hermana menor, *Elisa*. Tiene *diez* años.

© Cengage Learning

El cumpleaños de Dulce

In this *Paso* you will practice:

▶ Sharing information about your immediate family and friends

▶ Talking about everyday routines

Grammar:

▶ Possessive adjectives

▶ Regular -**ar**, -**er**, and -**ir** verbs in the present tense

▶ Creating basic sentences

Use **Este es...** *(This is ...)* to refer to a male. Use **Esta es...** for a female. For several males or a mixed group, say **Estos son...** *(These are ...).*

Other words for marital status: **estar casado(a)** *(to be married);* **estar divorciado(a)** *(to be divorced);* **ser viudo(a)** *(to be a widow [widower]).*

Otros familiares *(Other family members)*

los abuelos	los padres	los esposos	los hijos	los tíos
el abuelo	el padre	el esposo	el hijo	el tío
la abuela	la madre	la esposa	la hija	la tía
			los gemelos	

Otros amigos *(Other friends and acquaintances)*

CD1
Track 1-21

los novios	unos (buenos) amigos	los vecinos	mis compañeros de cuarto
el novio	un (buen) amigo	el vecino	mi compañero de cuarto
la novia	una (buena) amiga	la vecina	mi compañera de cuarto

✪ Estrategia *Previewing a lesson*

Previewing the day's lesson before you begin your assignment will help you focus your energies and make the most of your study time. Ask yourself these questions and then plan accordingly.

• Which topics in the lesson am I already familiar with?
• Which themes and structures seem to be the most important?
• On which of the sections will I need to spend the most time?

Heinle Grammar Tutorial: Possessive adjectives and pronouns

Cómo indicar la posesión

A. Los adjetivos posesivos. Possessive adjectives indicate who owns what or show relationships between people or things.

mi(s)	*my*	**nuestro(s)/nuestra(s)**	*our*
tu(s)	*your (informal)*	**vuestro(s)/vuestra(s)**	*your (informal)*
su(s)	*your (formal)*	**su(s)**	*your (informal/formal)*
su(s)	*his/her/its*	**su(s)**	*their*

B. La concordancia. Like all adjectives, possessive adjectives agree in number (singular or plural) with the noun they describe. Additionally, **nuestro** and **vuestro** agree in gender.

(singular noun: **casa**)	su casa	*their house*
(plural noun: **casas**)	sus casas	*their houses*
(singular, feminine noun: **familia**)	nuestra familia	*our family*

C. "Your." The possessive adjective *your* can be expressed in different ways. When speaking to a friend or family member, use **tu**; with a superior or a stranger, use **su**.

Familiar:	**Tu** hermana es muy simpática, José.
	***Your** sister is very nice, José.*
Formal:	**Su** hermana es muy simpática, Sr. Gómez.
	***Your** sister is very nice, Mr. Gómez.*

D. Su(s). The Spanish word **su** and its plural **sus** can mean *your, his, her, its,* and *their*. When the context is not clear, it is common to replace **su** with a special phrase: **de** + *corresponding subject pronoun* (**él, ella, ellos, ellas, Ud.** or **Uds.**).

Enrique y Alicia viven en Georgia.	*Enrique and Alicia live in Georgia.*
La casa **de él** está en Atlanta.	***His** house is in Atlanta.*
La casa **de ella** está en Augusta.	***Her** house is in Augusta.*

E. Un caso especial. Spanish never uses *'s* to indicate relationships and possession. This idea is expressed with the phrase **de** + *person's name*.

la hija **de María**	*María's daughter*
los hermanos **de mi padre**	*my dad's brothers*

Ponerlo a prueba

1-17 La foto. Mercedes describe una foto a su amiga. Escucha la descripción. Identifica a todas las personas en la "foto". Escribe una oración completa con el parentesco *(relationship)* de cada persona.

MODELO **You hear:** Mira, esta es mi madre, Carmen.

You write a sentence stating the relationship to Mercedes:
Carmen es la madre de Mercedes.

1. Ana   4. Francisco   7. Teresa

2. Elena   5. Luisa   8. María

3. Paco   6. Alberto   9. ¿ ?

© Cengage Learning

1-18 La familia de Gregory. Gregory escribe un correo electrónico a su familia anfitriona *(host family)* en Venezuela. Completa la descripción de su familia con los adjetivos posesivos más lógicos: **mi(s), tu(s), su(s), nuestro(s), nuestra(s)**.

(1) _____ familia no es muy grande. Somos solamente cinco y vivimos en Arlington, Virginia. **(2)** _____ padre se llama Gregory, como yo.

(3) _____ mamá se llama Gloria. Ella nació en Cuba pero inmigró a los Estados Unidos con **(4)** _____ padres en 1962. **(5)** _____ hermanos se llaman Ana y Marcos. Como *(Since)* mamá es cubana, Ana, Marcos y yo siempre hablamos español con ella y con **(6)** _____ abuelos maternos.

    No estoy casado pero sí tengo una novia, Ángeles. Ella nació en Puerto Rico y ahora vive con **(7)** _____ familia en Arlington. **(8)** _____ apartamento no está muy lejos *(far)* de **(9)** _____ casa y nos vemos casi todos los días *(almost every day)*.

1-19 Dulce. Trabajando con un(a) compañero(a), miren el dibujo (*drawing*) en la página 25 y contesten las preguntas sobre la familia y los amigos de Dulce.

1. ¿Cómo se llaman los padres de Dulce? ¿Cómo se llaman sus hijos?

2. ¿Cuántos hermanos tiene Dulce? ¿Cuántos años tienen ellos?

3. ¿Quién (*Who*) es Felicia? ¿Es soltera o está casada? ¿Dónde vive ella?

4. ¿Quiénes son Marcos y Sara?

5. ¿Qué celebra Dulce? ¿Cuántos años tiene?

1-20 Mi mejor amigo. ¿Quiénes son tus buenos amigos? Trabaja con un(a) compañero(a) de clase y entrevístense (*interview each other*) con las preguntas. (Nota: *If you have a photo of your best friend, show it to your classmate as you talk.*)

1. ¿Cómo se llama tu mejor (*best*) amigo o amiga?

2. ¿De dónde es él/ella?

3. ¿Tiene hermanos o hermanas?

4. ¿Es soltero(a)? ¿Tiene novio(a)?

5. ¿Es estudiante aquí?

6. ¿En qué año de estudios está?

7. ¿Cuántos años tiene él/ella?

8. (Haz una pregunta original. [*Ask an original question.*])

1-21 Mi familia. Describe tu familia a un(a) compañero(a) de clase. Comenta sobre tus padres, tus hermanos, tus abuelos y otros familiares. ¿Cuál de Uds. tiene la familia más grande?

MODELO

(padres) Mi padre se llama Christopher y mi madre se llama Rachel. Están divorciados.

(hermanos) Tengo dos hermanos. Mi hermano mayor se llama Eric y tiene 22 años. Mi hermana menor se llama Alyssa y tiene 15 años.

(abuelos y otros familiares) Mis abuelos paternos viven en Florida, pero mis abuelos maternos murieron hace unos años (*died a few years ago*). También tengo cuatro tíos, cinco tías y nueve primos (*cousins*).

Monkey Business Images/Shutterstock

Vocabulario temático

Nuestra rutina entre semana

En casa

CD1
Track 1-23

Entre semana mis padres trabajan mucho. Están súper ocupados.

Mi hermanito pasa el día en el colegio. Aprende a leer y a escribir.

Por la noche mis padres y mi hermano comen juntos y conversan.

© Cengage Learning

En la universidad

Mis amigos y yo asistimos a clases todos los días.

Por la noche tenemos que estudiar mucho.

A veces practicamos deportes o miramos televisión.

© Cengage Learning

Otras actividades

CD1
Track 1-24

Normalmente yo...

    paso mucho tiempo en las redes sociales.

    voy al gimnasio por la mañana / por la tarde.

    escucho música / mi iPod.

A veces yo...

    limpio el cuarto / el apartamento.

    preparo la comida.

    tomo café con mis amigos.

Ponerlo a prueba

1-22 ¡Mi pobre (poor) hija! Escucha la conversación entre Maritza y Ceci. Después, completa las oraciones con la información correcta.

CD1
Track 1-25

1. Maritza y Ceci _____.
   a. conversan por teléfono   b. leen una novela   c. miran televisión
2. La hija de Maritza _____.
   a. está divorciada   b. está muy ocupada   c. está súper contenta
3. Entre semana, Talía pasa el día en _____.
   a. la universidad   b. el gimnasio   c. el colegio
4. Por la noche, Talía _____.
   a. mira televisión   b. prepara la comida   c. asiste a clases
5. El esposo de Talía _____.
   a. trabaja mucho   b. estudia por las noches   c. va mucho al gimnasio

1-23 La familia de Valeria. Valeria te muestra (shows you) fotos de su familia. Relaciona (Match) los elementos de las dos columnas para formar oraciones lógicas.

1. Estos son mis padres. Ellos tienen un restaurante y... _____.

   a. la comida.

2. Esta es mi hermana menor Mía. Tiene quince años. Ella va... _____.

   b. trabajan mucho.

3. Este es mi tío José. Es crítico literario; tiene que... _____.

   c. café con él.

4. Este es mi abuelo Tacho. Por la noche, él y yo miramos... _____.

   d. televisión juntos.

5. Esta es mi prima (cousin) María. A veces nosotras practicamos... _____.

   e. leer y escribir mucho.

6. Estas son mis compañeras de cuarto. Ellas y yo asistimos... _____.

   f. al colegio, cerca de casa.

7. Este es mi novio Sebastián. Todos los días yo tomo... _____.

   g. a la Universidad Politécnica.

8. Y esta soy yo. Estoy en el restaurante de mis padres y preparo... _____.

   h. deportes.

Andresr/Shutterstock

1-24 ¿Cómo es tu rutina? Camilo está en primer año de universidad. Su tía tiene curiosidad de saber *(know)* cómo es su rutina. Trabajando con un(a) compañero(a), completen la conversación entre Camilo y su tía y léanla en voz alta *(read it aloud)*.

TÍA: ¿Cómo es tu rutina entre (1. semana / casa)?

CAMILO: Bueno, tía, por la (2. normalmente / mañana) asisto a dos clases. Por la tarde, tengo una clase; luego (3. tomo / paso) café con mis amigos.

TÍA: ¿Y por la noche? ¿Vas al gimnasio o practicas (4. música / deportes)?

CAMILO: No. Por la noche tengo que (5. tiempo / estudiar). Todos los días tenemos que (6. limpiar / leer) mucho para la clase de literatura.

TÍA: ¿(7. Pasas / Preparas) mucho tiempo en la biblioteca?

CAMILO: No, (8. rutina / normalmente) estudio en casa.

Monkey Business Images/Shutterstock

1-25 El estudiante típico. ¿Cómo es la rutina del estudiante típico en tu universidad? Trabajando con un(a) compañero(a), completen la primera oración para describir el estudiante típico en su universidad. Luego *(Afterwards)* completen la segunda oración con su información personal.

1. En nuestra universidad, el estudiante típico vive (en casa / en una residencia / en un apartamento). Yo vivo...

2. Normalmente, los estudiantes van al gimnasio (todos los días / a veces). Yo voy...

3. El estudiante típico pasa mucho tiempo (con su familia / con sus amigos / en las redes sociales). Yo paso...

4. El estudiante típico toma café (por la mañana / por la tarde / por la noche). Normalmente, yo (no) tomo...

5. El estudiante típico escucha música (clásica / rock / pop / country). Yo escucho...

6. El estudiante típico normalmente (prepara la comida / come en la cafetería o en casa). Yo preparo... / Yo como...

1-26 Mi rutina. ¿Cómo es tu rutina en un lunes *(Monday)* típico? ¿Haces estas cosas *(Do you do these things)* por la mañana, por la tarde o por la noche? Trabajando con un(a) compañero(a), comparen sus actividades y completen la tabla *(chart)*.

MODELO

Tú: En un lunes típico, yo asisto a clases por la mañana.

Tu compañero(a): Yo asisto a clases por la mañana y por la tarde.

	Por la mañana	Por la tarde	Por la noche
Yo asisto a clases...			
Mi compañero(a) asiste a clases...			
Yo tengo que estudiar...			
Mi compañero(a) tiene que estudiar...			
Yo practico deportes...			
Mi compañero(a) practica deportes...			
Yo miro televisión...			
Mi compañero(a) mira televisión...			
Yo paso tiempo en las redes sociales...			
Mi compañero(a) pasa tiempo en las redes sociales...			
Yo trabajo...			
Mi compañero(a) trabaja...			

Gramática

CD1
Track 1-26

El tiempo presente de los verbos regulares

Read and listen to this conversation between Silvia and her father. Beside each verb in boldface, write down whether it is an **-ar**, **-er**, or **-ir** verb. Can you figure out what the corresponding subject is in each case?

🌐 **Heinle Grammar Tutorial:** The present indicative tense

—Bueno, hija, ¿cómo es un día típico para ti?

—Ay, papá, siempre estoy muy ocupada. Primero, **asisto** a mi clase de inglés. En la clase, **leemos, hablamos** y **escribimos** en inglés.

—¡Qué bien! Vas a aprender mucho así. ¿Tienes otras clases por la mañana, o **regresas** a la residencia después de *(after)* tu clase de inglés?

—No, generalmente **estudio** un poco en la biblioteca y después **como** en la cafetería con mi compañera de cuarto. Mis otras clases son por la tarde.

A. El tiempo presente. The present tense, or **el presente del indicativo**, is used to express these ideas:

- ▸ an action that occurs regularly or routinely

  Estudio en la biblioteca todos los días.   *I study at the library every day.*

- ▸ an ongoing action or condition

  Nuestro amigo vive en una residencia este semestre.   *Our friend is living in a dorm this semester.*

- ▸ an action that will take place in the near future

  Mis compañeros y yo vamos a una fiesta mañana.   *My classmates and I are going to a party tomorrow.*

B. Los infinitivos. Spanish verbs are classified into three basic groups based upon their infinitive endings (**-ar, -er, -ir**). Each group uses a different set of endings when the verb is conjugated. To use these verbs in a sentence, first you remove the **-ar, -er,** or **-ir,** then you add the ending that matches the subject of the sentence.

	-ar verbs	**-er** verbs	**-ir** verbs
	tomar *(to take, drink)*	**comer** *(to eat)*	**asistir** *(to attend)*
yo	tom**o**	com**o**	asist**o**
tú	tom**as**	com**es**	asist**es**
usted/él/ella	tom**a**	com**e**	asist**e**
nosotros(as)	tom**amos**	com**emos**	asist**imos**
vosotros(as)	tom**áis**	com**éis**	asist**ís**
ustedes/ellos/ellas	tom**an**	com**en**	asist**en**

Some common regular verbs:

- ▸ *ar verbs:*

  conversar *(to talk, chat)*   **pasar** *(to spend [time])*

  estudiar *(to study)*   **preparar** *(to make, prepare)*

escuchar *(to listen to)*
hablar *(to speak, talk)*
limpiar *(to clean)*
mirar *(to watch, look at)*
necesitar *(to need)*

practicar *(to play/practice [sports])*
regresar *(to return, go back)*
tomar *(to take, drink)*
trabajar *(to work)*
visitar *(to visit)*

▶ *-er* **verbs:**

aprender *(to learn)*
comer *(to eat)*
correr *(to run)*

comprender *(to understand)*
leer *(to read)*

▶ *-ir* verbs:

asistir *(to attend)*
escribir *(to write)*

vivir *(to live)*

C. Cómo formar oraciones. To form a complete sentence (**una oración**), follow these guidelines.

▶ To create a sentence, include a subject, a conjugated verb, and words to complete the thought.

Subject	+	Verb	+	The Rest of the Thought
Juan		**tiene**		**tres clases este semestre.**
Juan		*has*		*three classes this semester.*

▶ To make a sentence negative, add the word **no** before the conjugated verb. English includes the words *do* and *does* in negative sentences, but Spanish does not.

Carla **no** tiene laboratorios este semestre.
Carla does not (doesn't) have any labs this semester.

▶ If the subject is a pronoun (**yo, tú, él, nosotros,** etc.), you can omit it. The subject is understood from the verb ending.

¿Vives en Ponce?
Do you live in Ponce? (The understood subject is **tú**.)

No, vivo en Mayagüez.
No, I live in Mayagüez. (The understood subject is **yo**.)

▶ Include subject pronouns when you want to **emphasize** or **clarify** the subject. This is commonly done when you give contrasting information for two different subjects.

<u>Él</u> vive en Miami, pero <u>ella</u> vive en Boston.
He *lives in* **Miami,** *but* **she** *lives in* **Boston.**

D. El presente progresivo. You may be familiar with another present tense in Spanish called the "present progressive." You can recognize it because the conjugated form of **estar** is used together with another verb that ends in **-ando** or **-iendo**. For more information on this tense, see the **Gramática suplementaria** section at the end of your textbook.

¿Qué **estás haciendo,** Pepe?	Nada en particular. **Estoy mirando** la tele.
What **are you doing,** *Pepe?*	*Nothing special.* ***I'm watching*** *TV.*

1-27 Las actividades de mi familia. Iván y su familia pasan mucho tiempo juntos. Completa la descripción de sus actividades. Escoge *(Choose)* el verbo más lógico y escríbelo en el tiempo presente.

Mi familia y yo **(1)** (pasar / regresar) _____ mucho tiempo juntos. Durante *(During)* el día, papá y mamá **(2)** (necesitar / trabajar) _____ en el sector turístico. Mis hermanos y yo **(3)** (leer / asistir) _____ a clases. Pero por la noche **(4)** (nosotros: comer / visitar) _____ en casa, **(5)** (conversar / aprender) _____ y **(6)** (mirar / escuchar) _____ televisión. A veces **(7)** (nosotros: regresar / ir) _____ al cine.

Los fines de semana **(8)** (nosotros: ir / ser) _____ más activos. Normalmente yo **(9)** (correr / comprender) _____ los sábados por la mañana. Mis hermanos y mi papá **(10)** (practicar / tomar) _____ el tenis y mi mamá **(11)** (escribir / limpiar) _____ la casa. Por la tarde, todos nosotros **(12)** (visitar / vivir) _____ a nuestros abuelos.

1-28 Una reunión familiar. Una vez al mes *(Once a month)*, Fernanda invita a toda la familia a su casa. ¿Qué hacen *(do they do)* en una fiesta típica? Escribe un mínimo de seis oraciones completas.

MODELO Normalmente, Fernanda y Mirta preparan la comida para los invitados.

© Cengage Learning

1-29 Las actividades de mi familia. ¿Qué hacen tu familia y tú (o tus amigos y tú) los fines de semana? Habla con dos o tres compañeros de clase y descríbanse *(describe to each other)* cinco de sus actividades. ¿Quiénes pasan mucho tiempo juntos? ¿Quiénes son muy activos? ¿Quiénes son menos *(less)* activos?

MODELO Normalmente, mi familia y yo _____.
        También _____ y _____.
        A veces _____.

Vocabulario temático

In this *Paso* you will practice:

▶ Talking about free-time activities

▶ Expressing likes and dislikes

▶ Asking and answering questions

Grammar:

▶ The verb **gustar**

▶ Question formation

To say what you like to do, use **me gusta** + *infinitive*.

Practicar and **jugar** mean *to play a sport*. **Tocar** means *to play an instrument*.

To say that you never or hardly ever do something, place **(casi) nunca** before the verb: **Casi nunca practico tenis.** Place other expressions of frequency at the end of the sentence: **Practico tenis a menudo.**

To say what you and your friends like to do, use **nos gusta** + *infinitive*.

El tiempo libre *(Free-time activities)*

CD1
Track 1-27

¿Qué te gusta hacer en tu tiempo libre?

Me gusta ir a fiestas y bailar.

Me gusta montar en bicicleta o correr en el parque.

Me gusta practicar *el tenis*. *(el básquetbol, el fútbol americano, el béisbol)*

Me gusta mirar *películas* y *partidos de fútbol*.

© Cengage Learning

Otros pasatiempos *(Other pastimes)*

CD1
Track 1-28

¿Con qué frecuencia *vas de compras*?

                vas al cine

Voy de compras *a menudo*.

            a veces

            casi todos los días

***Casi nunca* voy al cine.**

Nunca

¿A tus amigos y a ti les gusta *jugar videojuegos*?

            patinar (sobre hielo)

            nadar

Sí, nos gusta mucho. / No, no tanto.

1-30 La clase de inglés. Los estudiantes en la clase de inglés están presentándose *(are introducing themselves)*. Escucha las presentaciones y completa la tabla.

CD1
rack 1-29

Nombre	País *(Country)* de origen	Pasatiempos
1. Marta		
2. Cristián		
3. Gabriela		
4. Antonio		
5. Rosa		

1-31 Charadas. ¿Eres actor/actriz? Dramatiza una de las actividades a continuación. Tu compañero(a) tiene que adivinar *(guess)* cuál es. Tomen turnos. ¡No se permite hablar!

montar en bicicleta
practicar el tenis
bailar en una fiesta
correr por el campus
practicar el básquetbol

jugar videojuegos
mirar una película de terror
ir de compras
leer el periódico

Shock/Shutterstock.com

1-32 El tiempo libre. ¿Con qué frecuencia participan tus amigos y tú en estas actividades? Compara tus respuestas con las de un(a) compañero(a) de clase. Tienen que conjugar los verbos y usar estas expresiones: **nunca, casi nunca, a veces, a menudo, casi todos los días.**

MODELO jugar videojuegos

TÚ: Mis amigos y yo jugamos videojuegos **casi todos los días.**

TU COMPAÑERO(A): Mis amigos y yo **nunca** jugamos videojuegos.

1. ir al cine
2. patinar sobre hielo
3. correr por el campus
4. ir de compras
5. practicar el básquetbol
6. bailar salsa
7. montar en bicicleta
8. nadar

Gimnasio Arias

¡Más de 15 años contigo!

Somos tu gimnasio del barrio y ofrecemos todas las alternativas para mantenerte en forma:

- Artes marciales (Karate, Taekwondo)
- Pilates y yoga
- Aeróbics (con alto y bajo impacto)
- Entrenamiento con pesas
- Natación
- Masajes y sauna
- Clases colectivas de baile
- Sala cardiovascular
- ¡Visita nuestro café!

Dirección: Ave. Ponce de León 1539
San Juan, PR 00925
Teléfono: (787) 274-7642
Email: gimnasioarias@gmail.com

1-33 El Gimnasio Arias. Aquí tienes el anuncio (ad) para un gimnasio en Puerto Rico. Lee la información y contesta las preguntas. Si quieres, trabaja con un(a) compañero(a) de clase.

1. ¿Cuál es la dirección del Gimnasio Arias?, ¿el número de teléfono?, ¿la dirección de correo electrónico?

2. En tu opinión, ¿tienen una selección variada de actividades y de servicios?

3. ¿Cuáles de las actividades te gustan más?

4. ¿Cuáles de estas actividades ofrece el gimnasio de tu universidad?

5. ¿Cuál te gusta más, el Gimnasio Arias o el gimnasio de tu universidad? Explica.

 1-34 Nuestras preferencias. ¿Qué les gusta hacer en su tiempo libre a tu compañero(a) de clase y a ti? Habla con un(a) compañero(a) sobre sus preferencias. Sigan el modelo.

MODELO
You ask the question:
¿Qué tipo de música te gusta escuchar?
Your partner answers and makes a recommendation:
Me gusta escuchar la música reggae. Te recomiendo la música de Bob Marley.
You agree and add another recommendation:
A mí me gusta también. *(Me, too.)* Yo te recomiendo Toots Hibbert.
Or, you disagree and offer an alternative:
No me gusta escuchar la música reggae. Prefiero *(I prefer)* el jazz. Te recomiendo la música de Miles Davis.

1. ¿Qué tipo de música te gusta escuchar? ¿La música clásica, la música reggae, el rock, el jazz, la música alternativa, el hip-hop?

2. ¿Qué tipo de película te gusta mirar? ¿Las películas cómicas, las románticas, las de ciencia ficción, las de acción, las de terror, las de suspenso?

3. ¿Qué deportes te gusta mirar en la tele? ¿El fútbol americano, el básquetbol, el béisbol, el tenis, el boxeo, el fútbol, el golf?

4. ¿Qué te gusta leer? ¿Las novelas, las biografías, la poesía, la ciencia ficción, las novelas de misterio, las revistas, los blogs sobre política?

 1-35 ¿Te gusta? Habla con un(a) compañero(a) sobre los pasatiempos. Sigan el modelo y háganse *(ask each other)* ocho preguntas.

MODELO
Tú: ¿Te gusta patinar?
Tu compañero(a): No, no tanto. ¿Te gusta jugar videojuegos?
Tú: Sí, mucho.

Gramática

El verbo *gustar*

Read and listen to the conversation between Marcos and his new roommate, Pablo. Find examples of the verb **gustar** and circle them. How many different verb forms do you see?

🌐 **Heinle Grammar Tutorial: Gustar** and similar verbs

—Pablo, ¿qué te gusta hacer en tu tiempo libre?

—Me gusta leer. Me gustan mucho las novelas de misterio y las de ciencia ficción. ¿Y a ti te gusta leer?

—No, me gusta más jugar deportes, sobre todo el fútbol. Mis amigos y yo vamos mucho al cine también. Nos gustan las películas de terror.

© Cengage Learning

A. Gustar. Unlike other verbs in Spanish, **gustar** *(to like)* commonly uses only two main forms, which in the present tense are **gusta** and **gustan**. The subject is the thing that is liked and is often placed after the verb.

INDIRECT OBJECT PRONOUN	+	GUSTA/ GUSTAN	+	SUBJECT	
Me		gusta		leer.	*I like to read. (Reading is pleasing to me.)*
Me		gusta		el golf.	*I like golf. (Golf is pleasing to me.)*
Me		gustan		los deportes.	*I like sports. (Sports are pleasing to me.)*

▶ Use **gusta** in front of one or more infinitives.

  Me gusta ir a fiestas y bailar salsa.
  I like to go to parties and to dance salsa. (Literally: Going to parties and dancing salsa are pleasing to me.)

▶ Use **gusta** before **el/la** + singular noun.

  Me gusta la música jazz.
  I like jazz music. (Literally: Jazz music is pleasing to me.)

▶ Use **gustan** before **los/las** + plural noun, or before a series of singular nouns.

  Me gustan los deportes.
  I like sports. (Literally: Sports are pleasing to me.)
  Me gustan el béisbol y el hockey.
  I like baseball and hockey. (Literally: Baseball and hockey are pleasing to me.)

B. Otras personas. To express **who** likes a particular activity, you must use **gusta** and **gustan** with a special kind of pronoun called an *indirect object pronoun.*

Nos gusta jugar deportes.   *We like to play sports.*
A los niños **les** gusta jugar deportes.   *Children like to play sports.*

I like	**me** gusta (gustan)	*we like*	**nos** gusta (gustan)
you (fam.) like	**te** gusta (gustan)	*you (pl., Spain) like*	**os** gusta (gustan)
you (formal) like	**le** gusta (gustan)	*you (plural) like*	**les** gusta (gustan)
he /she likes	**le** gusta (gustan)	*they like*	**les** gusta (gustan)
(name) likes	**a María le** gusta (gustan)	*(names) like*	**a mis amigos les** gusta (gustan)

C. Aclaración y énfasis. You have seen that with most verbs, we use subject pronouns to clarify or emphasize *who* is doing what.

Yo leo novelas, pero **ella** lee poesía.   *I read novels, but **she** reads poetry.*

With the verb **gustar**, however, a special phrasing is used. Prepositional pronouns are used together with the indirect object pronoun.

A mí me gustan las novelas, pero **a ella** le gusta la poesía.
*I like novels, but **she** likes poetry.*

The prepositional phrases used in this way with **gustar** are: **a mí, a nosotros(as), a ti, a Ud., a Uds., a él, a ella, a ellos, a ellas.**

D. Expresiones afines. While it is correct to use **gustar** to indicate that you like the professional work of musicians, artists, actors, or writers, you should choose from the following phrases to say that you like someone *personally.*

Julia **me cae bien.**   *I like Julia. (Julia strikes me as a nice person.)*
Aprecio a Julia.   *I like Julia. (I hold Julia in esteem and appreciate her.)*

Ponerlo a prueba

1-36 ¿Son compatibles? Óscar y Félix son nuevos compañeros de cuarto. En tu opinión, ¿son compatibles?

PRIMERA PARTE: Completa las conversaciones con: **me, te, gusta** y **gustan**.

> MODELO   ÓSCAR: ¿Te gustan los deportes?
>
>   FÉLIX: Sí, ¡___me gustan___ mucho!

1. ÓSCAR: ¿Te gustan los deportes?

   FÉLIX: ¡Sí! _____ mucho mirar el boxeo. También _____ el fútbol americano y el rugby.

2. FÉLIX: ¿_____ mirar deportes en la televisión?

   ÓSCAR: Bueno, _____ los partidos de fútbol americano, pero no me gusta nada *(at all)* el boxeo. Prefiero practicar los deportes y no mirarlos *(not watch them)*.

3. ÓSCAR: ¿_____ leer? Yo leo mucha ciencia ficción.

   FÉLIX: Sí, _____ las novelas de Agatha Christie. Y también leo la poesía de Pablo Neruda, pero no _____ la ciencia ficción.

SEGUNDA PARTE: Escribe un resumen *(summary)* de las preferencias de Óscar y Félix. Incluye un mínimo de **cuatro** oraciones completas.

> MODELO   A Óscar y a Félix les gusta leer. A Óscar le gusta mucho la ciencia ficción. A Félix le gusta más la poesía...

 1-37 Un día en el parque. ¿Qué les gusta hacer a estas personas en el parque? Con un(a) compañero(a), tomen turnos para inventar oraciones sobre el dibujo *(drawing)*. La otra persona tiene que decidir si la oración es cierta *(true)* o falsa y corregir *(correct)* la información falsa.

> MODELO   ***You say:*** A Augusto le gusta patinar.
>
>   ***Your partner says:*** Falso. A Augusto le gusta practicar tenis.

© Cengage Learning

 1-38 Nuestras actividades favoritas. ¿Qué les gusta hacer a tus amigos y a ti en el tiempo libre? Conversa con dos o tres compañeros(as) de clase y comparen sus actividades favoritas.

> MODELO   Mis amigos y yo tenemos mucho en común *(in common)*. Nos gustan mucho las películas de suspenso. Vamos al cine a menudo. También nos gusta bailar en fiestas. A veces bailamos salsa. ¿Qué les gusta hacer a tus amigos y a ti?

Gramática

 Heinle Grammar Tutorial:
Interrogative words

CD1
Track 1-31

Las preguntas

Read and listen to the conversation between Carolina and María, a new acquaintance. Underline all the questions. Which questions could be answered with a *yes* or *no*? Which call for responses with specific information?

CAROLINA: ¿Estudias ciencias marinas aquí?

MARÍA: Sí, el programa es fabuloso. Y tú, ¿qué estudias?

CAROLINA: Biología. Por cierto *(By the way)*, eres puertorriqueña ¿verdad?

MARÍA: No, mi familia es de Cuba.

CAROLINA: ¿De veras? *(Really?)* Tengo varios amigos cubanos en Miami. ¿Dónde viven Uds.?

MARÍA: Bueno, mis abuelos viven en Miami, pero mis padres y yo vivimos en Carolina del Norte.

A. Las preguntas de *sí* o *no*. A yes/no question, as its name implies, can be answered by saying **sí** or **no**.

▶ To form a yes/no question, place the subject right after the verb. Notice that English *do* and *does* are not translated in questions. An "upside-down question mark" is placed before the question.

> VERBO + SUJETO + OTROS ELEMENTOS
>
> **¿Vive + Martín + en Vieques?**
> *Does Martín live in Vieques?*
>
> **¿Vives + (tú) + en San Juan?**
> *Do you live in San Juan? (The subject **tú** is understood.)*

▶ "Tag" questions are another kind of yes/no question, formed by adding a short phrase *(isn't it?* or *don't you?)* at the end of a statement. In Spanish, add **¿no?** to the end of an affirmative statement, and **¿verdad?** to the end of a negative or affirmative statement.

> María estudia en la universidad, **¿no?/¿verdad?**
> *María studies at the university, doesn't she?* (affirmative statement)
>
> No te gustan los deportes, **¿verdad?**
> *You don't like sports, do you?* (negative statement)

▶ To answer yes/no questions in the affirmative, first say **sí**. Then add a related comment to keep the conversation going.

> ¿Te gustan los deportes?
> **Sí,** me gustan mucho, especialmente el tenis.
>
> *Do you like sports?*
> *Yes, I like them a lot, especially tennis.*

▶ To answer yes/no questions in the negative, first say **no**. To continue, add a negative statement. Or, elaborate by providing the correct information. In the reply below, the first **no** answers the question, while the second **no** is the equivalent of *doesn't* or *isn't*.

> ¿Practica María el tenis?
> **No**, María **no** practica el tenis. Le gusta más el golf.
>
> *Does María play tennis?*
> **No**, María **doesn't** play tennis. She likes golf better.

B. Las preguntas de información. Information questions require a response with specific facts, rather than a simple *yes* or *no*.

¿De dónde eres?	*Where are you from?*
¿Cómo te llamas?	*What's your name?*

▶ Information questions start with special question words or phrases. Notice the accent marks and the upside-down question marks.

¿Quién? ¿Quiénes? *Who?*	**¿Con qué frecuencia?** *How often?*
¿Qué? *What?*	**¿Cómo?** *How?*
¿Dónde? *Where?*	**¿Cuánto/Cuánta?** *How much?*
¿Adónde? *To where?*	**¿Cuántos/Cuántas?** *How many?*
¿De dónde? *From where?*	**¿Cuál/Cuáles?** *Which one(s)?*
¿Cuándo? *When?*	**¿A qué hora?** *At what time?*
¿Por qué? *Why? How come?*	**¿Para qué?** *What for?*

▶ To form an information question, use this word order:

EXPRESIÓN INTERROGATIVA	+	VERBO	+	SUJETO
¿Dónde	+	**estudian**	+	**Marcela y Miguel?**

Where do Marcela and Miguel study?

▶ Place prepositions (**a, de, con,** etc.) **before** the question words.

¿De dónde eres?	*Where are you **from**?*
¿Con quién hablas?	*Who are you talking **with**?*

▶ Choose the proper ending for gender and/or number for **cuánto(a)**, **cuántos(as), quién(es),** and **cuál(es)**.

¿Cuántas hermanas tienes?	*How many sisters do you have?*
¿Cuáles son tus hermanos?	*Which ones are your siblings?*

▶ The expression **¿Cuáles?** is used much more in Spanish than in English, especially to ask for specific information such as names, phone numbers, addresses, favorite books, etc. Notice the English translation *What is . . . ?*

¿Cuál es tu número de teléfono?	*What is your phone number?*
¿Cuál es tu película favorita?	*What's your favorite movie?*

▶ The expression **¿Qué es...?** is used to ask for definitions and explanations.

¿Qué es un "coquí"?	**What is** a "coquí"?
Es una rana pequeña y un símbolo de Puerto Rico.	*It's a little frog and a symbol of Puerto Rico.*

1-39 ¿Cuál es la pregunta? Esther está en Puerto Rico para estudiar español. Acaba de conocer *(She has just met)* a su "familia" puertorriqueña. ¿Cuáles son las preguntas de Esther? Escribe las preguntas. *(¡Ojo! Should Esther use **tú** or **Ud.** with Mr. Maza?)*

> **MODELO**
>
> *You read the reply:* Sr. Maza: Siempre comemos **en casa.**
>
> *You write the probable question:* Esther: ¿<u>Dónde</u> comen Uds.?

1. Esther: ¿_____?
   Sr. Maza: Tenemos **tres hijos:** Alberto, Cecilia y Marta. Pero Marta no vive aquí con nosotros.

2. Esther: ¿_____?
   Sr. Maza: Marta vive **en Río Piedras.**

3. Esther: ¿_____?
   Sr. Maza: Vive en Río Piedras **porque *(because)* es estudiante en la UPR.**

4. Esther: ¿_____?
   Sr. Maza: La UPR es **la Universidad de Puerto Rico.**

5. Esther: ¿_____?
   Sr. Maza: Alberto tiene **13 años** y Cecilia tiene **16 años.**

6. Esther: ¿_____?
   Sr. Maza: Trabajo **en el Banco Central** en el departamento de divisas *(foreign currency).*

7. Esther: Es un trabajo interesante, ¿_____?
   Sr. Maza: **Sí,** me gusta mucho.

8. Esther: ¿Y su esposa? ¿_____?
   Sr. Maza: **No,** ella no trabaja en el banco. Pero es voluntaria en un hospital y pasa mucho tiempo allí *(there).*

COMENTARIO CULTURAL *Los pasatiempos*

¿Cómo pasas tu tiempo libre? ¿Cuáles son algunos de tus intereses?

Los intereses de los hispanos son tan diversos como sus culturas. La pasión por el fútbol es casi universal aunque *(although)* el béisbol también es muy popular, especialmente en el Caribe. En el sur de Chile y Argentina hay importantes centros para esquiar en la nieve *(snow)*, mientras que *(while)* en las costas de México hay oportunidades para practicar muchos deportes acuáticos. Otros pasatiempos comunes incluyen ir al cine, mirar televisión, salir con los amigos o con la familia y bailar.

Heinle/Image Resource Bank/Cengage Learning

1-40 Lotería biográfica. Tus compañeros y tú van a jugar a la lotería. El objetivo es encontrar (*find*) a personas que hagan estas actividades (*engage in these activities*).

You ask a yes/no question based on an activity in the chart:
Beth, ¿corres todos los días?
Your classmate may not engage in that activity and replies:
No, no corro todos los días.
You ask a different classmate the same question:
Brian, ¿corres todos los días?
This classmate may engage in that activity and replies:
Sí, corro todos los días.
You write that person's name in the chart.

Actividad	Nombre
practicar yoga a veces	
leer blogs a menudo	
trabajar en un restaurante	
vivir en un apartmento	
nadar a menudo	
comer comida vegetariana a veces	
bailar bien	
ir al gimnasio todos los días	
escribir poesía	
hablar francés (*French*) un poco	

1-41 Situaciones. Estás en Puerto Rico para estudiar español. ¿Qué preguntas (*do you ask*) en las siguientes situaciones? Dramatiza las situaciones con un(a) compañero(a) de clase.

You are studying Spanish at a language institute in San Juan and have just been introduced to your teacher. Ask three questions to keep the conversation going. Your classmate will play the role of your teacher and answer the questions.

Tú:	¿De dónde es Ud.?
Tu compañero(a):	Soy de Arecibo.
Tú:	¿Dónde está Arecibo?
Tu compañero(a):	Está en el norte de la isla.
Tú:	¿Qué le gusta hacer en Arecibo?
Tu compañero(a):	Me gusta nadar.

1. You have just arrived at the home of your host family in Puerto Rico. Sra./Sr. Fuentes has shown you your room, and you would now like to strike up a conversation with him/her. Ask at least three friendly questions. Your classmate will play the role of Sra./Sr. Fuentes.

2. The Fuentes children—Mayra, 17 years old, and Pablo, 16—have just arrived home from school. You'd like to find out more about the life of teenagers in Puerto Rico. What do you ask them? Your classmate will play the role of Mayra or Pablo.

3. It's your first day on campus and you see a friendly face in the cafeteria. He/She seems to be about your age and you'd like to talk for a while. After you introduce yourself, what do you ask? Your classmate will play the role of the new student.

© Cengage Learning

¡Vamos a Puerto Rico!

DATOS ESENCIALES

Nombre oficial: Estado Libre Asociado *(Commonwealth)* de Puerto Rico

Capital: San Juan

Población: 4 000 000 de habitantes

Unidad monetaria: dólar de EE.UU.

Economía: turismo, productos farmacéuticos y electrónicos, textiles, agricultura (caña de azúcar, café, piña)

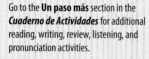
www.cengagebrain.com

Luquillo, en el extremo noreste de Puerto Rico, es una playa *(beach)* muy popular. Las aguas son tranquilas y cristalinas: perfectas para practicar deportes acuáticos como kayaking y snorkeling. La playa está bordeada por palmas de coco y a la distancia, se ven las montañas del bosque *(forest)* tropical El Yunque.

Go to the **Un paso más** section in the *Cuaderno de Actividades* for additional reading, writing, review, listening, and pronunciation activities.

Imágenes de Puerto Rico

Después de *(After)* mirar el vídeo, contesta estas preguntas con tus compañeros de clase.

1. ¿Cómo es San Juan? *(What is San Juan like?)*

2. Aparte de los indígenas, ¿qué culturas o grupos étnicos han tenido *(have had)* un impacto en Puerto Rico?

3. ¿Cuáles son algunas de las atracciones turísticas de San Juan y Ponce?

Additional activities on Puerto Rico may be found in the **Un paso más** section of the *Cuaderno de actividades.*

La gastronomía

La cocina criolla *(Creole cuisine)* es una deliciosa fusión de las tradiciones culinarias de los taínos (los indígenas de la isla), los españoles y los africanos. Se prepara con ingredientes frescos *(fresh)* como maíz, batata *(sweet potato)* y carne de cerdo *(pork)*. Las frutas tropicales —el coco, la piña, la papaya y el mango— forman la base de muchos postres *(desserts)*.

▶ El mofongo, un plato a base de puré de plátano verde *(green plaintain)*, tiene sus orígenes en África.

La historia

Los taínos son los habitantes nativos de Borinquén (el nombre indígena de Puerto Rico). Cristóbal Colón llega a la isla *(island)* en 1493 y a esta fecha siguen *(there follow)* 400 años de dominación española. Puerto Rico pasa a ser territorio de los Estados Unidos en 1898. Hoy es un Estado Libre Asociado, o *commonwealth*. Los residentes son ciudadanos *(citizens)* de los Estados Unidos, pero no pueden votar en las elecciones presidenciales.

▶ Puerto Rico tiene dos idiomas oficiales: el inglés y el español.

Los deportes

Puerto Rico es la cuna *(birthplace)* de numerosos atletas de fama internacional. Probablemente el deporte más importante es el béisbol. Desde 1942, más de 240 puertorriqueños han jugado *(have played)* en las ligas profesionales de los Estados Unidos. Otros deportes populares incluyen el baloncesto, el boxeo, el vóleibol, el tenis y el fútbol.

▶ El gran jugador y humanitario Roberto Clemente es el primer latinoamericano elegido *(elected)* al Salón de la Fama del Béisbol.

El mundo es un pañuelo *(It's a small world)*

Lee la información y completa las oraciones para comparar Puerto Rico con el resto de los Estados Unidos. *(Note: Use your personal knowledge to complete the parts about the United States.)*

1. Una playa popular en Puerto Rico es...; un lugar *(place)* similar en los Estados Unidos es...

2. En Puerto Rico,... es una de las bases de la economía. En los Estados Unidos, una base económica importante es...

3. La cocina de Puerto Rico representa una combinación de tres culturas: ... En los Estados Unidos, la influencia de... es evidente en la cocina del país.

4. Los primeros habitantes de Puerto Rico son... Los primeros habitantes en Estados Unidos incluyen...

5. En Puerto Rico, los idiomas *(languages)* oficiales son... En los Estados Unidos,... es el idioma que se usa más.

6. En Puerto Rico,... es el deporte más importante; una de sus figuras legendarias es... En los Estados Unidos,... es el deporte más importante. Una figura legendaria es...

This is a pair activity for **Estudiante A** and **Estudiante B.**

If you are **Estudiante A,** use the information below.

If you are **Estudiante B,** turn now to Appendix A at the end of the book.

¡Vamos a hablar!

Contexto: In this activity, you (**Estudiante A**) and your partner will become better acquainted with two celebrities from Puerto Rico. Each one of you has a chart with partial information. By taking turns asking and answering questions, the two of you will share the information needed to complete the chart.

You will begin by asking your partner a question about Daddy Yankee.

> **MODELO**   ESTUDIANTE A: ¿Cuál es el nombre completo de Daddy Yankee?
>   ESTUDIANTE B: Se llama...

Daddy Yankee

▶ **Nombre completo:** _____

▶ **Edad** *(Age):* _____

▶ **Ciudad de origen:** _____

▶ **Familia: Nombre de su esposa** _____
            Número de hijos _____

▶ **Profesión:** _____

▶ **Información de interés:** _____
_____

Charles Sykes/AP Images

La India

▶ **Nombre completo:** Linda Viera Caballero.

▶ **Fecha de nacimiento:** 9 de marzo de 1969.

▶ **Lugar de nacimiento:** Río Piedras, Puerto Rico.

▶ **Familia:** Casada con Louis Vega (1989) y divorciada en 1996.

▶ **Profesión:** Cantante de música salsa y otros géneros. Tiene un estilo emocional y original.

▶ **De interés:** Empezó *(She began)* su carrera en la ciudad de Nueva York. Es conocida como "La Princesa de la Salsa" por sus colaboraciones con muchos célebres artistas, tales como Tito Puente, Celia Cruz, Gloria Estefan y Marc Anthony.

Chris Gordon/WireImage/Getty Images

¡Vamos a ver!

Episodio 1 • En la Hacienda Vista Alegre

Anticipación

 **A. Hablando se entiende la gente.** Habla con un(a) compañero(a). Describe a tus cantantes, actores o escritores favoritos. Incluye detalles sobre su origen, edad, estado civil, familia y personalidad. ¿Por qué son tus favoritos?

B. ¿Cómo se dice...? Expresiones útiles. Relaciona *(Match)* las frases de la primera columna con las expresiones de la segunda.

____ 1. ¿Qué te parece la casa?   a. Un poquito largo.

____ 2. ¿Qué tal el viaje?   b. Es muy bonita.

____ 3. ¡Bienvenido(a)!   c. Encantado(a) de conocerte.

____ 4. Te presento a Julián.   d. Muchas gracias.

▶ Vamos a ver

C. La Hacienda Vista Alegre. Mira el Episodio 1 del vídeo y observa la foto. ¿Cómo se llaman los personajes *(characters)* del episodio? ¿De qué nacionalidad son?

Nombres: Alejandra, Antonio, Javier, Sofía, Valeria

Nacionalidades: argentino, colombiana, española, mexicano, venezolana

 **D. ¿Cómo son?** Después de ver el episodio, escribe dos o tres oraciones sobre cada personaje. Describe su estado físico y emocional, estado civil, edad y ocupación. Con un(a) compañero(a), compara y comenta tus respuestas.

En acción

 **E. Charlemos.** Comenta con tus compañeros(as).

1. ¿Cómo se saludan los personajes *(characters)*? ¿Cuántos besos *(kisses)* se dan para saludarse? ¿Hay alguna diferencia entre *(between)* la forma hispana de saludarse y la de tu país?

2. A primera vista *(At first glance),* ¿qué personaje te gusta más? ¿Por qué? ¿Qué quieres saber *(do you want to know)* sobre los personajes de la Hacienda Vista Alegre?

 **F. 3, 2, 1 ¡Acción!** Interpreten la siguiente situación en grupos de tres o cuatro estudiantes.

Ustedes están en la Hacienda Vista Alegre y van a conocer a nuevos amigos. Saluden a sus compañeros. Pregunten de dónde son, dónde viven, su edad, etcétera. Conversen con sus compañeros sobre la familia y los pasatiempos.

¡Vamos a repasar!

A. En una recepción. Tus compañeros de clase y tú están en Puerto Rico, donde van a tomar clases de español en la universidad. Ahora *(Now)*, están en una recepción para nuevos *(new)* estudiantes. Sigan las instrucciones para dramatizar la situación.

1. Primero, crea *(create)* una nueva identidad. Usa la imaginación para completar el formulario de una manera interesante y creativa.

2. Con tus compañeros de clase, imaginen que están en la recepción para nuevos estudiantes. Sigan las instrucciones y circulen por la clase.
   - Saluda *(Greet)* y preséntate *(introduce yourself)* a varias personas. (Hola, me llamo...)
   - Haz *(Ask)* preguntas personales. (¿De dónde eres? ¿A qué universidad asistes? ¿Dónde vive tu familia?)
   - Haz preguntas sobre los pasatiempos. (¿Te gusta...? ¿Qué más te gusta hacer en tu tiempo libre?)
   - Termina *(Conclude)* la conversación de una manera natural. (Bueno, hablamos más tarde. / Nos vemos en clase mañana.)
   - Repite el proceso con cuatro o cinco personas.

Nombre: _____

Ciudad de origen *(City of origin)*: _____

Edad *(Age)*: _____

Universidad: _____
_____

Familia: Vive en _____:
Tengo _____ hermanos.
Pasatiempos: _____

B. Baldo. *Baldo* es una tira cómica creada por Héctor Cantú y Carlos Castellanos. Baldo tiene quince años y es latino. Vive con su hermana menor, su papá y la tía del papá. Lee estas dos tiras cómicas de Baldo y contesta las preguntas.

Vocabulario útil: oye, loco *hey, dude*
                          piérdete *get lost*

1. ¿Con quién está Baldo: con un amigo o con un hermano? ¿Qué hacen: patinan o nadan?

2. ¿Tiene Baldo novia? ¿Por qué Sylvia Sánchez no es su novia?

3. ¿Quién es Beatriz? ¿Por qué Beatriz no es su novia?

4. ¿Cuál es el nombre completo de Baldo? ¿Y de la chica en bikini?

5. ¿Cómo está Baldo cuando conversa con la chica en bikini?

6. ¿Cómo se llama el compañero de Baldo? ¿Se llama James o Piérdete u otro (some other) nombre? ¿Cuál es su apellido?

C. ¡Sabelotodo! (*Know-it-all!*) To play, form teams of two or three students. Two teams face off and another student, acting as the moderator, directs the play. Team A chooses a question (for example: **El tiempo libre por $10**) and the moderator reads the question aloud. The members of Team A collaborate and answer within 30 seconds. The moderator uses the answer key provided by the instructor to check the answer. If the answer is correct, Team A wins the money; if not, Team B has a chance to steal it. For the next round, Team B chooses the question.

	Paso preliminar	Información básica	La familia y los amigos	El tiempo libre	Los verbos y las preguntas	Puerto Rico
$10	¿Es masculino o femenino? **calendario; mochila**	¿Cuáles son tres saludos (*greetings*)?	¿Qué significan en inglés? **vecino; novio**	Nombra (*Name*) cuatro deportes.	¿Cuál es la forma **yo** en el presente? **ir; ser; estar**	¿Cuál es la capital de Puerto Rico?
$25	¿Cuál es el plural? **estudiante; profesor**	¿Se usa **tú** o **usted?** con un(a) compañero(a) de clase; con tu profesor(a)	¿Cuáles son seis miembros (*members*) de una familia? (Incluye **el/la**.)	¿Qué verbos usamos en estas oraciones? Yo___ música. Tú ___de compras.	¿Cómo se dice en español? *Who? When? Why?*	¿Cómo se llama el legendario jugador de béisbol, el primer latinoamericano en el Salón de la Fama?
$50	Cuenta de 10 a 100, de diez en diez. (*Count by tens to 100.*)	¿Cómo se expresa este número de teléfono? (803) 545-9316	¿Cómo se dice en español? *our family; his sisters; María's father*	¿Se dice **me gusta** o **me gustan?** patinar; los deportes	Conjuga el verbo en el presente. **pasar**	¿Qué deportes son populares en Luquillo?
$75	¿Cómo se dice en español? *I have a question.*	¿Cómo se dice en español? *Where are you (informal) from? What year are you in?*	Describe a tu amigo con esta información: Juan; Puerto Rico; 19 años.	¿Qué verbos usamos en estas oraciones? Nosotros ___ en bicicleta. Ellos ___ sobre hielo.	Conjuga los verbos en el presente. **leer; escribir**	Nombra (*Name*) las tres culturas que tienen mucha influencia en la cocina criolla de Puerto Rico.
$100	¿Cuáles son 10 cosas en la sala de clase? (Incluye **un/una**.)	¿Cuál es el apellido de nuestro(a) profesor(a)? ¿Cómo se escribe?	Describe las actividades de tu familia en oraciones completas con estos verbos: **comer, mirar**.	¿Cómo se dice en español? *never; often; sometimes*	¿Cómo se dice en español? *Do your parents like to dance?*	¿Cuál es el nombre taíno (indígena) de Puerto Rico?

Vocabulario

Sustantivos

la **actividad** *activity*
el **apartamento** *apartment*
el **apellido** *surname, last name*
la **biblioteca** *library*
la **calle** *street*
la **canción** *song*
la **casa** *house*
el **colegio** *elementary school, high school*
la **comida** *food*
la **compañía** *company*
la **computadora** *computer*
el **cuarto** *room*
el **dato** *fact, information*
el **deporte** *sport*
la **dirección** *address*
la **familia** *family*
la **fiesta** *party*
el **fin de semana** *weekend*
el **fútbol** *soccer*
el **fútbol americano** *football*
el **gimnasio** *gym*
la **gramática** *grammar*
el **inglés** *English (language)*
la **música** *music*
el **nombre** *name*
el **número** *number*
el **parque** *park*
el **partido** *game*
la **película** *movie*
la **poesía** *poetry*
la **pregunta** *question*
el (la) **profesor(a)** *professor, teacher*
la **red social** *social network*
la **residencia estudiantil** *residence, dormitory*
la **respuesta** *response, answer*
el **restaurante** *restaurant*
el **semestre** *semester*
la **televisión** *television*
el **tenis** *tennis*
el **tiempo libre** *free time*
la **universidad** *university*
el (la) **vecino(a)** *neighbor*

Verbos

aprender *to learn*
asistir *to attend*
bailar *to dance*
cantar *to sing*
comer *to eat*
comprender *to understand*
contestar *to answer*
correr *to run*
escribir *to write*
escuchar *to listen to*
estar *to be*
estudiar *to study*
gustar *to like, to be pleasing*
hablar *to talk, to speak*
hacer ejercicio *to exercise, to do exercise*
ir *to go*
jugar (ue) *to play*
leer *to read*
limpiar *to clean*
mirar *to watch, to look at*
montar en bicicleta *to ride a bike*
nacer *to be born*
necesitar *to need*
pasar *to spend (time)*
patinar (sobre hielo) *to (ice) skate*
practicar *to play (a sport), to practice*
regresar *to return, to go back*
ser *to be*
tener *to have*
tener calor/frío *to be hot/cold*
tener cuidado *to be careful*
tener ganas de + *infinitive* *to feel like (doing something)*
tener hambre/sed *to be hungry/thirsty*
tener miedo *to be afraid*
tener prisa *to be in a hurry*
tener razón *to be right*
tener sueño *to be sleepy*
tocar *to play (a musical instrument)*
tomar *to take; to drink*
trabajar *to work*
visitar *to visit*
vivir *to live*

Otras palabras

a menudo *often, frequently*
a veces *sometimes*
algo *something, anything*
bien *well, fine*
casado(a) *married*
casi nunca *hardly ever*
cerca (de) *close (to)*
con *with*
divorciado(a) *divorced*
entre semana *during the week*
juntos(as) *together*
lejos (de) *far (from)*
mal; malo(a) *bad*
mucho(a) *much, a lot*
normalmente *usually, normally*
nuevo(a) *new*
nunca *never*
poco(a) *little, not much*
por la mañana *in the morning*
por la noche *in the evening*
por la tarde *in the afternoon*
soltero(a) *single*
todos los días *every day*
un poco (de)... *a little (of) . . .*
vuestro(a) *your (informal, plural)*
y *and*

Music: p. 12
Greetings and introductions: pp. 14–15
Titles of address: p. 14
Feelings (Adjectives): p. 15
Numbers: p. 19
Family members and friends: p. 25
Free-time activities: p. 36
Question words: p. 43

For further review, please turn to **Vocabulario temático: español e inglés** at the back of the book.

Go to the **Puentes** website for extra vocabulary practice using the Flashcard program.

¡De viaje!

Blend Images / Alamy

For a selection of musical styles from this chapter's country of focus, access the **Puentes**, Sixth Edition, iTunes playlist at www.cengagebrain.com

OBJETIVOS

Speaking and Listening
▶ Telling time and giving dates
▶ Making travel and hotel arrangements
▶ Using numbers from hundreds to millions

Culture
▶ Popular vacation destinations in Spanish-speaking countries
▶ Mexico

Grammar
▶ Verb phrases (conjugated verb + infinitive)
▶ Stem-changing verbs in the present tense (e → ie; o → ue; e → i)
▶ Irregular verbs in the present tense

Video
▶ Imágenes de México
▶ En la Hacienda Vista Alegre: Episodio 2

Gramática suplementaria
▶ El futuro

Cuaderno de actividades

Reading
▶ Strategy: Scanning for detail

Writing
▶ Strategy: Keys to composing social correspondence

Playlist
🌐 www.cengagebrain.com

A primera vista

Espíritu aventurero

En España y las Américas los destinos turísticos son innumerables. Hay ciudades grandes, playas espectaculares y montañas impresionantes. ¿Qué lugares (places) quieres visitar?

Para hablar de los destinos turísticos:

▶ **Lugares turísticos:** la playa, las montañas, las ciudades grandes, las zonas arqueológicas

▶ Uno de mis destinos favoritos es… *One of my favorite places to go is…*

▶ En el centro, hay mercados / restaurante / tiendas. *In the center (downtown), there are markets / restaurantes / stores.*

▶ Es interesante visitar los museos / los teatros / los monumentos históricos. *It's interesting to visit the museums / theaters / historic monuments.*

▶ Está cerca de muchos lugares turísticos / un parque nacional. *It's near many tourist sites / a national park.*

▶ Es muy bonito(a) / fascinante / impresionante. *It's very pretty / fascinating / impressive.*

A. ¿Comprendes? Lee la información sobre los destinos turísticos en la página 55. Luego mira la lista de palabras. ¿Con cuál(es) de estos destinos asocias las palabras: México, El Yunque o Boston?

playas bonitas	un mercado histórico	una zona arqueológica
una ciudad grande	un parque nacional	buenos restaurantes
turismo ecológico	un centro histórico	museos

B. Comparaciones. Vamos a comparar *(Let's compare)* algunos destinos turísticos de los Estados Unidos y de los países hispanos. Trabajando con un(a) compañero(a), completen las oraciones con información sobre diferentes lugares turísticos.

1. Cancún es un destino popular en México. Una playa popular en los Estados Unidos es _____. Está en el estado *(state)* de _____. Es una playa _____. Está cerca de _____.

2. En Puerto Rico, muchos turistas visitan el Parque Nacional El Yunque. En los Estados Unidos, muchos turistas visitan el parque nacional _____. En este parque es interesante ver _____.

C. ¿Qué dices tú? Con un(a) compañero(a), contesten las preguntas para hablar sobre sus destinos turísticos favoritos.

▶ ¿Cuál es uno de tus destinos favoritos?
▶ ¿Dónde está?
▶ ¿Por qué te gusta?

🌐 Tamara Rodríguez MÉXICO

Hola. Me llamo Tamara Rodríguez. Yo soy de Monterrey, Nuevo León, México. Mi destino turístico favorito en México es Cancún. Primero, sus playas son bellísimas y sus restaurantes, riquísimos. También tiene zonas arqueológicas que puedes visitar, como Tulum, donde la pasas muy bien y aprendes mucho.

🌐 Juan Rodríguez PUERTO RICO

Me llamo Juan Carlos Rodríguez. Yo soy de San Juan, Puerto Rico. Mi destino turístico favorito es mi isla de Puerto Rico. Hacia el noroeste de la isla está el Parque Nacional El Yunque. Ahí puedes caminar por el bosque y hacer varios tipos de turismo ecológico. Por ejemplo, uno puede ver diferentes animales y diferentes plantas. Uno también se puede meter al agua, que me fascina.

🌐 John Andrews ESTADOS UNIDOS

Me llamo John y soy estudiante en una universidad en Boston. No soy de Boston originalmente, pero creo que Boston es un lugar fantástico. Me gustan los edificios históricos; por ejemplo, el mercado Faneuil Hall. Faneuil Hall está en el centro de la ciudad y tiene muchos restaurantes y tiendas.

D. Después de ver los vídeos. Completa la tabla con la información de los tres entrevistados *(interviewees)*.

	¿De dónde es?	¿Qué le gusta hacer en su tiempo libre?	¿Qué lugares turísticos y actividades menciona?
Tamara			
Juan			
John			

Vocabulario temático

In this *Paso* you will practice:

- ▶ Telling time
- ▶ Giving the date
- ▶ Making travel arrangements

Grammar:

- ▶ Verb phrases
- ▶ Stem-changing verbs in the present tense (e → ie; o → ue; e → i)

🌐 Go to the **Puentes** website for extra vocabulary practice using the Flashcard program.

The English equivalents to all **Vocabulario temático** lists are found at the back of the book.

Use the singular verb form **es** with **una**, **mediodía**, and **medianoche**, and the plural form **son** with all other hours.

To tell time up to 30 minutes past the hour, add **y** + *minutes/fraction of the hour:* **la una y cuarto/quince** (1:15); **las dos y veinte** (2:20); **las ocho y media** (8:30). For times greater than 30 minutes, use **menos:** **las dos menos veinte** (1:40); **las nueve menos cinco** (8:55). You can also say **la una y cuarenta** and **las ocho y cincuenta y cinco.**

Cómo hablar de horarios *(Talking about schedules)*

CD1
Track 1-32

—¿A qué hora sale *el vuelo 245?*

—Sale a *la una.*

—¿A qué hora llega?

—Llega a *las tres.*

—¿A qué hora abre *el museo*?

—Abre a *las nueve y media.*

—¿A qué hora cierra?

—Cierra a *la una y media.*

© Cengage Learning

Cómo decir la hora *(Telling time)*

CD1
Track 1-33

—¿Qué hora es? / Perdón, ¿me puede decir la hora?

Es mediodía.　　**Es la una.**　　**Es la una y media.**　　**Son las dos.**

© Cengage Learning

Son las dos y cuarto. / Son las dos y quince.　　**Son las cinco.**　　**Son las ocho menos veinte. / Son las siete y cuarenta.**　　**Es medianoche.**

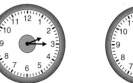

© Cengage Learning

Para expresar "A.M." y "P.M." *(Expressing A.M. and P.M.)*

CD1
Track 1-34

—¿A qué hora llegamos?

—A las tres de la tarde.

de la mañana *(6:00 A.M. to noon)*　　**de la tarde** *(noon to sundown)*

de la noche *(sundown to midnight)*　　**de la madrugada** *(early morning hours)*

Ponerlo a prueba

2-1 La estación de autobuses. En México es muy popular viajar en autobús. Con frecuencia, se usa el sistema de 24 horas para expresar los horarios. Escucha los anuncios en la estación de autobuses. Completa la tabla con las horas adecuadas. Escribe la hora en el sistema de 24 horas y también en el sistema de 12 horas.

CD1
ack 1-35

In Spain and Latin America the 24-hour system of telling time is frequently used to give schedules for movies and theater functions as well as arrival and departure times for buses, trains, and planes. To convert the 24-hour clock, subtract 12:00 from the hour. For example, if flight #752 arrives at 22:05, it is expected at 10:05 P.M.

MODELO   *You hear:* Señores pasajeros, el autobús para Cuernavaca sale a las veintidós horas, de la plataforma número 3.

You write the time two ways: 22 h; 10:00 P.M.

Autobús	Salida *(Departure)*	
	Reloj de 24 horas	Reloj de 12 horas
MODELO Cuernavaca	22 h	10:00 P.M.
1. Puebla		
2. Acapulco		
3. Veracruz		
4. Mérida		
5. Guadalajara		

2-2 Es cuestión de horas. Completa las conversaciones de una manera lógica. (**¡Ojo!** *Refer to the times indicated in parentheses and spell out any numbers.*)

1. En el aeropuerto

   TURISTA: Por favor, ¿ _____ qué hora sale el vuelo 339 a Cancún?

   AGENTE: Sale a _____ dos y _____. (2:30)

2. En el hotel

   TURISTA: ¿A qué _____ abre el museo?

   EMPLEADO: Abre a las _____ (9:00). Y _____ a _____ una (1:00).

3. En la agencia de viajes

   TURISTA: La excursión a Veracruz sale a las _____, ¿verdad? (11:00)

   AGENTE: Sí, pero es mejor *(it's better)* estar aquí a las once _____ cuarto. (10:45)

4. En el autobús

   TURISTA: Perdón, ¿a _____ hora llegamos?

   CHOFER: Llegamos a Chihuahua _____ las cinco y _____ de la _____. (5:15 P.M.)

5. En el teléfono

   TURISTA: ¿A qué hora _____ el vuelo 1704?

   AGENTE: Sale a las _____ y cinco de la _____. (10:05 P.M.) _____ a Veracruz a _____. (12:00 A.M.)

2-3 Los vuelos. Estás en la capital de México —el Distrito Federal— y quieres *(you want)* visitar otras ciudades. Con un(a) compañero(a), usen el horario de vuelos de Aeromexicano para formar diálogos entre tú y un(a) agente de viajes. Sigan el modelo.

MODELO

Tú: ¿A qué hora sale el vuelo a Acapulco?

AGENTE: Tenemos dos vuelos a Acapulco. El vuelo setenta y tres sale a las diez y cuarto y llega a las once y veinte. El vuelo sesenta y seis sale a las tres y cuarto y llega a las cuatro y media.

Aeromexicano

Vuelo	Origen	Destino	Salida	Llegada
73	México DF	Acapulco	10:15	11:20
66	México DF	Acapulco	15:15	16:30
52	México DF	Guadalajara	17:00	18:15
98	México DF	Guadalajara	19:00	20:25
40	México DF	Monterrey	6:00	7:30
85	México DF	Monterrey	11:00	13:30

© Cengage Learning

2-4 Perdón, ¿me puede decir la hora? Trabajas en el aeropuerto de Miami, Florida, donde varios turistas te preguntan la hora. Con un(a) compañero(a), usa los relojes para contestar sus preguntas.

MODELO

TU COMPAÑERO(A): Perdón, ¿me puede decir la hora?

Tú: Es la una y veintiocho.

1.

2.

3.

4.

5.

6.

7.

8.

© Cengage Learning

Vocabulario temático

Los días de la semana *(Days of the week)*

CD1
Track 1-36

—¿Qué día es hoy?

—Hoy es *lunes.*

| lunes | martes | miércoles | jueves | viernes | sábado | domingo |

Museo de Historia

Abierto todos los días, excepto los domingos.

© Cengage Learning

—¿Cuándo está abierto *el museo?*

—Está abierto *todos los días, de lunes a sábado.*

—¿Cuándo está cerrado?

—Está cerrado *los domingos.*

Note: The first day of the week is usually **lunes.**

Los meses del año *(Months of the year)*

CD1
Track 1-37

—¿Qué fecha es hoy?

—Es el 25 *(veinticinco)* de *noviembre.*

enero
febrero
marzo
abril
mayo
junio

L	M	M	J	V	S	D
	①	2	3	4	5	6
7	8	9	⑩	11	12	13
14	15	16	17	18	19	20
21	22	23	24	25	26	27
28	29	30				

julio
agosto
septiembre
octubre
noviembre
diciembre

L	M	M	J	V	S	D
	1	2	3	4	5	6
7	8	9	10	11	12	13
14	15	16	17	18	19	20
21	22	23	24	25	26	27
28	29	30	31			

—¿Cuándo salimos para *Mérida?*

—Salimos el *martes, primero de junio.*

—¿Cuándo regresamos?

—Regresamos el *jueves, diez de junio.*

Use the cardinal numbers for most dates: **el cinco (5) de octubre, el veinte (20) de diciembre.** But say **primero** for the first day of the month: **el primero de febrero.** Give years as any other large number, NOT in groups of two: **1935 = mil novecientos treinta y cinco; 2015 = dos mil quince.**

Ponerlo a prueba

CD1
Track 1-38

2-5 El conserje *(The concierge).* Tres turistas tienen reservaciones para el Hotel Sevilla Palace en el Distrito Federal de México. Escucha y escribe en español toda la información.

Nombre	Número de personas	Habitación sencilla *(single)* o doble *(double)*	Día y fecha de llegada	Hora de llegada
1.				
2.				
3.				

2-6 Los exploradores. El Club de Viajes ofrece varias excursiones este año. ¿Cuándo son? Lee la información y completa las oraciones de una manera lógica. Escribe los números en palabras.

MODELO   El tour a Panamá sale <u>el seis de septiembre</u> y regresa <u>el veinticuatro de septiembre</u>.

When dates are written as numerals in Spanish, the day is placed before the month. For example: **06/09/13 = el seis de septiembre del 2013.**

CLUB DE VIAJES

Programación para el año

¡Hagan sus reservaciones hoy!

DESTINOS	SALE	REGRESA
Panamá	6/9	24/9
Chile	31/1	11/2
Colombia	30/3	7/4
Honduras	24/6	2/7
Costa Rica	1/8	22/8

© Cengage Learning

1. El tour a Chile sale _____ y regresa _____.
2. Salimos para Colombia _____ y regresamos _____.
3. La excursión a Honduras sale _____ y regresa _____.
4. Salimos para Costa Rica _____ y regresamos _____.

2-7 Nuestras preferencias. Conversa con un(a) compañero(a) de clase sobre sus días y meses favoritos.

1. ¿Qué día de la semana prefieres? ¿Por qué te gusta? ¿Qué día te gusta menos? Explica por qué.
2. ¿Qué día de la semana estás súper ocupado(a) con tus clases y tus actividades? ¿A qué hora sales de casa (o residencia) ese día *(on that day)*? ¿A qué hora regresas?
3. ¿Qué mes prefieres? Explica por qué te gusta.
4. ¿En qué mes te gusta viajar? ¿Adónde te gusta ir?

To answer question 2, use the irregular verb form **salgo: Salgo de casa a las...** *I leave the house at . . .*

2-8 Una atracción turística popular. Estás en México, D.F., y quieres visitar unas atracciones turísticas populares de la capital. Lee este anuncio para el Museo Nacional de Antropología. Con tu compañero(a), contesta las preguntas.

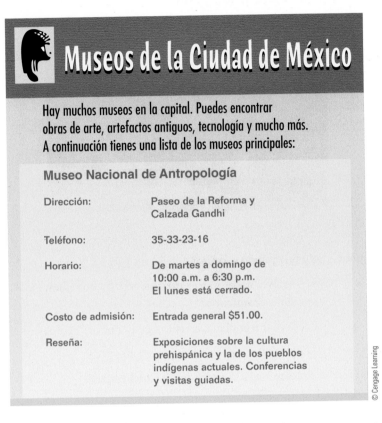

Museos de la Ciudad de México

Hay muchos museos en la capital. Puedes encontrar obras de arte, artefactos antiguos, tecnología y mucho más. A continuación tienes una lista de los museos principales:

Museo Nacional de Antropología

Dirección:	Paseo de la Reforma y Calzada Gandhi
Teléfono:	35-33-23-16
Horario:	De martes a domingo de 10:00 a.m. a 6:30 p.m. El lunes está cerrado.
Costo de admisión:	Entrada general $51.00.
Reseña:	Exposiciones sobre la cultura prehispánica y la de los pueblos indígenas actuales. Conferencias y visitas guiadas.

© Cengage Learning

The symbol **$** stands for **pesos** in Mexico.

1. ¿Qué días está abierto el Museo de Antropología? ¿A qué hora abre? ¿A qué hora cierra? ¿Dónde está? ¿Qué número necesitas llamar para más información? ¿Qué exposiciones tienen?

2. ¿Cuál es la atracción turística más popular de tu ciudad? ¿Qué días está abierta? ¿A qué hora abre y a qué hora cierra? ¿Por qué es tan popular?

COMENTARIO CULTURAL *El calendario maya*

¿Qué culturas indígenas vivían *(lived)* en tu estado antes de la época colonial? ¿Qué sabes sobre su estilo de vida *(way of life)*?

© Cengage Learning

Varias civilizaciones indígenas existían en México y Centroamérica antes de la llegada de los españoles. La civilización de los mayas era *(was)* una de las más avanzadas. Sus cálculos exactos en la astronomía sorprenden a los científicos.

Su calendario solar, el **haab,** es más preciso que el calendario que usamos hoy. El año de 365 días se divide en 18 meses de 20 días cada uno, más 5 días al final. Otro calendario maya (que todavía se usa en algunas comunidades mayas) es el **tzolkin,** basado en un ciclo de 260 días.

Vocabulario temático

Para planificar un viaje *(Making travel plans)*

© James Benet / iStockphoto

AGENTE:	**¿En qué puedo servirle?**
TURISTA:	**Me gustaría hacer una excursión este fin de semana. ¿Qué me recomienda?**
AGENTE:	**¿Prefiere ir a la playa, o visitar una zona arqueológica?**
TURISTA:	**Quiero visitar una zona arqueológica.**
AGENTE:	**Le recomiendo la excursión a Chichén Itzá.**

CD1
Track 1-39

TURISTA:	**¿Cuándo sale la excursión?**
AGENTE:	**Sale el viernes a las ocho de la mañana. Regresa el domingo por la noche.**

TURISTA:	**¿Cuánto es la excursión?**
AGENTE:	**El paquete cuesta cinco mil pesos.**

TURISTA:	**¿Qué está incluido en el paquete?**

AGENTE:	**Incluye el transporte, el hotel y los desayunos. El transporte es en *autobús*.**
	              tren
	              avión

AGENTE:	**¿Cómo quiere pagar?**

TURISTA:	**Voy a pagar *en efectivo*.**
	       con tarjeta de crédito/débito
	       con cheque de viajero

Planes, preferencias y obligaciones: las frases verbales

A. El futuro. To talk about what you are going to do in the future, use the verb phrase: **ir** + **a** + infinitive.

Voy a hacer una excursión a Taxco en abril.
I'm going to take an excursion to Taxco in April.

🌐 **Heinle Grammar Tutorial:** The uses of the infinitive

B. Los planes. In addition to **ir**, several other verbs can be used to express future plans. Notice that you conjugate the first verb of the phrase and leave the second one in its infinitive form (ending in **-ar, -er,** or **-ir**).

▶ **esperar** + infinitive *(to hope to do something)*
Espero visitar el famoso museo en la capital.
I hope to visit the famous museum in the capital city.

▶ **pensar** + infinitive *(to plan on doing something)*
Pienso salir el viernes y regresar el domingo.
I plan to leave on Friday and return on Sunday.

C. Las preferencias. Other verb phrases are used to express your wishes or desires. With these phrases you must conjugate the first verb, but leave the second one in its infinitive form.

▶ **preferir** + infinitive *(to prefer to do something)*
Prefiero comer en el restaurante Tío Lucho.
I prefer to eat at Tío Lucho's Restaurant.

▶ **Me gustaría** + infinitive *(I would like to . . .)*
Me gustaría viajar en primera clase.
I would like to travel in first class.

▶ **querer** + infinitive *(to want to do something)*
Quiero salir el 8 de junio.
I want to leave on June 8th.

D. Las obligaciones. Here are three ways to express obligations.

▶ **deber** + infinitive *(must/should do something)*
Debo hacer las reservaciones.
I should make the reservations.

▶ **necesitar** + infinitive *(to need to do something)*
Necesito salir por la mañana.
I need to leave in the morning.

▶ **tener** + **que** + infinitive *(to have to do something)*
Tengo que hablar con el agente.
I have to talk with the travel agent.

2-9 Una excursión a la playa. Escucha la conversación entre el señor Santana y una agente. Completa las oraciones de una manera lógica, según la información.

_____ 1. El señor Santana quiere…
    a. regresar a los Estados Unidos.
    b. hacer una excursión.
    c. viajar en avión.

_____ 2. La señorita le recomienda…
    a. pagar en efectivo.
    b. ir a Playa del Carmen.
    c. viajar en tren.

_____ 3. El paquete NO incluye…
    a. la comida.
    b. el transporte.
    c. el hotel.

_____ 4. El señor Santana prefiere salir…
    a. el sábado y regresar el lunes.
    b. el jueves y regresar el viernes.
    c. mañana y regresar la próxima semana.

_____ 5. Al Sr. Santana le gustaría hacer la excursión pero primero _(first)_ tiene que…
    a. pagar en efectivo.
    b. leer sobre el parque Xcaret.
    c. hablar con su esposa.

2-10 Una excursión a Barranca del Cobre. Mariluz habla con un agente para planificar una excursión a Barranca del Cobre _(Copper Canyon)_. Relaciona las dos columnas de una manera lógica.

AGENTE

_____ 1. ¿En qué puedo servirle?

_____ 2. ¿Para cuántas personas?

_____ 3. ¿Cuándo piensa hacer la excursión?

_____ 4. ¿Prefiere la excursión de cinco o siete días?

_____ 5. ¿Le gustaría hacer el viaje al cañón en tren?

_____ 6. Le recomiendo nuestro paquete clásico. ¿Está bien?

_____ 7. ¿Quiere reservar la excursión?

_____ 8. ¿Cómo quiere pagar?

MARILUZ

a. De una semana completa.

b. Me gustaría hacer una excursión a Barranca del Cobre.

c. Para dos: para mi esposo y para mí.

d. La próxima semana.

e. Sí, debo hacer las reservaciones hoy.

f. Sí, claro. Es más interesante, ¿no?

g. Voy a pagar con tarjeta de débito.

h. ¿Cuánto cuesta el paquete?

2-11 ¿Para ir a Morelia, Michoacán? Estás estudiando en México y quieres hacer una excursión a Morelia, en el estado de Michoacán. Completa el diálogo con el agente de viajes.

1. AGENTE: ¿En qué puedo servirle?
   Tú: _____

2. AGENTE: ¿Cuántos días piensa estar en Morelia?
   Tú: _____

3. AGENTE: ¿Cuándo quiere ir?
   Tú: _____

4. AGENTE: ¿Le gustaría visitar las zonas arqueológicas? Están a 60 kilómetros.
   Tú: _____

5. AGENTE: Le recomiendo nuestro paquete para estudiantes. Todo está incluido.
   Tú: ¿_____?
   AGENTE: Dos mil pesos.

6. AGENTE: ¿Cómo quiere pagar?
   Tú: _____

2-12 Con el agente de viajes. La Srta. Salas está hablando con un agente de viajes para planificar su viaje. Con un(a) compañero(a) de clase, dramatiza la conversación. Tienen que incorporar la información en las imágenes.

© Cengage Learning

2-13 Unas vacaciones de ensueño (Dream vacation). Participas en un concurso (game show) en la televisión y ganas (you win) $5000 para hacer un viaje fabuloso. Describe tus planes para este viaje. Compara tus planes con los de un(a) compañero(a) de clase.

1. Para mis vacaciones de ensueño, pienso ir a _____. ¿Y tú? ¿Adónde piensas ir?

2. Quiero pasar _____ semanas allí. ¿Y tú? ¿Cuánto tiempo quieres pasar en tu destino?

3. La primera (first) semana, espero _____ y _____. ¿Y tú? ¿Qué esperas hacer la primera semana de tus vacaciones?

4. El resto del tiempo me gustaría _____ y _____. ¿Y a ti? ¿Qué más (What else) te gustaría hacer?

Gramática

 Heinle Grammar
Tutorial: The present
indicative tense

CD1
Track 1-41

Los verbos con cambio en la raíz en el tiempo presente

Listen and read along as Marcos and Laura discuss their plans for the upcoming break. Find examples in the present tense of the following verbs: **empezar, pensar, poder, preferir, querer, volver.** What looks different about the way these verbs are conjugated?

MARCOS: Oye, Laura. Las vacaciones empiezan muy pronto. ¿Qué piensas hacer?

LAURA: Voy a la playa Progreso. Salgo el próximo domingo y vuelvo el sábado.

MARCOS: Todos dicen que es un pueblo muy tranquilo.

LAURA: Sí, es cierto. Puedo dormir y descansar *(rest)* toda la semana. Y tú, Marcos, ¿qué vas a hacer?

MARCOS: Bueno, yo prefiero las vacaciones más activas. Quiero ir a Tulum y explorar las ruinas mayas.

A. Verbos con cambios en la raíz. In Spanish, all infinitives are composed of two parts: a stem (or root) and an ending.

Infinitive	Stem	+	Ending
pensar	pens-		ar
volver	volv-		er
preferir	prefer-		ir

When certain verbs are conjugated in the present tense, the stressed vowel in the stem undergoes a change. For example, the **e** in **pensar** changes to **ie**:

Infinitive	Stem	Stem change	Example of conjugated form
pensar	pens-	piens-	¿Qué **piensas** hacer?

B. Los tres tipos de verbos. There are three basic patterns of "stem-changing verbs" or **verbos con cambio en la raíz.** They are identified in the glossary and in most dictionaries with cues in parentheses like this: **pensar (ie); volver (ue); servir (i).** Notice that the stem changes occur when the verb is conjugated in any person except **nosotros** and **vosotros.**

¿Adónde **piensan** ir Uds.?	*Where do you (plural) plan on going?*
Pensamos ir a Tulum.	*We're planning on going to Tulum.*

Stem change e → ie

pensar (ie) *(to think, to plan [to do something])*

yo	pienso	nosotros(as)	pensamos
tú	piensas	vosotros(as)	pensáis
Ud./él/ella	piensa	Uds./ellos/ellas	piensan

Here the **e** in the stem changes to **ie.**

Here the **e** in the stem stays the same.

Stem change o → ue

volver (ue) *(to return, come back)*

yo	vuelvo	nosotros(as)	volvemos
tú	vuelves	vosotros(as)	volvéis
Ud./él/ella	vuelve	Uds./ellos/ellas	vuelven

Stem change e → i

pedir (i) *(to ask for, request)*

yo	pido	nosotros(as)	pedimos
tú	pides	vosotros(as)	pedís
Ud./él/ella	pide	Uds./ellos/ellas	piden

C. Verbos comunes. Here are some common verbs that follow the three stem-changing patterns. All these verbs use the same endings as regular **-ar**, **-er**, and **-ir** verbs.

Stem change e → ie

empezar (ie) *to begin, to start*	Las vacaciones empiezan pronto.
pensar (ie) *to plan, to think*	Pienso ir a playa Progreso.
preferir (ie) *to prefer*	Prefiero las vacaciones activas.
querer (ie) *to want, to love*	Quiero ir a las montañas.
recomendar (ie) *to recommend*	Le recomiendo el Hotel Miramar.

Stem change o → ue

costar (ue) *to cost*	Los boletos cuestan 300 pesos.
dormir (ue) *to sleep*	Duermo mucho en las vacaciones.
poder (ue) *to be able, can*	¿Puedes salir el jueves?
volver (ue) *to return*	Mis padres vuelven de su viaje mañana.

Stem change e → i

pedir (i) *to ask for, request*	El turista pide una recomendación.
seguir (i) *to follow, continue*	Mis amigos siguen el plan del agente.
servir (i) *to serve*	En el tour sirven comida típica.

The **yo** form of **seguir** also has a spelling change: **sigo.**

D. El verbo *jugar*. The verb **jugar** is the only verb with a **u →ue** stem change.

jugar (ue) *(to play [a sport or game])*

yo	juego	nosotros(as)	jugamos
tú	juegas	vosotros (as)	jugáis
Ud./él/ella	juega	Uds./ellos/ellas	juegan

When using this verb in a sentence, place **a** + definite article before the name of the sport or game. Notice that **a** + **el** forms the contraction **al.**

Juego **al** vóleibol en la playa.	*I play volleyball on the beach.*

2-14 Recuerdos de Guadalajara. Durante un viaje a México, Iván le escribe un mensaje por correo electrónico a su familia. Escoge los verbos más lógicos y escríbelos en el tiempo presente.

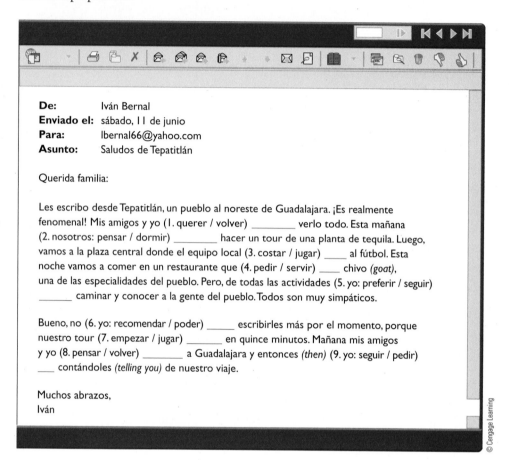

De: Iván Bernal
Enviado el: sábado, 11 de junio
Para: lbernal66@yahoo.com
Asunto: Saludos de Tepatitlán

Querida familia:

Les escribo desde Tepatitlán, un pueblo al noreste de Guadalajara. ¡Es realmente fenomenal! Mis amigos y yo (1. querer / volver) _____ verlo todo. Esta mañana (2. nosotros: pensar / dormir) _____ hacer un tour de una planta de tequila. Luego, vamos a la plaza central donde el equipo local (3. costar / jugar) _____ al fútbol. Esta noche vamos a comer en un restaurante que (4. pedir / servir) ____ chivo *(goat)*, una de las especialidades del pueblo. Pero, de todas las actividades (5. yo: preferir / seguir) _____ caminar y conocer a la gente del pueblo. Todos son muy simpáticos.

Bueno, no (6. yo: recomendar / poder) _____ escribirles más por el momento, porque nuestro tour (7. empezar / jugar) _____ en quince minutos. Mañana mis amigos y yo (8. pensar / volver) _____ a Guadalajara y entonces *(then)* (9. yo: seguir / pedir) ____ contándoles *(telling you)* de nuestro viaje.

Muchos abrazos,
Iván

 2-15 Las vacaciones. Un(a) compañero(a) de clase y tú van a hablar de las vacaciones. Tomen turnos para hacer y contestar las preguntas.

1. Por lo general, ¿prefieres vacaciones tranquilas o activas? Normalmente, ¿duermes mucho en las vacaciones? ¿Qué deportes juegas? ¿Qué más *(What else)* te gusta hacer en las vacaciones?

2. ¿Qué país *(country)* quieres visitar en el futuro? ¿Qué lugares quieres visitar allí? ¿Cuesta mucho hacer un viaje a ese país?

3. Cuando viajas, ¿prefieres ir la playa, a las montañas o a las ciudades grandes? ¿Cuál es tu destino favorito? ¿Qué te gusta hacer allí? Por lo general, ¿pides la ayuda *(assistance)* de una agencia de viajes para planear tus viajes?

4. ¿Te gusta viajar por avión? ¿Qué haces en los vuelos? ¿Duermes? ¿Escuchas música? ¿Qué línea aérea tiene el mejor servicio en tu opinión? ¿Sirven buena comida?

2-16 Mi próximo viaje. Con dos o tres compañeros(as) de clase, hablen de sus planes para las vacaciones. Incluyan muchos detalles:

▶ adónde vas y con quién(es)
▶ qué día sales y cuándo vuelves
▶ qué piensas hacer
▶ qué necesitas hacer antes de *(before)* salir

Vocabulario temático

En el hotel (Hotel arrangements)

Para conseguir una habitación (Getting a room)

CD1
Track 1-42

RECEPCIONISTA:	¿En qué puedo servirle?
TURISTA:	Quisiera *una habitación.*
	hacer una reservación
RECEPCIONISTA:	¿Para cuántas personas?
TURISTA:	Para *dos.*
RECEPCIONISTA:	¿Para cuándo?
TURISTA:	Para *el ocho de abril.*
RECEPCIONISTA:	¿Por cuántas noches?
TURISTA:	Por *tres noches.*
RECEPCIONISTA:	¿Qué tipo de habitación quiere?
TURISTA:	Quiero una habitación *con dos camas.*
	sencilla
	doble
RECEPCIONISTA:	Su nombre y apellidos, por favor.
TURISTA:	*Roberto Rivera Moreno.*
RECEPCIONISTA:	Aquí tiene la llave. Su habitación está en el *tercer* piso.
TURISTA:	Gracias.

Preguntas típicas en un hotel (Common questions in a hotel)

CD1
Track 1-43

TURISTA:	¿Sabe Ud. dónde está *el banco?*
RECEPCIONISTA:	Sí, hay *uno en la esquina.*
	....
TURISTA:	¿Conoce Ud. un buen restaurante típico?
RECEPCIONISTA:	Sí, *Casa Lolita* es uno de los mejores y no está lejos del hotel.
	....
TURISTA:	¿Dan descuentos para *estudiantes?*
RECEPCIONISTA:	*Sí, con la tarjeta estudiantil.*
	No, lo siento, no damos descuentos.
	....
TURISTA:	¿En qué piso está *la piscina?*
	el gimnasio
RECEPCIONISTA:	Está en *la planta baja.*

In this *Paso* you will practice:
► Making hotel arrangements
► Numbers from hundreds to millions

Grammar:
► More irregular verbs in the present tense

In many countries, hotels are rated with one to five stars: **un hotel de tres estrellas.**

Youth hostels have more modest amenities. You may want to ask about a private bathroom: **¿Tiene baño privado?**

Los pisos *(Floors of a building)*

CD1
Track 1-44

el quinto piso

el cuarto piso

el tercer piso

el segundo piso

el primer piso

la planta baja

© Caitlin Cahill/iStockphoto

The ground floor of a building is often called **la planta baja;** the first floor above ground level is **el primer piso.** To express which floor a room is on, use the verb **estar.**

☞ Estrategia *Memorization tips*

Practice new words with flash cards or lists.
Begin by learning the English equivalents of the Spanish words. Then reverse the procedure and give the Spanish word for the English one. Be sure to practice in both directions and with the words in different orders.

Write sentences with new words from the lesson.
Your memory will be sharper if you include factual information **(Hay tres bolígrafos en mi escritorio)** or invent sentences that are extremely silly **(Los bolígrafos de Bill Gates cuestan $1 000 000).**

Involve several of your physical senses.
As you look at a written word, pronounce it aloud to yourself and create a mental image of the object or action. With verbs (like *repeat* or *write*), pantomime the action as you say the word.

Ponerlo a prueba

CD1
Track 1-45

2-17 Una reservación. Escucha la conversación entre un turista y el recepcionista del hotel. Completa la información del formulario.

Hotel Carlton

Nombre y apellidos: _____

Número de personas: _____

Tipo de habitación: ☐ sencilla   ☐ doble   ☐ 2 camas

Fecha/hora de llegada: _____

Método de pago: _____

2-18 El Hotel Miramar. Relaciona *(Match)* las dos columnas de una manera lógica para completar el diálogo entre el recepcionista del Hotel Miramar y un turista.

RECEPCIONISTA:

___ 1. Buenas tardes. ¿En qué puedo servirle?

___ 2. ¿Para cuántas personas?

___ 3. ¿Por cuántos días?

___ 4. ¿Prefiere una habitación con una cama King o con dos camas?

___ 5. ¿Está bien una habitación en el quinto piso?

___ 6. Su nombre completo, por favor.

___ 7. ¿Cómo quiere pagar Ud.?

___ 8. Aquí tiene su llave.

TURISTA:

a. Para dos.

b. Solo una noche.

c. Javier Arias Lagos.

d. Gracias.

e. Con tarjeta de crédito.

f. Preferimos una habitación con dos camas.

g. Quisiera una habitación.

h. Sí, está bien.

2-19 En la recepción. Varios turistas están en el Hotel Sierra en Cancún. Con un(a) compañero(a) de clase, dramaticen breves conversaciones para cada uno de los dibujos.

1.

2.

3.

© Cengage Learning

2-20 Con el recepcionista. Después de *(After)* completar el registro en tu hotel, necesitas hacerle varias preguntas al recepionista. ¿Cuál es una pregunta lógica en cada caso?

1. Nosotros acabamos de llegar *(have just arrived)* a México. Estamos cansados y tenemos mucha hambre. ¿ _____?

2. Mis amigos son estudiantes y quieren hospedarse *(to stay)* aquí, pero no tienen mucho dinero. ¿ _____?

3. Necesito cambiar *(exchange)* dinero. ¿ _____?

4. Mis amigos y yo queremos hacer un poco de ejercicio *(exercise)*. ¿ _____?

2-21 Las vacaciones de primavera. Tus amigos y tú van a México para las vacaciones de primavera *(spring break)*. Ellos no hablan español; tú necesitas hablar con el recepcionista y reservar un cuarto por tres noches. Dramatiza esta escena con un(a) compañero(a) de clase.

Vocabulario temático

Los números de 100 a 10 000 000

(Numbers from 100 to 10,000,000)

CD1
Track 1-46

—¿Cuánto cuesta *una habitación doble?*
             el boleto (de ida/de ida y vuelta)

—*Mil cien (1100) pesos.*

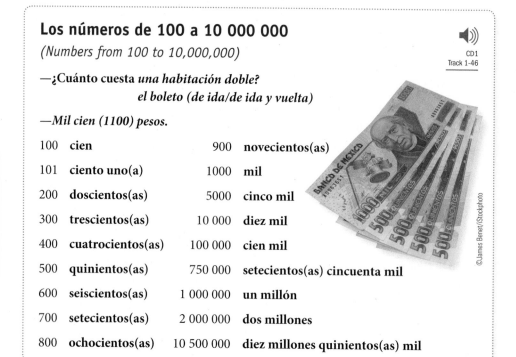

100	**cien**	900	**novecientos(as)**
101	**ciento uno(a)**	1000	**mil**
200	**doscientos(as)**	5000	**cinco mil**
300	**trescientos(as)**	10 000	**diez mil**
400	**cuatrocientos(as)**	100 000	**cien mil**
500	**quinientos(as)**	750 000	**setecientos(as) cincuenta mil**
600	**seiscientos(as)**	1 000 000	**un millón**
700	**setecientos(as)**	2 000 000	**dos millones**
800	**ochocientos(as)**	10 500 000	**diez millones quinientos(as) mil**

©James Benet/iStockphoto

Unlike their English equivalents, Spanish **mil** *(one thousand)* and **cien** *(one hundred)* do not use **un** *(one)* before the number: **mil turistas** = one thousand tourists; **cien pesos** = one hundred pesos. Also, after whole millions, the preposition **de** is added: **tres millones de turistas.**

Words for hundreds have masculine and feminine forms, depending on the noun they modify: **doscientos pesos** vs. **doscientas libras** *(pounds).*

Ponerlo a prueba

CD1
Track 1-47

2-22 Un viaje a México. La Sra. Pala quiere irse de vacaciones. Ahora está hablando con un agente de viajes. Escucha la conversación y escribe el precio *(price)* para las siguientes opciones de viaje.

MODELO   *Escuchas la conversación.*

    SRA. PALA: Quiero hacer una reservación para un hotel en el Distrito Federal. ¿Qué hotel me recomienda?

    EL AGENTE: El hotel Presidente Intercontinental. Es un hotel de cuatro estrellas. Un cuarto doble cuesta dos mil doscientos pesos por noche.

    Escribes: Hotel Presidente Intercontinental: 2200 pesos

1. Hotel Camino Real
2. boleto de ida a Cancún
3. boleto de ida y vuelta a Cancún
4. excursión a Acapulco y Taxco
5. excursión a Barranca del Cobre

2-23 Fechas importantes. Aquí tienes algunas fechas importantes en la historia de México o "Nueva España". Primero, deduce el año apropiado para cada evento. Después, escribe el año en palabras.

> MODELO
> Los aztecas fundan la ciudad de Tenochtitlan (sitio de la futura capital de México): 1325 / 1776 / 1831
>
> 1325 = mil trescientos veinticinco

1. Cristóbal Colón llega al Nuevo Mundo: 1000 / 1492 / 1593
2. Hernán Cortés y los españoles llegan a Centroamérica: 1020 / 1519 / 1913
3. Se consagra la Catedral Metropolitana, la primera catedral de "Nueva España" o México: 1300 / 1667 / 1935
4. La revolución para la independencia empieza: 1492 / 1810 / 1969
5. Hay una guerra *(war)* con los Estados Unidos: 1501 / 1846 / 1989
6. La revolución social mexicana empieza con una rebelión contra la dictadura de Porfirio Díaz: 1425 / 1910 / 2010

2-24 ¿En qué piso? Trabajando con un(a) compañero(a), sigan el modelo y digan *(say)* en qué piso están las habitaciones.

> MODELO
> Tú: ¿En qué piso está la habitación 345 (trescientos cuarenta y cinco)?
>
> Tu compañero(a):   Está en el tercer piso.

575	250	180	363	409	596

2-25 Una excursión a Ixtapa. Estás en Guadalajara y quieres visitar Ixtapa. Lee el anuncio y contesta las preguntas. (**¡Ojo!** *The prices are given in **pesos mexicanos**.*)

Excursiones a Ixtapa*

HOTEL	3 NOCHES	4 NOCHES	7 NOCHES
Posada Real	2740	2950	4320
Radisson	2990	3420	4590
Riviera Beach	3100	3500	4760

Incluye:

- HOSPEDAJE: EN HABITACIÓN DOBLE
- AVIÓN: VIAJE DE IDA Y VUELTA DESDE GUADALAJARA
- DESAYUNO: BUFFET

NOTA: EN PLAN TODO INCLUIDO
- DESAYUNOS, COMIDAS Y CENAS TIPO BUFFET
- BEBIDAS NACIONALES SIN LÍMITE

* Vigencia: 7 de julio al 10 de agosto.

© Cengage Learning

1. ¿Qué está incluido en el paquete? ¿Qué tipo de transporte incluye?
2. ¿Qué comidas *(meals)* están incluidas en el plan "normal"? ¿en el plan "todo incluido"?
3. ¿En qué meses son aplicables los precios?
4. De todos los hoteles, ¿cuál es es el más económico por tres noches? ¿Cuánto cuesta?
5. ¿Cuánto cuesta la excursión más cara *(expensive)* de todas? ¿Cuántas noches incluye? ¿Cómo se llama el hotel?
6. Si quieres pasar siete noches, ¿cuál de los hoteles prefieres? ¿Por qué? ¿Cuánto cuesta?

2-26 En el Hotel Fiesta Americana. La familia Ortiz quiere un cuarto en el Hotel Fiesta Americana, en la Ciudad de México. Con un(a) compañero(a), contesten las preguntas a continuación. Luego, dramaticen una escena entre el Sr. Ortiz y el recepcionista. (**¡Ojo!** *The prices are given in* **pesos mexicanos.**)

PRIMERA PARTE

1. ¿En qué ciudad está la familia Ortiz?
2. ¿Cómo se llama el hotel?
3. ¿Cuánto cuesta una habitación sencilla en este hotel? ¿una habitación doble?
4. ¿Cuál es el número de la habitación de la familia Ortiz? ¿En qué piso está?
5. ¿Es grande o pequeña su habitación? ¿Cuántas camas hay? ¿Tiene baño privado?
6. ¿Cuánto tienen que pagar los Ortiz por noche?

SEGUNDA PARTE

Con tu compañero(a), dramaticen un diálogo entre el Sr. Ortiz y el recepcionista. Incluyan los precios *(prices)* en la conversación.

© Cengage Learning

Gramática

Algunos verbos irregulares

CD1
Track 1-48

Listen and read along as Carolina describes her upcoming trip. Find examples of the following verbs: **conocer, hacer, saber, salir, ver.** What do you notice about the **yo** forms of these verbs?

ADRIANA: ¿Adónde vas de vacaciones, Carolina?

CAROLINA: Voy a Mérida. Conozco a muchas personas allí y siempre hacemos cosas divertidas.

ADRIANA: ¿Qué día sales?

CAROLINA: Salgo el domingo. ¡No veo la hora! *(I can't wait!)* Sé que va a ser un viaje fabuloso.

A. Verbos con la forma irregular *yo.* When some verbs are conjugated in the present tense, the **yo** form is irregular. In many cases the other verb forms are regular; in a few cases there may also be stem changes.

Group 1: -go verbs

Only the **yo** form is irregular. The other persons use the same endings as regular verbs.

Infinitive	*yo* form	Other forms
hacer *(to do, make)*	**hago**	haces, hace, hacemos, hacéis, hacen
poner *(to put, place)*	**pongo**	pones, pone, ponemos, ponéis, ponen
salir *(to leave, go out)*	**salgo**	sales, sale, salimos, salís, salen
traer *(to bring)*	**traigo**	traes, trae, traemos, traéis, traen

Group 2: -go verbs with stem changes

	tener *(to have)*	**venir** *(to come)*	**decir** *(to say, tell)*
yo	**tengo**	**vengo**	**digo**
tú	tienes	vienes	dices
Ud./él/ella	tiene	viene	dice
nosotros(as)	tenemos	venimos	decimos
vosotros(as)	tenéis	venís	decís
Uds./ellos/ellas	tienen	vienen	dicen

Group 3: Other verbs

Infinitive	*yo* form	Other forms
conducir *(to drive)*	**conduzco**	conduces, conduce, conducimos, conducís, conducen
conocer *(to know, meet)*	**conozco**	conoces, conoce, conocemos, conocéis, conocen
dar *(to give)*	**doy**	das, da, damos, dais, dan
saber *(to know)*	**sé**	sabes, sabe, sabemos, sabéis, saben
ver *(to see, to watch)*	**veo**	ves, ve, vemos, veis, ven

B. El significado. Several verbs have special or alternate meanings. For example, the verbs **saber** and **conocer** both mean *to know* in Spanish, but they are not interchangeable.

▶ Use **conocer** to indicate that you know or are familiar with people or places. It is also used to express *to meet*, as in to be introduced to someone for the first time.

Mis padres **conocen** a tu agente de viajes.	*My parents **know** your travel agent.*
Yo no **conozco** Nueva York.	*I don't **know/am not familiar with** New York. (I haven't been there.)*

▶ Use **saber** to indicate that you know specific information. Or, use it with an infinitive to express what you know how to do.

Sabemos hacer reservaciones en línea.	***We know** how to make reservations online.*
No **sé** el número de teléfono del hotel.	***I don't know** the phone number of the hotel.*

▶ Often verbs are combined with other words to create idioms—set expressions that vary from the original meaning of the verb. Here are a few you might use when traveling.

dar *to give*
        dar un paseo   *to take a walk*
hacer *to do, to make*
        hacer la maleta   *to pack the suitcase*
        hacer un viaje   *to take a trip*
poner *to put, to place*
        poner la tele/la radio   *to turn on the TV/radio*
ver *to see, to watch*
        no ver la hora   *to not be able to wait (for something); to be eager*

Ponerlo a prueba

2-27 Las vacaciones. Nora está describiendo su viaje a México. Combina la información de las dos columnas para formar oraciones lógicas.

_____ 1. No veo…

_____ 2. Hago…

_____ 3. Pongo mi boleto…

_____ 4. El primer día en la capital, doy...

_____ 5. Traigo…

_____ 6. En una excursión a la playa, conozco…

_____ 7. Vuelvo a casa…

a. a muchos nuevos amigos.

b. la hora de estar en México.

c. un paseo por el distrito histórico.

d. la maleta.

e. en mi mochila.

f. mi cámara y saco muchas fotos.

g. cansada pero contenta.

2-28 El blog. Estás en Cancún de vacaciones y decides escribir en tu blog. Escoge el verbo más lógico y escríbelo en el presente.

Mi blog 👍

Estoy en Cancún. ¡Eso me parece increíble! Mañana

(1. yo: salir / dar) _____ para Isla Mujeres. Mi amigo Jorge

(2. traer / venir) _____ conmigo. Jorge (3. saber / decir) _____

que él (4. conocer / poner) _____ muy bien la isla. Yo (5. salir / saber)

_____ que vamos a divertirnos mucho. ¡Yo no (6. ver / hacer)

_____ la hora de salir!

Ahora yo (7. decir / tener) _____ que hacer todo los arreglos. Primero,

(8. dar / hacer) _____ todas las reservaciones por computadora.

Después, (9. poner / venir) _____ solamente *(only)* unas pocas cosas

necesarias en mi mochila porque yo siempre (10. traer / saber) _____

muchos regalos *(gifts)* de regreso. ¡Qué emocionante!

© Cengage Learning

2-29 Mis preferencias. Normalmente, ¿cómo planificas tus viajes? Describe tus preferencias y compara tus ideas con las de un(a) compañero(a) de clase. Sigan el modelo.

MODELO   normalmente **leer** (mucho / poco / ¿?) sobre el lugar de destino antes del *(before)* viaje

TÚ: Normalmente **leo mucho** sobre el lugar de destino antes del viaje. ¿Y tú?

TU COMPAÑERO(A):   Normalemnte **leo poco** sobre el lugar de destino.

1. normalmente **hacer** las reservaciones (con un agente de viajes / por Internet / ¿?)
2. por lo general **traer** (una maleta / dos maletas / ¿?) y (mucho / poco) dinero
3. a menudo **poner** mi cámara (en una mochila / en mi maleta / ¿?)
4. por lo general **salir** para el aeropuerto (muy temprano / un poco tarde / ¿?)
5. normalmente (**conducir** / **tomar** un taxi) al aeropuerto

2-30 ¿Y cuándo llegas? Con un(a) compañero(a), comenten lo que hacen ustedes una vez que llegan *(once you arrive)* al destino de vacaciones.

1. Para conocer bien el lugar, ¿sales con un guía *(tour guide)* o prefieres explorar el lugar solo(a) *(alone)*?
2. En el hotel, ¿le das propinas *(tips)* generosas al botones *(bellboy)*?
3. Generalmente, ¿haces reservación cuando vas a comer en un restaurante elegante?
4. Respecto al transporte, ¿conduces un automóvil, tomas un taxi o caminas?
5. Normalmente, ¿ves los lugares más famosos el primer día del viaje o esperas unos días?
6. Si *(If)* no conoces el lugar, ¿qué haces?

¡Vamos a México!

DATOS ESENCIALES

Nombre oficial: Estados Unidos Mexicanos

Capital: México, D.F. (Distrito Federal)

Población: 112 400 000 habitantes

Unidad monetaria: peso mexicano (Mex $)

Economía: exportación de material para manufacturas, petróleo crudo y productos agrícolas; turismo

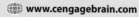

🌐 **www.cengagebrain.com**

Go to the **Un paso más** section in the *Cuaderno de actividades* for reading, writing, and listening activities that correlate with this chapter.

Al norte del país, en el estado de Chihuahua, las montañas de la Sierra Madre Occidental crean una topografía espectacular. El sistema de cañones se llama Barranca del Cobre y son más grandes que el Gran Cañón de Arizona. Tienen su origen en una erupción volcánica hace más de 20 millones de años *(more than . . . ago)*. Hoy, el lugar es una maravilla natural de México y una atracción turística.

Imágenes de México

Mira el vídeo sobre la capital de México. Después, contesta las preguntas.

1. ¿Cuáles de estas palabras asocias con la arquitectura del Distrito Federal? Explica por qué.

   tradicional   moderna   colonial   antigua

   interesante   aburrida   colorida   monótona

2. Imagina que vas a pasar cuatro horas en la capital. ¿Cuáles de los sitios del vídeo te gustaría visitar?

Go to the **Un paso más** section in the *Cuaderno de actividades* for additional reading, writing, review, listening, and pronunciation activities.

Additional activities on Mexico may be found in the **Un paso más** section of the *Cuaderno de actividades.*

La arqueología

La Pirámide del Sol es parte de la zona arqueológica de Teotihuacán, uno de los lugares más visitados de México. Entre los años 150 y 450 d.C. Teotihuacán era *(was)* el centro urbano más grande de México y Centroamérica, con más de 100 000 habitantes. Otras edificaciones importantes en esta ciudad incluyen la Pirámide de la Luna, el Templo de los Jaguares y el Palacio de Quetzalcóatl.

Image copyright Ian D Walker, 2009/Used under license from Shutterstock.com

▶ Los visitantes pueden subir la Pirámide del Sol, la edificación más grande de Teotihuacán. Tiene más de 200 escalones *(steps)*.

La historia

La Revolución Mexicana es uno de los eventos más importantes de la historia de México. Este período violento empieza en 1910 para derrocar *(overthrow)* al dictador Porfirio Díaz y culmina con una nueva constitución en 1917. La Constitución, que todavía rige *(is still in force)*, se basa en la justicia social.

©Hulton Archive/Getty Images

▶ Emiliano Zapata (1879–1919), líder militar de la Revolución, luchó *(fought)* por la reforma agraria. Con el Plan de Ayala de 1911, proclama su visión: "¡Reforma, Libertad, Justicia y Ley!"

La demografía

Uno de cada cinco mexicanos vive en la zona metropolitana de la Ciudad de México y sus afueras *(surrounding areas)*. Con más de 20 millones de habitantes, esta zona es la tercera conglomeración urbana más grande del mundo. Otras ciudades grandes son Veracruz, Jalisco, Puebla y Guanajuato. Solamente el 23% de la población mexicana vive en regiones rurales.

John Mitchell/Alamy

▶ México es indudablemente *(undoubtedly)* un país urbano.

El mundo es un pañuelo

Lee la información sobre México. Luego completa las siguientes oraciones para comparar México y los Estados Unidos. *(Note: Use your personal knowledge to complete the part on the United States.)*

1. La capital de México es…. Esta zona metropolitana tiene… habitantes. Otras ciudades grandes son… En los Estados Unidos, las ciudades más grandes son…
2. Una de las bases de la economía de México es el… En los Estados Unidos, ese producto se extrae *(is extracted)* en…
3. La Barranca del Cobre está en el estado mexicano de… Este sistema de cañones es más grande que… en los Estados Unidos.
4. Muchos turistas visitan la Pirámide del Sol, en la zona arqueológica de… Una zona arqueólogica de los Estados Unidos es…
5. Un héroe de la Revolución Mexicana es… Un héroe de la Revolución Americana de 1776 es…

This is a pair activity for **Estudiante A** and **Estudiante B**.

If you are **Estudiante A**, use the information below.

If you are **Estudiante B**, turn now to Appendix A at the end of the book.

¡Vamos a hablar!

Estudiante A

Contexto: Imagine that you (**Estudiante A**) and a friend are traveling together in Mexico. You are now in Puerto Vallarta and want to participate in an eco-tour in the area. Each of you has an advertisement for a different tour. Exchange information about the tours, and then decide together which one the two of you will take.

You will begin by asking: **¿Qué días hay tours?**

Eco-Discovery

▶ **Días disponibles** (*available*): _____

▶ **Hora de salida:** _____

▶ **Duración:** _____

▶ **Precio:** _____

▶ **Teléfono (para las reservaciones):** _____

▶ **Aspectos interesantes:** _____

Vocabulary: **árbol** *tree;* **poleas** *pulleys*

Aventuras Tiroleso

Tour de canopy

¡Observe la flora y la fauna de la selva tropical desde una perspectiva única! Con la asistencia de nuestros guías especializados, Ud. puede transportarse de un árbol a otro empleando poleas sobre cables horizontales.

¡Experimente la emoción hoy!

Tours:	Diario a las 8:30, 10:30 y 1:30.
Duración:	4 ½ horas
Precio:	$89 USD
Incluye:	Transporte, agua embotellada, tour por las copas de los árboles con 14 plataformas.

Nuestra reserva ecológica está a 45 minutos de Puerto Vallarta.

Para hacer reservaciones, llame al: 2-97-53-47.

¡Vamos a ver!

Episodio 2 • En la Hacienda Vista Alegre

Anticipación

A. Hablando se entiende la gente. Habla con un(a) compañero(a).
¿Adónde te gusta ir de vacaciones? ¿Qué te gusta hacer durante las vacaciones?
¿Qué lugares prefieres visitar?

B. ¿Cómo se dice...? Relaciona *(Match)* las oraciones de la primera columna con las expresiones de la segunda columna.

_____ 1. ¿Qué hora es?

_____ 2. Vamos a otro hotel. Este es muy caro.

_____ 3. ¿Ya podemos salir de casa? ¿Necesitan más tiempo?

_____ 4. ¿Vienes con nosotros?

_____ 5. Este coche es muy caro y no es demasiado bueno.

a. Está bien. **Ya estamos listos.** *We are ready.*

b. **No vale la pena comprarlo.** *It's not worth buying it.*

c. **Son las once en punto.** *It's 11 o'clock (on the dot).*

d. Sí, **vamos todos juntos.** *Let's go together.*

e. Sí, es verdad. **Estoy de acuerdo contigo.** *I agree with you.*

Vamos a ver

C. De paseo por la Hacienda Vista Alegre. Mira el Episodio 2 del vídeo y completa las oraciones. ¿Qué van a hacer los amigos en San Juan?

1. Javier va a _____ .
2. Alejandra quiere _____ .
3. Sofía piensa _____ .
4. Valeria va a _____ .
5. Antonio va a _____ .

D. Después de ver el episodio. Contesta las siguientes preguntas sobre el episodio.

1. ¿Por qué los chicos están enojados con Valeria?
2. ¿Qué cosas se pueden hacer, ver o visitar en San Juan?
3. Describe cómo es la ciudad de San Juan.

En acción

E. Charlemos. Comenta con tus compañeros(as). ¿Qué es lo que te interesa a ti de San Juan? ¿Qué prefieres ver o hacer en la ciudad? ¿Hay muchas diferencias entre las ciudades de los países hispanohablantes y las ciudades de tu país?

F. 3, 2, 1 ¡Acción! Interpreten la siguiente situación en grupos de tres o cuatro estudiantes.

Ustedes están en la Hacienda Vista Alegre y quieren pasar cinco días en San Juan (o en otra ciudad). ¿Cómo van a viajar? ¿Qué actividades van a hacer durante estos días? ¿Dónde piensan alojarse *(to stay overnight)*?

Practice the vocabulary and grammar you have learned in this chapter **(dar y preguntar la hora y la fecha, planificar viajes, reservar una habitación en un hotel y hacer planes).**

¡Vamos a repasar!

A. Mad Lib® en español. Trabaja con dos o tres compañeros(as). Una persona —el/la secretario(a)— completa el Mad Lib®; las otras personas cierran el libro. El/La secretario(a) lee las palabras debajo *(under)* de los espacios en blanco *(blanks)*. Tomen turnos para dar una palabra en esa categoría. Al final, lean el cuento *(story)* completo.

> **MODELO** Secretario(a): día de la semana
>
> Estudiante: viernes

Una excursión de maravilla

El próximo _____, nuestra clase va a hacer una excursión a _____.
_{día de la semana}   _{un lugar en México}

Salimos de la universidad a _____ y vamos a viajar en/por _____.
_{una hora}   _{un medio de transporte}

El hotel en México se llama _____. Es de muy buena categoría: la habitación
_{un nombre de hotel}

cuesta _____ pesos. Nuestras habitaciones están en el _____
_{un número}   _{un número de piso}

y vamos a estar allí por _____ noches. Primero, queremos _____
_{un número}   _{verbo en infinitivo}

en la piscina. Después pensamos _____ en el gimnasio. ¿Quién va a pagar
_{verbo en infinitivo}

la excursión? ¡_____, por supuesto *(of course)*!
_{nombre de un(a) compañero(a) de clase}

B. Proyecto. En **A primera vista,** miraste *(you saw)* el vídeo de John Andrews. ¡Ahora te toca a ti *(it's your turn)* crear un vídeo! El vídeo debe durar aproximadamente un minuto. Incluye las respuestas a las preguntas a continuación *(below)*. También incluye unas imágenes interesantes (fotos de tu familia, escenas de lugares turísticos, etcétera). Después, sube *(post)* tu vídeo según las instrucciones de tu profesor(a).

Incluye esta información en tu vídeo:
- ¿Cómo te llamas?
- ¿De dónde eres?
- ¿A qué universidad asistes?
- ¿En qué año de estudios estás?
- ¿Dónde vives? (cuando estás en la universidad)
- En el tiempo libre, ¿qué les gusta hacer a tus amigos y a ti?
- ¿Cuál es un destino turístico popular en tu área? *(Note: You may choose a place near your university or another place in your state.)*
- ¿Cuáles son algunos de los aspectos interesantes de este destino?
- ¿Por qué te gusta este destino?

C. ¡Sabelotodo! To play, form teams of two or three students. Two teams face off and another student, acting as the moderator, directs the play. Team A chooses a question (For example: **"Los viajes por $25"**) and the moderator reads the question aloud. The members of Team A collaborate and answer within 30 seconds. The moderator uses the answer key provided by the professor to check the answer. If the answer is correct, Team A wins the money; if not, Team B has a chance to steal it. For the next round, Team B chooses the question.

	Vocabulario esencial	La hora y los horarios	Los viajes	Los verbos	México
$10	¿Cuáles son los días de la semana?	¿Cómo se dice en español? *What time is it?*	¿Cuáles son tres medios de transporte?	Conjuga el verbo en el presente: **preferir**	La capital de México es México, D.F. ¿Qué significa "D.F."?
$25	¿Cuáles son los meses del año?	Expresa la hora: *It's 1:10 P.M.*	¿Qué significa en inglés? **Su nombre y apellidos, por favor.**	¿Cuál es la form **yo** en el presente? **hacer, poner, salir**	¿Cómo se llama el sistema de cañones en el norte de México?
$50	¿Cuáles son los números ordinales que corresponden a 1, 2, 3, 4, 5? (1st, 2nd, etc.)	Expresa la hora: *It's 8:45 P.M.*	Tienes hambre y necesitas una recomendación. Haz *(Ask)* una pregunta lógica al recepcionista.	¿Cómo se dice? *I plan to…* *I'd like to…*	¿Aproximadamente cuántas personas viven en la zona metropolitana de la capital de México y sus afueras?
$75	¿Qué fecha es hoy? Incluye el año.	¿Cómo se dice? *It's midnight.* *It's noon.*	¿Cómo se expresa en español? *I want a room for two people for three nights.*	¿Se usa **saber** o **conocer**? *to know a person; to be familiar with a place*	¿En qué zona arqueológica están la Pirámide del Sol y el Templo de los Jaguares?
$100	¿Cómo se expresa este número en español? 1 562 715	¿Cuál es la hora equivalente en el sistema de 24 horas? *It's 3:00 P.M.*	¿Cómo se dice? *How much does the package/ excursion cost? What is included?*	¿Cuáles son las formas **yo** y **nosotros** en el presente? **decir; dormir; pedir.**	¿Qué evento histórico empieza en México en 1910 y quién es uno de los líderes?

Vocabulario

Sustantivos

el año *year*
el autobús *bus*
el avión *airplane*
el banco *bank*
el baño *bath(room)*
el boleto *ticket*
la cama *bed*
el cheque de viajero *traveler's check*
la ciudad *city*
el coche *car*
la cuenta *bill, check, account*
el desayuno *breakfast*
el descuento *discount*
el día *day*
la ducha *shower*
la excursión *trip, tour*
la fecha *date*
la habitación doble *double room*
la habitación sencilla *single room*
el hotel *hotel*
la llave *key*
la llegada *arrival*
el lugar *place*
la montaña *mountain*
la medianoche *midnight*
el mediodía *noon, midday*
el mes *month*
el museo *museum*
el paquete *package*
la piscina *swimming pool*
el piso *floor*

la playa *beach*
la reservación *reservation*
la salida *departure*
la semana *week*
la tarjeta de crédito *credit card*
la tarjeta de débito *debit card*
la tarjeta estudiantil *student
    I.D. card*
la tienda *store*
el transporte *transportation*
el tren *train*
las vacaciones *vacation*
el viaje *trip*
el vuelo *airplane flight*
la zona arqueológica *archaeological
    site*

Verbos

abrir *to open*
cerrar (ie) *to close*
hacer un viaje *to take a trip*
ir *to go*
pagar *to pay*
pensar (ie) *to plan, to think*
poder (ue) *to be able to, can*
preferir (ie) *to prefer*
querer (ie) *to want, to love*
regresar *to return, to go back*
salir *to leave, to go out*
viajar *to travel*
visitar *to visit*
volver (ue) *to return, to go back*

Otras palabras
y expresiones útiles

abierto(a) *opened*
cerrado(a) *closed*
de ida *one way*
de ida y vuelta *round trip*
de la mañana A.M., *6:00* A.M. *to noon*
de la madrugada A.M., *early morning
    until about 5:00* A.M.
de la noche P.M., *sundown to
    midnight*
de la tarde P.M., *noon to sundown*
en efectivo *cash*
hoy *today*
lejos (de) *far (from)*
mañana *tomorrow*
privado(a) *private*
todo *everything*

Tourist destinations: p. 54
Telling time: p. 56
Days of the week: p. 59
Months of the year: p. 59
Ordinal numbers: p. 70
Cardinal numbers: p. 72

For further review, please turn to **Vocabulario
temático: español e inglés** at the back of the book.

Go to the ***Puentes*** website for extra vocabulary
practice using the Flashcard program.

Entre familia

For a selection of musical styles from this chapter's country of focus, access the **Puentes**, Sixth Edition, iTunes playlist at www.cengagebrain.com.

Monkey Business Images/Shutterstock.com

OBJETIVOS

Speaking and Listening
▶ Talking about your family, close friends, and pets
▶ Describing people and homes
▶ Making comparisons
▶ Discussing daily routines and activities at home and on campus

Culture
▶ Social networks and texting abbreviations
▶ Venezuela

Grammar
▶ Descriptive adjectives
▶ Comparatives and superlatives
▶ Adverbs of location
▶ Uses of **ser, estar**
▶ Reflexive verbs

Video
▶ Imágenes de Venezuela
▶ En la Hacienda Vista Alegre: Episodio 3

Gramática suplementaria
▶ El participio pasado

Cuaderno de actividades
Reading
▶ Strategy: Skimming for the main idea

Writing
▶ Strategy: Creating paragraphs

Playlist
🌐 www.cengagebrain.com

A primera vista

Siempre conectados

En esta era digital es fácil estar siempre conectados con nuestra familia y nuestros amigos. Por medio de los teléfonos inteligentes, computadoras, tabletas y otros aparatos (*gadgets*), podemos estar en contacto con personas cerca y lejos de nosotros. ¿Pasas tú mucho tiempo en las redes sociales? ¿Cuál es tu red favorita?

Para hablar de las redes sociales

- ▶ la red social *social network*
- ▶ el mensajero instantáneo *instant messenger*
- ▶ el tuiteo, tuitear, un tuit *tweeting, to tweet, a tweet*
- ▶ los seguidores *followers*
- ▶ enviar mensajes de texto *to send text messages*
- ▶ acceder a mi cuenta *to log in to my account*
- ▶ cambiar mi perfil *to change my profile*
- ▶ compartir *to share*

A. ¿Comprendes? Usa la información en la página 87 para hacer estas actividades.

1. Haz una lista de cuatro redes sociales populares en España y Latinoamérica.
2. Menciona tres atractivos de Facebook.
3. Lee estos mensajes de texto:
   a. nph, toy en kls   b. Pf, ymm asc.   c. Hl, tki!

 B. Comparaciones. Vamos a comparar (*Let's compare*) el mundo de las redes sociales en español y en inglés. Trabajando con un(a) compañero(a), completen las oraciones con la información adecuada.

1. Tuenti es una red social popular en España. En los Estados Unidos y en Latinoamérica, una red social muy popular es...
2. La abreviación de **adios** es **a2**. La abreviación de *good-bye* es…

 C. ¿Qué dices tú? Habla con un(a) compañero(a) sobre las redes sociales. Completen las oraciones y comparen sus respuestas.

1. Estoy en contacto con mi familia por medio de (una red social / correo electrónico / teléfono). Normalmente les envío (¿cuántos?) mensajes de texto en una semana. ¿Y tú?
2. Mi red social favorita es… Tengo (¿cuántos?) contactos. ¿Y tú?
3. Accedo a mi cuenta (¿cuántas?) veces (*times*) por semana. ¿Y tú?
4. Cambio mi perfil (mucho / poco). ¿Y tú?
5. En mi familia, (mis padres / mis hermanos / todos) tienen una cuenta en una red social. ¿Y en tu familia?
6. (No) Tengo una cuenta en Twitter. (No) Tengo (¿cuántos?) seguidores. ¿Y tú?

Las redes sociales

En Venezuela, como en muchos países de Latinoamérica, la red social más popular es Facebook. En esta red, creada por Mark Zuckerberg en 2004, amigos y familias pueden compartir fotos, vídeos, artículos y más. La segunda red más popular es Twitter, un programa de microblogging que permite expresarse en 140 caracteres o menos. Otra que crece *(grows)* en popularidad es Google Más, la cual permite agrupar *(grouping)* a los contactos por intereses comunes.

En España, una de las redes sociales más visitadas es Tuenti. Tuenti fue creada en 2006 por un grupo de universitarios en Madrid. Aunque *(Although)* su nombre suena *(sounds)* como la palabra *twenty* en inglés, viene de "**tu enti**dad". Funciona solamente a través de *(through)* invitaciones y se enfoca *(focuses)* principalmente en los estudiantes de 15 a 25 años.

Facebook en español

Facebook tiene casi 100 millones de usuarios en Latinoamérica. Entre sus atractivos: es grande, es gratis *(free)*, tiene juegos, se puede chatear con la familia y compartir fotos, vídeos y más. Esta es su página oficial en español:

Abreviaciones para chat

La brevedad es esencial en el momento de tuitear, chatear y enviar mensajes de texto. ¿Entiendes estas abreviaciones comunes?

a2	adiós	nph	no puedo hablar
asc	al salir de clase	pf	por favor
hl	hasta luego	tb	también
kls	clase	toy	estoy
ksa	casa	tki	tengo que irme
k tl	¿qué tal?	ymm	llámame *(call me)*

🌐 **PARA INVESTIGAR**

¿Quieres aprender más sobre redes sociales en español? Accede a tu cuenta de Facebook o Google+ y cambia el idioma a "Español".

Vocabulario temático

In this *Paso* you will practice:

- ▶ Talking about your family, close friends, and pets
- ▶ Describing people
- ▶ Making comparisons

Grammar:

- ▶ Descriptive adjectives
- ▶ Comparatives and superlatives

🌐 Go to the ***Puentes*** website for extra vocabulary practice using the Flashcard program.

The English equivalents of the **Vocabulario temático** sections are found at the back of the book.

Mi familia *(Talking about your family)*

🔊 CD1 Track 1-49

¿Cómo es tu familia, Carlos?

Mi familia es *grande.*
       de tamaño mediano
       pequeña

En casa somos *seis:* mis padres, mis hermanas, mi tía y yo.

Mis abuelos *paternos* viven en Maracaibo.

Mis abuelos *maternos* fallecieron hace años.

Tengo *dos* primos por parte de mi *papá*.

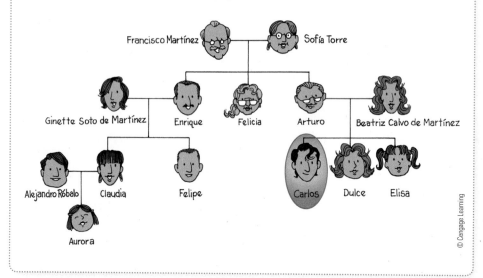

© Cengage Learning

Otros parientes *(Other relatives)*

el abuelo/la abuela

el nieto/la nieta

el tío/la tía

el primo/la prima

el sobrino/la sobrina

el padrino/la madrina

el padrastro/la madrastra

el medio hermano/la media hermana

el hermanastro/la hermanastra

el hijastro/la hijastra

Other terms for step-relationships are common in everyday conversation: **la esposa de mi padre** or **mi madre/ mamá** instead of **madrastra**. Also note the meaning of these two words: **padres** = parents; **parientes** = relatives.

© Cengage Learning

Las mascotas *(Talking about pets)*

🔊
CD1
Track 1-50

—¿Tienen Uds. mascotas?

—No, no tenemos ninguna.

Sí, tenemos *varias mascotas.*

unos pájaros

un hámster

unos peces tropicales

un gato

un perro

© Cengage Learning

Ponerlo a prueba

CD1
Track 1-51

3-1 La familia Martínez. Dulce y su mejor amiga miran el álbum de fotos de la familia Martínez. Escucha su conversación. Identifica el parentesco *(relationship/kinship)* de cada persona y contesta las preguntas.

> **MODELO**
>
> *Escuchas:* LA AMIGA: Esa señora es muy guapa. ¿Quién es?
>
> DULCE: Es nuestra tía Ginette. Es la esposa del hermano de mi padre.
>
> LA AMIGA: Ah. ¿Viven tus tíos aquí en Maracaibo?
>
> DULCE: Ahora, no. Viven en Isla Margarita. ¿No ves qué playa más bonita?
>
> *Escribes:* Ginette es <u>la tía</u> de Dulce.
>
> Vive en: a. Maracaibo ⓑ Isla Margarita c. Maiquetía

1. Enrique es _____ de Dulce.

   Trabaja en: a. un banco b. un hospital c. un hotel

2. Claudia y Felipe son _____ de Dulce.

   Felipe es: a. estudiante b. profesor c. administrador en una universidad

3. Aurora es _____ de Claudia.

   Aurora tiene: a. un gato b. un perro c. un pájaro

4. Francisco es _____ de Dulce.

   En la foto, Francisco está con: a. su esposa b. su esposa y su hija c. su hija

5. Los otros señores son _____ de Felicia.

   Eran *(They were):* a. unos amigos b. unos hermanos c. los abuelos maternos

3-2 La familia de Elisa. Elisa está describiendo a su familia para una presentación en su escuela. Completa la descripción con las palabras más lógicas. Consulta el árbol genealógico de la familia Martínez en la página 88.

> Yo soy Elisa Martínez Calvo. En mi familia somos seis. Mi **(1)** _____ se llama Arturo y mi **(2)** _____ se llama Beatriz. Creo que son los mejores padres del mundo. Tengo dos **(3)** _____ mayores —Carlos y Dulce— y los quiero mucho *(I love them a lot)*. Mi **(4)** _____ Felicia es soltera y también vive con nosotros. Además de Felicia, tengo un **(5)** _____, Enrique, que vive con su familia en Isla Margarita. Mis dos **(6)** _____ se llaman Claudia y Felipe. Mis **(7)** _____ Francisco y Sofía viven aquí en Maracaibo, cerca de nosotros. Me gusta pasar tiempo con ellos. ¡Claro *(Of course)* que yo soy su **(8)** _____ favorita!

3-3 Mi familia. Trabaja con un(a) compañero(a). Entrevístense con estas preguntas sobre la familia, los amigos y las mascotas. (Si prefieres, puedes inventar la información.)

1. ¿Es grande o pequeña tu familia? ¿Cuántos son Uds.? ¿Tienes hermanos mayores o menores? *(Ask your classmate 1–2 additional questions on this topic.)*

2. ¿Viven tus abuelos? ¿Cómo se llaman y dónde viven? ¿Trabajan o están jubilados *(retired)*? ¿Pasas mucho tiempo con tus abuelos? ¿Qué hacen Uds. juntos *(together)*? *(Ask your classmate 1–2 additional questions on this topic.)*

3. ¿Tienes muchos tíos y primos? ¿Tienes más parientes por parte de tu papá o de tu mamá? ¿Con qué frecuencia tienen Uds. reuniones familiares? *(Ask 1–2 additional questions on this topic.)*

4. ¿Qué mascotas tienes? ¿Cómo se llaman? ¿Qué mascotas te gustan más? Explica por qué son tus favoritas. *(Ask 1–2 additional questions on this topic.)*

5. ¿Tienes un(a) amigo(a) que es como de la familia *(like family)*? ¿Cómo se llama? ¿Cuántos años tiene? ¿Dónde estudia o trabaja? *(Ask 1–2 additional questions on this topic.)*

3-4 El encantador de perros. Aquí tienes un artículo sobre una persona fascinante. Lee la información y contesta las preguntas con un(a) compañero(a) de clase.

César Millán: el encantador de perros

Para millones de fans, es "El encantador de perros"°. Para los perros agresivos, es "el líder de la manada"°. Para sus dos hijos, es "papá". Este es César Millán, el conocido entrenador° de perros y estrella° de televisión.

Este experto en la rehabilitación canina nace en México en 1969. De niño, pasa mucho tiempo trabajando con animales en el rancho de su abuelo; según Millán, esto tiene un impacto enorme en su decisión de trabajar con perros. En 1990 llega a los Estados Unidos y empieza su trabajo. Pocos años después, inaugura el Centro de Psicología Canina en California. Como dicen, "el resto es historia". Ahora su serie de televisión se emite en más de 80 países y se han vendido más de dos millones de sus libros.

The Dog Whisperer
leader of the pack

trainer
star

Gareth Gay/Alpha/Landov

1. ¿De dónde es César Millán? ¿Cuántos años tiene?
2. ¿Por qué lo llaman "El encantador de perros"? ¿Con qué tipo de perros trabaja?
3. ¿Dónde aprendió *(learned)* César a trabajar con animales?
4. ¿Tiene César una familia grande? ¿Tiene más hijos o más perros?

Vocabulario temático

Las descripciones personales *(Describing people)*

CD1
Track 1-52

¿Cómo es *Dulce*?

Dulce es muy *bonita*. Es *de estatura mediana*.

Tiene el pelo *castaño* y los ojos *verdes*.

¿Y *Carlos*? ¿Cómo es?

Carlos es *muy buena persona*. Es *amable*. También, es *responsable* y *trabajador*.

Beatriz Dulce   Arturo   Carlos   Felicia Elisa

Vocabulario temático: To describe persons with an olive skin tone and dark hair, you can say: **Es moreno(a).** In some countries this term also refers to persons of black African descent.

Rasgos físicos *(Describing physical characteristics)*

CD1
Track 1-53

Es *alto/bajo*.
 de estatura mediana
 delgado/gordo
 joven/viejo; mayor
 guapo/feo
 calvo

Tiene *barba*.
 bigote

Tiene el pelo *negro* y los ojos *azules*.
  rubio   *verdes*
  castaño *castaños*
  rojo
  canoso

Lleva *gafas/anteojos*.

La personalidad y el carácter
(Describing personality and character traits)

CD1
Track 1-54

Es *simpático/antipático*.
 tímido/sociable
 cariñoso/un poco distante

Es un poco *raro*.

Tiene *un buen sentido del humor*.

También, es muy *serio/divertido*.
 perezoso/trabajador
 optimista/pesimista
 responsable/irresponsable

Los adjetivos

A. La concordancia. Adjectives (like **alto** or **inteligente**) are words that describe, or modify, nouns. In Spanish, adjectives "agree" with the nouns they modify. This means the adjective ending must match the noun in *number* (singular or plural) and *gender* (masculine or feminine).

Juan es **alto**; su hermana Rosa es **alta** también.

*Juan is **tall**; his sister Rosa is **tall**, too.*

ADJECTIVE	MASCULINE		FEMININE	
ends in:	*Singular*	*Plural*	*Singular*	*Plural*
-o	alt**o**	alt**os**	alt**a**	alt**as**
-e	amabl**e**	amabl**es**	amabl**e**	amabl**es**
consonant	informal	informa**les**	informal	informa**les**
-dor	trabaja**dor**	trabaja**dores**	trabaja**dora**	trabaja**doras**
-ista	optim**ista**	optim**istas**	optim**ista**	optim**istas**

B. La ubicación. In Spanish, most descriptive adjectives are placed directly after nouns. This is the opposite of what happens in English.

Tiene el <u>pelo</u> **negro** y los <u>ojos</u> **grandes y azules**.

*She has **black** <u>hair</u> and **big, blue** <u>eyes</u>.*

C. Algunos adjetivos especiales. A few descriptive adjectives, such as **bueno** and **malo**, may be placed either before or after a noun. Both of these drop the **-o** ending before a masculine singular noun. The feminine forms and the plural forms of **bueno** and **malo** do not drop any letters.

un **buen** hombre	*a **good** man*
un **mal** ejemplo	*a **bad** example*
unos **buenos** amigos	*some **good** friends*

The adjective **grande** has different meanings depending on its placement. Also, it is shortened to **gran** before a singular noun of either gender.

una **gran** universidad	*a **great** university*
una universidad **grande**	*a **large** university*

Heinle Grammar Tutorial: Adjectives

3-5 En la fiesta. Daniela no conoce a muchas personas en la fiesta. Su amigo Ignacio le dice *(tells her)* los nombres de los otros invitados. Escucha su conversación. Identifica a cada persona que describen. Escribe la letra correspondiente al nombre de cada persona.

CD1
Track 1-55

1. Antonio ____

2. Alejandro ____

3. Carolina ____

4. Rosaura ____

a b c d e f

© Cengage Learning

3-6 ¿Cómo es la tía Felicia? Mira el dibujo *(drawing)* de la familia Martínez en la página 92. Completa la descripción de Felicia con las palabras más lógicas y apropiadas.

1. Felicia es (alta / de estatura mediana / baja).

2. Según *(According to)* ella, es un poco (delgada / gorda) y quiere adelgazar *(lose weight)*.

3. Tiene el pelo (negro / canoso / rubio).

4. Tiene los ojos (castaños / castañas) y lleva (anteojos / lentes de contacto).

5. Felicia es muy (trabajador / trabajadora) y (cariñoso / cariñosa).

6. Los sobrinos de Felicia la admiran mucho. Dicen que es muy (buen / buena / buenos) persona.

 3-7 ¿Cómo son? Trabajando con un(a) compañero(a), tomen turnos para describir los rasgos físicos de una de las personas del dibujo anterior *(the drawing above)*. La otra persona escucha y señala con un dedo *(points to)* a la persona.

MODELO Este chico es muy alto y delgado. Tiene el pelo rubio y lleva anteojos. ¿Quién es?

3-8 Los compañeros de Carlos. ¿Cómo son los compañeros de Carlos? Lee las decripciones y completa las oraciones con una palabra lógica. Consulta la lista de palabras para la personalidad en la página 92.

1. Ernesto tiene empleo en una oficina, pero a menudo *(often)* no va a su trabajo. ¡Prefiere estar en casa y jugar videojuegos! Es _____.

2. Claudia siempre asiste a clase y hace la tarea a tiempo *(on time)*. Es una estudiante muy _____.

3. Mateo y Juan siempre ven los aspectos negativos de cada situación. Son _____.

4. Cuando Anita y Rosaura van a fiestas, hablan con todos. Son muy _____.

5. Francamente, nadie *(nobody)* comprende a José. Es distante y puede ser antipático. Muchas personas piensan que él es un poco _____.

 3-9 Mis ideales. ¿Cómo son las personas ideales? Comparte *(Share)* tus ideas con un(a) compañero(a) de clase.

> **MODELO**   el profesor ideal
>
> TÚ: Para mí *(In my opinion)*, el profesor ideal es organizado, simpático y divertido.
>
> TU COMPAÑERO(A):   Estoy de acuerdo *(I agree)*. También es inteligente y creativo en clase.

1. el amigo ideal
2. el compañero de cuarto ideal / la compañera de cuarto ideal
3. los padres ideales
4. el novio ideal/la novia ideal

 3-10 Admirable. ¿A cuál de tus parientes o tus amigos admiras mucho? Describe a esta persona con muchos detalles. Explica por qué la admiras. Comparte *(Share)* tus ideas con un(a) compañero(a) de clase. Tu compañero(a) va a hacerte unas preguntas *(ask you some questions)* sobre esta persona, también.

> **MODELO**
>
> TÚ: Admiro mucho a mi prima Rachel. Ella es muy inteligente y trabajadora. Estudia medicina y está en segundo año en la universidad. También, Rachel es muy generosa y cariñosa. Es voluntaria en un hospital para niños.
>
> TU COMPAÑERO(A):   ¿Cuántos años tiene Rachel? ¿Dónde vive? ¿Visitas a Rachel con frecuencia?

 3-11 Así soy yo. Completa las dos actividades para participar en un juego con tus compañeros.

PRIMERA PARTE: Escribe una descripción de ti mismo(a). Incluye rasgos físicos y personalidad. No menciones tu nombre.

> **MODELO**   *(Susana writes:)*
>
> Soy alta y más o menos *(more or less)* delgada. Tengo el pelo rubio y los ojos verdes. Llevo antejos. Soy sociable y un poco perezosa. No soy muy atlética. Me gusta mucho leer e ir a partidos de fútbol americano.

SEGUNDA PARTE: Tu profesor(a) va a recoger *(collect)* las descripciones y repartírselas *(pass them out)* a diferentes personas. Cada persona tiene que leer la descripción; los compañeros de clase tienen que escuchar e identificar a quién describe.

Gramática

Heinle Grammar Tutorial:
Comparisons of equality and inequality; Superlatives and irregular comparative and superlative forms

CD1
Track 1-56

Los comparativos y los superlativos

Look at the drawings as you listen to and read the descriptions of the three dogs. Identify the expressions that mean *more . . . than, less . . . than,* and *as . . . as.*

Tengo tres perros: Sultán, Preciosa y Lobo.

Sultán es el más grande de los tres y es más feroz que Preciosa.

Preciosa es una perra muy tranquila y es menos agresiva que Lobo.

Lobo es el más pequeño de los tres, pero es tan protector como Sultán.

© Cengage Learning

A. Las comparaciones de superioridad e inferioridad. When comparing two people or things, sometimes one has "more" or "less" of a particular quality (or thing) than the other.

▶ To express "more than," use **más + (adjective/adverb/noun) + que.**

adjective (**grande**)	Sultán es **más grande que** Preciosa.
	*Sultán is **bigger than** Preciosa.*
adverb (**rápidamente**)	Sultán come **más rápidamente que** Preciosa.
	*Sultán eats **more quickly/faster than** Preciosa (does).*
noun (**energía**)	Lobo tiene **más energía que** Sultán.
	*Lobo has **more energy than** Sultán does.*

▶ To express "less/fewer than," use **menos + (adjective/adverb/noun) + que.**

adjective (**feroz**)	Preciosa es **menos feroz que** Sultán.
	*Preciosa is **not as ferocious as** Sultán. (i.e., "less ferocious than")*
adverb (**tranquilamente**)	Lobo duerme **menos tranquilamente que** Preciosa.
	*Lobo sleeps **less peacefully than** Preciosa.*
noun (**comida**)	Preciosa tiene **menos comida que** Sultán.
	*Preciosa has **less food than** Sultan.*
noun (**juguetes**)	Lobo tiene **menos juguetes que** Preciosa.
	*Lobo has **fewer toys than** Preciosa does.*

▶ A few comparative expressions have irregular forms.

younger	**menor**	Elisa es **menor que** Dulce.	*Elisa is **younger than** Dulce.*
older	**mayor**	Carlos es **mayor que** Dulce.	*Carlos is **older than** Dulce.*
better	**mejor**	Gregorio habla inglés **mejor que** Carlos.	*Gregorio speaks English **better than** Carlos does.*
worse	**peor**	Yo canto **peor que** mis hermanos.	*I sing **worse than** my brothers do.*

B. Las comparaciones de igualdad. In another kind of comparison, two people or things have nearly the same amount of a particular quality or thing.

▶ With an adjective or an adverb: use **tan + (adjective/adverb) + como.**

adjective (**malo**)	Lobo es **tan malo como** Sultán.
	*Lobo is **as bad as** Sultán.*
adverb (**bien**)	Elisa juega al tenis casi **tan bien como** su hermano.
	*Elisa plays tennis almost **as well as** her brother.*

▶ With a noun: use **tanto/tanta/tantos/tantas + (noun) + como.**

noun: feminine, singular	Lobo tiene **tanta comida como** Preciosa.
	*Lobo has **as much food as** Preciosa.*
noun: masculine, plural	Carlos tiene **tantos hermanos como** Gregorio.
	*Carlos has **as many siblings as** Gregorio.*

▶ For the idea "as much as" when referring to an action/verb: use **tanto como.**

verb (**come**)	Lobo **come tanto como** Preciosa.
	*Lobo **eats as much as** Preciosa.*

C. Los superlativos. Superlatives refer to the "extremes" within a group: A person or thing may have the "most" of a quality *(the most intelligent student, the smallest, etc.)* or the "least" *(the least difficult professor, the least interesting, etc.).* In these cases, it is necessary to include the definite article (**el, la, los, las**).

▶ **el/la/los/las (optional noun) + más (adjective) + de (group)**

Felicia es **la más generosa de** su familia.

*Felicia is **the most generous one** in the family.*

▶ **el/la/los/las (optional noun) + menos (adjective) + de (group)**

Carlos y Elisa son **los menos estudiosos de** la familia.

*Carlos and Elisa are **the least studious ones in** the family.*

▶ The irregular forms **mejor, peor, mayor,** and **menor** are also used with definite articles to form the superlative.

Carlos y Gregorio son **los mejores jugadores de** su equipo.

*Carlos and Gregorio are **the best players** on their team.*

3-12 Dos amigas. Katia y Agnés son amigas en la universidad. Lee las descripciones de las dos jóvenes y completa las comparaciones con las palabras más lógicas. Sigue el modelo.

MODELO A Katia le gusta ir a fiestas y salir con muchos amigos. Agnés prefiere las reuniones pequeñas y las actividades solitarias. Katia es _más_ sociable _que_ Agnés.

1. Cuando tiene un examen, normalmente Katia estudia treinta minutos o una hora. Agnés estudia dos o tres horas para un examen típico. Katia es _____ estudiosa _____ Agnés.
2. A Katia le gusta ir al gimnasio todos los días. A Agnés no le gustan los deportes y no hace ejercicio. Katia es _____ atlética _____ Agnés.
3. Las dos chicas necesitan trabajar para pagar los gastos (*expenses*) de la universidad. Katia trabaja veinte horas por semana en un supermercado. Agnés también trabaja veinte horas por semana en un restaurante. Katia es _____ trabajadora _____ Agnés.
4. Katia tiene dieciocho años y Agnés tiene diecinueve. Katia es _____ _____ Agnés.
5. Katia vive con sus padres y sus tres hermanos. Agnés vive con sus padres, su abuela y sus tres hermanos. Katia tiene _____ hermanos _____ Agnés.
6. Katia tiene un perro, un hámster y un pájaro. Agnés tiene dos gatos. Katia tiene _____ mascotas _____ Agnés.

3-13 Los amigos. Mira la foto de los amigos y lee las descripciones. ¿Son ciertas o falsas las oraciones? Si la oración es falsa, corrígela para que sea cierta (*correct it so that it is true*).

| Carla | Iván | Alejandra | Juan | Sofía |
| 19 años | 20 años | 21 años | 24 años | 23 años |

MODELO Juan es más alto que Iván.

Falso. Juan es menos alto que Iván.

1. Sofía es tan delgada como Alejandra.
2. Juan es más alto que Alejandra.
3. Iván es mayor que Juan.
4. Carla es más gorda que Alejandra y Sofía.
5. Alejandra es menos alta que Carla.
6. Sofía es menor que Carla.
7. Alejandra es tan guapa como Sofía.
8. Iván es el más alto de los amigos.
9. Carla es la mayor de los amigos.
10. Juan es el menos serio de los amigos.

3-14 Los animales. ¿Qué piensas de las mascotas? Habla de este tema con un(a) compañero(a) de clase. Usen las preguntas a continuación y hagan *(ask)* otras preguntas originales también.

1. ¿Tienes mascota? ¿Qué mascota? ¿Cómo se llama? ¿Cuántos años tiene? ¿Cómo es?
2. ¿Te gustan más los perros o los gatos? En tu opinión, ¿cuáles son más inteligentes, los perros o los gatos? ¿Cuáles son más divertidos?
3. En tu opinión, ¿cuáles son las mejores mascotas para las residencias estudiantiles? ¿para los apartamentos? ¿para los niños? ¿para las personas mayores?
4. ¿Qué mascotas te gustaría *(would you like)* tener en el futuro? ¿Por qué?

Nikoner/Shutterstock.com

3-15 Nuestro campus. Con un(a) compañero(a), comparen sus opiniones sobre la universidad y el campus. Completen las oraciones de una manera lógica. Expliquen sus respuestas.

MODELO

Tú: La mejor residencia de nuestro campus es *Hampton Hall* porque *es nueva y tiene cuartos grandes y baños privados.*

Tu compañero(a): No estoy de acuerdo. *(I disagree.)* En mi opinión, la mejor residencia de nuestro campus es *Elliott Hall* porque *tiene más actividades sociales para los residentes.*

1. La residencia más divertida de nuestro campus es… porque…
   La más aburrida es… porque…
2. El mejor restaurante de nuestro campus es… porque…
   El restaurante menos saludable *(healthful)* del campus es… porque…
3. El mejor lugar para estudiar es… porque…
   El peor lugar es… porque…
4. El mejor lugar para conocer a nuevas personas en el campus es… porque…
   El mejor lugar para pasar tiempo con amigos en el campus es… porque…
5. El lugar más divertido los fines de semana es… porque…
   El lugar más aburrido los fines de semana es… porque…

Vocabulario temático

Los cuartos y los muebles *(Describing rooms and furnishings)*

CD1
Track 1-57

—¿Dónde viven tú y tu familia?

—Acabamos de *comprar* una nueva casa.
        alquilar

—¿Cómo es tu (nueva) casa?

—Tiene *dos pisos* y hay *seis cuartos*.

En la planta baja, hay *una cocina, un comedor* y *una sala.*

En el primer piso, *hay tres dormitorios grandes* y *un baño.*

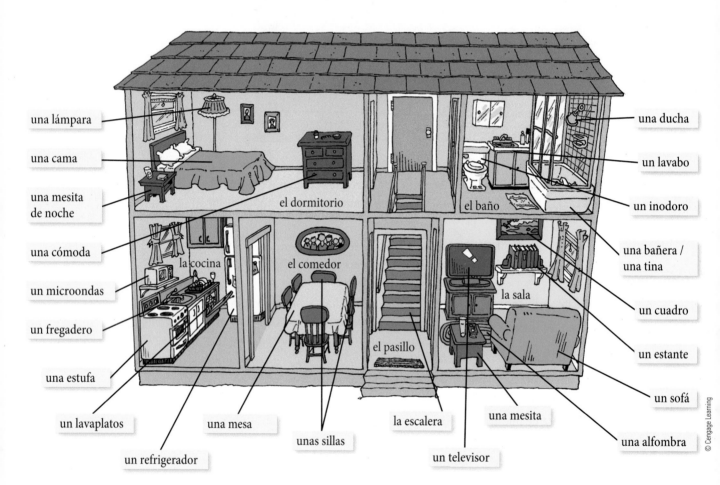

una lámpara

una cama

una mesita de noche

una cómoda

un microondas

un fregadero

una estufa

un lavaplatos

un refrigerador

la cocina

el dormitorio

una mesa

unas sillas

el comedor

el pasillo

la escalera

un televisor

una mesita

el baño

la sala

una ducha

un lavabo

un inodoro

una bañera / una tina

un cuadro

un estante

un sofá

una alfombra

© Cengage Learning

Notice the difference between these words: **la cómoda** (a noun) = chest of drawers, but **cómodo(a)(s)** (an adjective) = comfortable

Cómo describir algunas características de una casa

CD1
Track 1-58

Mi casa es *nueva (vieja)*.

La sala es *grande (de tamaño mediano, pequeña)*.

Los muebles son *elegantes (cómodos)*.

Cómo describir algunas condiciones de una casa

Normalmente, mi dormitorio está *ordenado (desordenado)*.

Por lo general, la cocina está *limpia (sucia)*.

Por desgracia, el refrigerador está *descompuesto* y la ventana está *rota*.

© Cengage Learning

Roto(a) means an object is cracked or broken. **Descompuesto(a)** means a mechanical appliance is not functioning properly.

Ponerlo a prueba

CD1
Track 1-59

3-16 De venta. Estás hablando con un agente de bienes raíces *(real estate)*. Escucha la descripción de la casa y escoge *(choose)* las respuestas correctas.

1. Número de pisos:	1	2	3
2. Número de dormitorios:	2	3	4
3. Número de baños:	1	2	3
4. El baño matrimonial incluye:	ducha	bañera	sauna
5. La cocina es:	pequeña	grande	de tamaño mediano
6. Otro aspecto positivo es:	el garaje	el ático	el patio
7. La casa cuesta _____ pesos.	88 000	98 000	198 000

3-17 El nuevo apartamento. Tu amiga Lucía describe un nuevo apartamento. Relaciona la información de las dos columnas para crear una descripción lógica.

___ 1. Acabo de alquilar…

___ 2. Me gusta muchísimo porque…

___ 3. También los vecinos son…

___ 4. Los muebles son cómodos y…

___ 5. En la cocina hay…

___ 6. La sala tiene…

___ 7. En mi dormitorio hay…

___ 8. El baño es un poco pequeño pero…

a. microondas y lavaplatos.

b. es grande y está cerca del campus.

c. un nuevo apartamento.

d. los electrodoméstics (*appliances*) son modernos.

e. un sofá, dos sillones y dos mesitas con lámparas.

f. tiene ducha y bañera.

g. simpáticos y no hacen ruido (*noise*).

h. una cama, una mesita de noche y un clóset enorme.

3-18 ¿Cómo es esta casa? La familia González acaba de comprar una casa en Miami. Mira el dibujo y contesta las preguntas con oraciones completas.

1. ¿Cuántos pisos tiene esta casa? ¿Qué cuartos hay en cada (*each*) piso?

2. ¿Es grande o pequeña la cocina? ¿Qué electrodomésticos (*appliances*) hay? ¿Qué electrodomésticos necesitan comprar?

3. ¿Cuántos baños hay? ¿Están sucios o limpios? ¿Cuál te gusta más?

4. ¿Cuántos dormitorios hay? ¿Cuál de los dormitorios está desordenado y sucio? ¿Por qué?

5. ¿Son elegantes o cómodos los muebles de la familia? ¿Cuáles de los muebles están rotos o en malas condiciones? ¿Qué muebles necesitan comprar para la sala y los dormitorios?

6. ¿Cuál es tu cuarto favorito? Descríbelo.

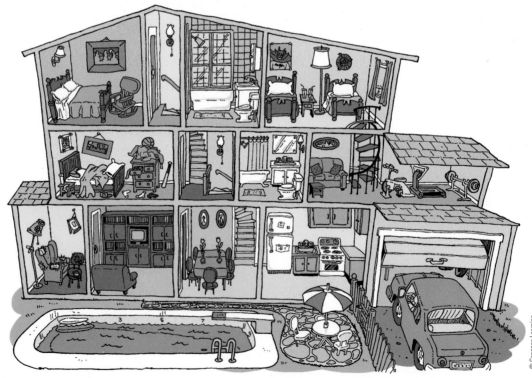

3-19 En nuestro campus. ¿Cuál es la mejor residencia en tu campus? ¿Cuáles son los mejores apartamentos para estudiantes cerca del campus? Describe estos lugares *(places)* con detalles y compara tus ideas con las de un(a) compañero(a).

VOCABULARIO ÚTIL:

Para mí...	*In my opinion ...*
Yo creo que...	*I think that ...*
(No) Estoy de acuerdo.	*I (dis)agree.*

MODELO

Para mí, los apartamentos de "Millhouse Creek" son los mejores para estudiantes. No están muy cerca de nuestra universidad pero tienen un autobús para llevar a los estudiantes al campus. Todos los apartamentos tienen cocinas grandes y dos baños. Están amueblados *(furnished)* con sofás, camas, mesitas, lámparas y más. También hay piscina y gimnasio.

3-20 Una casa para las vacaciones. Tus amigos y tú van a pasar las vacaciones en Isla Margarita, uno de los destinos turísticos más populares de Venezuela. Quieren alquilar una casa por una semana y encuentran *(you find)* este anuncio interesante en Internet. ¿Les gusta la casa? Con un(a) compañero(a) de clase, lean la información sobre la casa y contesten las preguntas.

Prestigiosos townhouses con mucho confort en Playa El Agua

Aquí tiene la perfecta solución, tanto para familias como para grupos que viajan juntos. Hermosas casas están a corta distancia de Playa El Agua y a 100 metros de restaurantes, tiendas, bares y mercados. La comunidad cuenta con piscina, áreas sociales y estacionamiento. Todas las casas tienen cocina totalmente equipada, tres habitaciones, dos baños, balcón, terraza y jardín, como también aire acondicionado, TV por cable e Internet gratis vía WiFi.

Capacidad para 7 personas máximo. Precios: desde 550 BsF/día
Pago: 50% al reservar y 50% 15 días antes de llegar.

Nicholas Pitt/Alamy

© Cengage Learning

1. ¿A tus amigos y a ti les gusta la ubicación *(location)* de la casa? Explica.

2. ¿Qué amenidades *(amenities)* tienen estas casas? En tu opinión, ¿cuáles de las amenidades son más atractivas?

3. ¿Cúantos dormitorios tienen las casas? ¿Son suficientemente grandes para Uds.?

4. ¿Es razonable *(reasonable)* el precio?

5. ¿Quieren alquilar la casa? Explica.

Vocabulario temático

CD1
Track 1-60

Para indicar relaciones espaciales

(Describing where something is located)

—¿Dónde está el gato?

—Está…

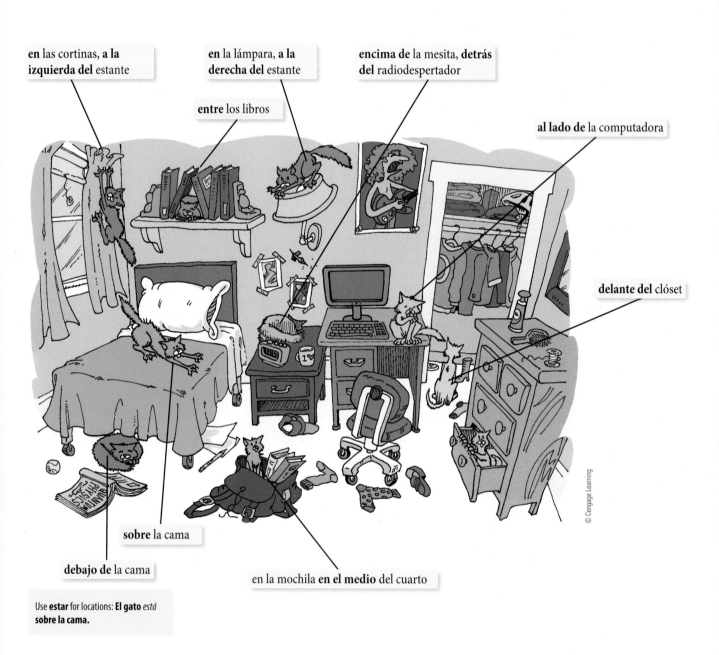

en las cortinas, **a la izquierda del** estante

en la lámpara, **a la derecha del** estante

encima de la mesita, **detrás del** radiodespertador

entre los libros

al lado de la computadora

delante del clóset

sobre la cama

debajo de la cama

en la mochila **en el medio** del cuarto

© Cengage Learning

Use **estar** for locations: **El gato** *está*
sobre la cama.

3-21 El cuarto de Mayra. Mayra tiene un nuevo apartamento. Su mamá le describe a su esposo el cuarto de Mayra en el nuevo apartamento. Escucha la descripción y contesta las preguntas.

1. La mamá de Mayra piensa que su cuarto es ___.
   a. muy grande y bonito   b. pequeño y feo   c. bonito, pero que está sucio

2. A la mamá le gustan mucho ___.
   a. el clóset y la ventana   b. la cama y la cómoda   c. el color del cuarto y las plantas

3. La cama está ___.
   a. al lado del clóset   b. debajo de la ventana   c. a la izquierda de la puerta

4. El radio y el despertador *(alarm clock)* están ___.
   a. al lado del televisor   b. en el escritorio   c. encima de la mesita de noche

5. El televisor está ___.
   a. a la izquierda del clóset   b. delante del sillón   c. a la derecha de la puerta

3-22 ¿Dónde está mi…? Miren el dibujo y dramaticen esta situación en grupos de dos: Tu compañero(a) de cuarto no puede encontrar nada *(can't find anything)*. Mira el dibujo y dile *(tell him/her)* dónde están las cosas.

MODELO

TU COMPAÑERO(A):   No puedo encontrar mi mochila. ¿Sabes dónde está?

TÚ: Sí. Está debajo de la cama.

© Cengage Learning

No puedo encontrar…

mi diccionario

mi raqueta de tenis

mis zapatos *(shoes)*

mi iPod

mi computadora portátil

mi composición para la clase de inglés

mi suéter favorito

mis cartas importantes

3-23 Mi cuarto. Con un(a) compañero(a) de clase, tomen turnos para describir sus dormitorios. Incluyan tres o cuatro expresiones, como **encima de, debajo de…**, en la conversación. ¿Qué muebles tienes en tu cuarto? ¿Qué más necesitas o quieres?

MODELO

Vivo en una residencia aquí en la universidad. Mi dormitorio es un poco pequeño pero me gusta. Hay dos camas, dos escritorios, dos cómodas y dos clósets. En un rincón *(In one corner)*, tenemos un televisor. Hay un pequeño refrigerador al lado del televisor. Mi computadora está encima de mi escritorio. Mi compañera y yo no tenemos microondas pero queremos comprar uno.

Gramática

Los verbos *ser* y *estar*

CD1
Track 1-62

Read and listen to Ana's description of her new friend. In each sentence, identify the conjugated forms of **ser** and **estar.** Which of these two verbs is used to describe Berta's personality? Which tells where she is from? Which indicates the location of her room?

> Berta es mi nueva amiga en la residencia. Ella es de Arizona, como yo. Berta es muy simpática, responsable y trabajadora. Su cuarto está al lado del mío *(mine)*. Por eso *(That's why)* estudiamos juntas con frecuencia. Estoy contenta de tenerla como amiga.

A. Los usos del verbo *ser*. Both **ser** and **estar** mean *to be,* but they are used in different ways and may not be interchanged.

Uses of *ser*

▸ With nouns, to identify the subject by relationship, occupation, profession, nationality, or other similar categories

Este **es** mi <u>primo</u>.	*This is my cousin.*
Mis padres **son** <u>profesores</u>.	*My parents are professors.*

▸ With adjectives, to describe characteristics and traits of people, places, and things

Elisa y su hermana **son** muy <u>amables</u>.	*Elisa and her sister are very kind.*
Mi casa **es** <u>grande</u> y <u>moderna</u>.	*My house is big and modern.*

▸ With the preposition **de,** to express ownership

¿<u>De quién</u> son los muebles?	*Who does this furniture belong to?*
La cama **es** <u>de Alicia</u>.	*The bed belongs to Alicia.*

▸ With the preposition **de,** to indicate origin

La lámpara **es** <u>de Italia</u>.	*The lamp is from Italy.*

▸ To tell time and give dates

Es <u>la una de la tarde</u>.	*It's one o'clock in the afternoon.*
Hoy **es** <u>viernes</u>.	*Today is Friday.*

▸ For the location of events (parties, concerts, weddings, classes, etc.)

<u>La fiesta</u> **es** en casa de mi prima.	*The party is at my cousin's house.*

B. Los usos del verbo *estar*. The verb **estar** is used in fewer circumstances.

Uses of *estar*

▸ To indicate the location of persons or things

Gregorio **está** <u>en Venezuela</u>.	*Gregorio is in Venezuela.*
La cama **está** <u>a la derecha del sillón</u>.	*The bed is to the right of the easy chair.*

▸ With adjectives that indicate emotional and physical conditions

Mis padres **están** <u>contentos</u>.	*My parents are happy.*
El refrigerador **está** <u>descompuesto</u>.	*The refrigerator is out of order.*

C. Unos contrastes. Although both **ser** and **estar** may be used with descriptive adjectives, the verbs convey different meanings.

> ▶ **Ser** is used to describe characteristics, traits, or inherent qualities—the way you normally think of a person or thing. It is generally used with adjectives like **alto, bajo, inteligente, bueno, moderno,** etc.
>
> Nuestra casa **es** grande.　　*Our house is big.* (Everyone considers it large because it has twelve rooms.)
>
> ▶ **Estar** is used to describe the way a person feels or the current condition of something. **Estar** is generally used with adjectives like **contento, cansado, frustrado, ordenado, roto, limpio,** etc.
>
> La sala **está** sucia.　　*The living room is dirty.* (We just had a party, so it's a mess.)
>
> ▶ **Ser** and **estar** also convey different meanings with the question word **¿cómo?**
>
> **ser:** ¿Cómo **es** tu mamá?
>
> *What is your mother like? (Describe her to me.)*
>
> **estar:** ¿Cómo **está** tu mamá?
>
> *How is your mother? (How is she doing? Is she well?)*

Ponerlo a prueba

3-24 Análisis de *ser* y *estar*. ¿Por qué es correcto usar **ser** o **estar** en estas oraciones? Relaciona cada oración con su explicación más lógica.

___ 1. Me llamo Martiza. **Soy** estudiante en la universidad.

___ 2. Mi familia **es** de Maracaibo, Venezuela.

___ 3. Ahora **estamos** en Miami para visitar a mis tíos.

___ 4. Miami **es** vibrante y cosmopolita.

___ 5. La fiesta de graduación de mi primo Zacarías **es** en la casa de mis tíos.

___ 6. Todos **estamos** muy orgullosos *(proud)* de su hijo.

a. origen

b. ubicación *(location)* de personas/cosas

c. ubicación de eventos

d. identificación de personas/cosas/lugares

e. características de personas/cosas/lugares

f. condiciones de personas/cosas/lugares

3-25 La boda. Patricia escribió sobre *(about)* un evento importante. Lee la descripción de la boda *(wedding)* e indica con un círculo el verbo correcto en cada caso.

La boda de mi hermana Inés **(1. es / está)** mañana y todos **(2. somos / estamos)** muy emocionados *(excited)*. El novio de Inés se llama Jorge y **(3. es / está)** de Perú. Yo creo que **(4. es / está)** muy guapo y simpático. Mamá **(5. es / está)** un poco preocupada porque Jorge **(6. es / está)** piloto y tiene que viajar mucho por su trabajo. Pero la nueva casa de los novios **(7. es / está)** muy cerca de nuestra casa, así que *(so)* Inés puede visitarnos con frecuencia.

La ceremonia va a **(8. ser / estar)** en la Iglesia de San Pedro. Esta mañana yo ayudé *(I helped)* a decorar la iglesia y el salón para la recepción. Ahora todo **(9. es / está)** decorado con rosas y otras flores para la boda. Creo que Inés va a **(10. ser / estar)** muy contenta.

3-26 Saludos de Venezuela. María del Carmen está de vacaciones con su esposo, Leonardo. Completa el mensaje que ella le escribe a su amiga Luisa, con la forma correcta del tiempo presente de los verbos **ser** y **estar**.

De: María del Carmen Fajardo
Enviado el: martes, 09 de octubre
Para: lvalecillos22@yahoo.com
Asunto: Nuestro viaje

Querida Luisa:

¿Cómo (1) _____ (tú)? Yo (2) _____ súper bien aquí en Los Roques, un paraíso tropical.

Las islas Los Roques (3) _____ a 150 kilómetros al norte de Caracas. Hay muy pocos norteamericanos aquí. Casi todos los turistas (4) ___ de Venezuela y todos (5) ___ muy amables. Nuestra habitación en el hotel no (6) _ muy grande, pero (7) _ bonita y tiene una vista fabulosa de la playa.

Hoy (8) _ domingo, el último día de nuestro tour. La fiesta de despedida *(going-away party)* (9) _ en el gran salón del hotel esta noche. Leonardo y yo (10) _____ un poco cansados pero también muy contentos después de diez días de viaje.

Bueno, por ahora, ¡saludos desde Los Roques!
Abrazos de María del Carmen

© Cengage Learning

3-27 Las diferencias entre el día y la noche. La Sra. Muñoz tiene dos hijos, Armando y Arturo, quienes son tan diferentes como el día y la noche.

PRIMERA PARTE: Con un(a) compañero(a) de clase, contesten las preguntas sobre el cuarto de Armando.

1. ¿Cómo es el cuarto de Armando: grande, pequeño o de tamaño mediano? ¿De qué color es?
2. ¿Qué tiene Armando en su cuarto? ¿Dónde está el televisor? ¿Dónde está su computadora?
3. ¿Cómo son los muebles del cuarto de Armando: elegantes o cómodos? ¿Están rotos o en buenas condiciones los muebles?
4. ¿Está limpio o sucio el cuarto de Armando? ¿Está ordenado o desordenado su escritorio?
5. ¿Cómo se siente *(feel)* la mamá de Armando cuando piensa en el cuarto de su hijo? ¿Por qué?

SEGUNDA PARTE: Escriban cinco oraciones con **ser** y **estar** para describir el cuarto de Arturo.

A.

B.

© Cengage Learning

 3-28 Mi domicilio. Con un(a) compañero(a) de clase, conversa sobre el tema de las casas. Usen estas preguntas y hagan otras preguntas originales también.

1. ¿Vives en una casa, en una residencia estudiantil o en un apartamento?
2. ¿Dónde está tu casa / residencia / apartamento? ¿Te gusta la ubicación *(location)*? Explica por qué sí o por qué no.
3. ¿Cuántos cuartos hay en tu casa / residencia / apartamento? ¿Cuáles son?
4. ¿Cuál es tu cuarto predilecto *(favorite)* en tu casa / residencia / apartamento? ¿Cómo es? ¿Por qué te gusta?
5. Haz 2 o 3 preguntas originales *(Ask 2–3 original questions)* sobre la casa / la residencia / el apartamento de tu compañero(a).

In this *Paso* you will practice:

▶ Describing daily routines

▶ Describing household chores and other family activities

▶ Expressing how often you and your family engage in different activities

Grammar:

▶ Reflexive verbs in the present tense

Mi rutina *(My daily routine)*

CD1
Track 1-63

Un día ajetreado: Por la mañana

Normalmente, me despierto *a las ocho (temprano / tarde).*

Me levanto *a las ocho y cuarto.*

Me ducho y me visto rápidamente.

Salgo de casa *a las nueve menos cuarto.*

Paso el día *en clase, en la uni.*

© Cengage Learning

Por la tarde y por la noche

Después de clase, mis amigos y yo vamos *a un café (al centro estudiantil / al gimnasio).*

Antes de estudiar, ceno con mi familia.

Por lo general, estudio por *dos o tres* **horas.**

Me acuesto *a la medianoche (a la una / bastante tarde).*

© Cengage Learning

Ponerlo a prueba

CD1
Track 1-64

3-29 Un estudiante de primer año. Gustavo acaba de pasar *(has just spent)* su primer mes en la universidad. Ahora está en casa, visitando a su madre. Escucha su conversación y completa la actividad.

1. ¿A qué hora se despierta Gustavo por la mañana normalmente?
   Gustavo se despierta a las _____ de la mañana y se levanta a las

   _____.

2. ¿Dónde come el desayuno *(eats breakfast)*?
   Come el desayuno en _____.

3. ¿Cuántas clases tiene por la mañana?
   Tiene _____ clases por la mañana.

4. En un día normal, ¿qué hace Gustavo después de almorzar *(after eating lunch)*?
   Normalmente, va a la _____ para _____.

5. ¿Qué hacen Gustavo y sus amigos antes de cenar?
   Con frecuencia, van al _____ y juegan al _____.

6. ¿A qué hora se acuesta Gustavo?
   Por lo general, se acuesta a las _____ o a la _____.

3-30 El día de Marta. ¿Cómo es la rutina de Marta? Relaciona las dos columnas de una manera lógica.

1. Normalmente me despierto…
2. No me levanto inmediatamente…
3. Luego, me ducho…
4. Me visto…
5. Salgo de casa…
6. Paso todo el día…
7. Por la noche, me gusta…
8. A veces mis amigos y yo…
9. También, estudio…
10. Por lo general, me acuesto…

a. rápidamente y como cereal con leche para el desayuno.
b. a la medianoche o a la una.
c. y me lavo el pelo.
d. temprano, a las siete de la mañana.
e. pasar tiempo con mis amigos.
f. vamos al cine o al gimnasio.
g. para mis clases por dos o tres horas.
h. porque me gusta escuchar la radio por un rato.
i. en clase o en mi trabajo en el Departamento de Psicología.
j. a las ocho y media de la mañana.

3-31 El día más ajetreado. ¿Cuál es tu día más ajetreado de la semana? Habla con un(a) compañero(a) y comparen sus rutinas para ese día *(for that day)*.

1. Mi día más ajetreado es el _____ (día de la semana). ¿Cuál es tu día más ajetreado?
2. Normalmente, me despierto a las _____ (hora). ¿A qué hora te despiertas tú?
3. Antes de mis clases, (yo) _____ (actividades). ¿Qué haces tú?
4. Salgo de casa/mi residencia a las _____ (hora). ¿A qué hora sales tú de tu casa/residencia?
5. Por la mañana tengo _____ (número) clases y por la tarde tengo _____ (número) clases. ¿Y tú? ¿Cuántas clases tienes por la mañana y por la tarde?
6. Por lo general, regreso a casa/mi residencia a las _____ (hora). ¿A qué hora regresas tú?
7. Por la noche, normalmente _____ (actividades). Después me acuesto a la/las _____ (hora). ¿Y tú? ¿Qué haces por la noche? ¿A qué hora te acuestas?

3-32 Los sábados. ¿Cómo es un sábado típico para ti? Conversa con dos o tres compañeros de clase y comparen sus rutinas. Después, contesten estas preguntas sobre la rutina de los sábados:

▸ ¿Tienen tú y tus compañeros rutinas muy parecidas *(similar)* o muy diferentes?
▸ ¿Cuál de Uds. se levanta más temprano? ¿Quién se acuesta más tarde?
▸ ¿Cuál de Uds. pasa más tiempo estudiando y trabajando?
▸ ¿Cuál de Uds. pasa más tiempo con los amigos? ¿En las redes sociales?

COMENTARIO CULTURAL *Las familias en el mundo hispano*

¿A quiénes consideras parte de tu familia? ¿Dónde viven tus abuelos? ¿Tienes padrinos?

Cuando hablamos de la familia en los Estados Unidos, casi siempre pensamos en la familia nuclear: el padre, la madre y los hijos. En cambio, en el mundo hispano, la palabra *familia* tiene un significado más amplio; generalmente incluye a abuelos, tíos, primos y otros parientes. Los lazos *(ties)* familiares son muy importantes en el mundo hispano. Los hijos casi siempre viven con sus padres hasta que se casan *(until they get married)*. A veces, los abuelos u otros parientes viven en la misma casa también. En muchos países los padrinos *(godparents)* se consideran miembros de la familia. No viven en la misma casa, pero asisten a todas las celebraciones familiares.

© Cengage Learning

Gramática

Los verbos reflexivos

Read and listen to Bernardo as he describes his morning routine. Many of the verbs—the ones with **me**—are considered "reflexive." Identify each reflexive verb in the paragraph below.

🌐 **Heinle Grammar Tutorial:**
Reflexive verbs

> ¿Cómo es mi rutina? Pues *(Well)*, todos los días me despierto a las ocho. Pero no me levanto hasta las ocho y cuarto. Primero me lavo los dientes y me ducho. Luego *(Next)*, me visto. No tengo tiempo para desayunar porque mi primera clase es a las nueve.

A. Los verbos reflexivos. Verbs like **me levanto, me ducho,** and **me despierto** are known as reflexive verbs. In most cases, reflexive verbs indicate that the person who performs the action also receives the benefit or impact of the action. For example, when you take a shower, you wash *yourself*. Many verbs can actually be used reflexively or nonreflexively, depending on the meaning of the sentence.

Reflexive: levantarse	**Me levanto** a las seis y media.

(I get up of my own accord, so I both perform and receive the benefit of the action.)

Nonreflexive: levantar	**Levanto** a mi hijo a las ocho.

(I turn on the light and call out my son's name to get him up.)

© Cengage Learning

B. Los pronombres reflexivos. When a verb is used reflexively, you must use a reflexive pronoun that *matches* the subject of the sentence. The pronoun **me** is used when the subject is **yo,** the pronoun **te** is used when the subject is **tú,** and so on.

yo	**me**	**Me levanto** a las seis.
tú	**te**	¿A qué hora **te levantas?**
Ud./él/ella	**se**	Roberto **se levanta** temprano.
nosotros(as)	**nos**	**Nos levantamos** tarde los domingos.
vosotros(as)	**os**	¿**Os levantáis** ahora?
Uds./ellos/ellas	**se**	Mis padres no **se levantan** muy temprano.

▶ Reflexive pronouns are always placed before a single conjugated verb.

Me levanto bastante temprano.	*I get up quite early.*

- Reflexive pronouns are usually attached to the end of infinitives.

  Prefiero **levantarme** temprano.   *I prefer to get up early.*

- With reflexive expressions that refer to parts of the body, Spanish uses definite articles (**el, la, los, las**) instead of possessives (**mi, tu, su,** etc.).

  Me lavo **el** pelo todos los días.   *I wash **my** hair every day.*

C. Otros verbos reflexivos. Just like all other verbs, reflexive verbs may be regular, stem-changing, or irregular in the present tense.

Verbos regulares:

afeitarse	*to shave*
bañarse	*to take a bath, to bathe*
ducharse	*to take a shower*
levantarse	*to get up*
lavarse el pelo (las manos, la cara)	*to wash one's hair (hands, face)*
lavarse los dientes	*to brush one's teeth*
quitarse	*to take off (clothing)*

Verbos irregulares:

The verb **ponerse** *(to put on)* is irregular only in the **yo** form of the present tense: **me pongo.**

Verbos con cambios en la raíz:

Like all stem-changing verbs, these reflexive verbs change the vowels in all persons except **nosotros(as)** and **vosotros(as)**.

o → ue

acostarse (me acuesto)	*to go to bed*
dormirse (me duermo)	*to fall asleep*

e → ie

divertirse (me divierto)	*to have a good time*
despertarse (me despierto)	*to wake up*
sentarse (me siento)	*to sit down*
sentirse (me siento)	*to feel*

e → i

vestirse (me visto)	*to get dressed*

3-33 Un día típico. Aquí tienes una descripción de la rutina de Vivian y su hermana Fátima. Escoge el verbo más lógico en cada caso y escríbelo en el presente del indicativo.

MODELO   (Yo) (levantarse / sentirse) _Me levanto_ temprano todos los días.

1. Fátima y yo (despertarse / acostarse [ue]) _____ a las siete y media casi todos los días.
2. Yo (ducharse / vestirse [i]) _____ por la mañana, pero mi hermana (ponerse / bañarse) _____ por la noche.
3. Primero (nosotras) (quitarse / vestirse [i]) _____ y luego (salir / regresar) _____ para ir a la universidad. Pasamos todo el día allí.
4. Los fines de semana, (nosotras) (ir / volver [ue]) _____ a fiestas con nuestros amigos y (divertirse [ie] / afeitarse) _____ mucho.
5. Normalmente, mi hermana (acostarse [ue] / sentirse [i]) _____ tarde los viernes y (quitarse / levantarse) _____ tarde los sábados.
6. Pero yo (acostarse [ue] / ponerse) _____ temprano los viernes porque los sábados (levantarse / dormirse) _____ temprano para ir al trabajo.

3-34 Los productos de aseo personal. Ramón mira la tele con frecuencia, y muchas veces compra productos de los anuncios comerciales. Completa las oraciones con los verbos más lógicos de la lista; escribe los verbos en el presente.

afeitarse	ducharse	dormirse
lavarse	ponerse	vestirse

MODELO   Ramón _se lava_ los dientes con la pasta dental Colgate, con triple acción.

1. Ramón siempre _____ con el jabón Fa, con desodorante.
2. Ramón _____ el pelo con el champú Biogénesis, con acondicionador.
3. Ramón _____ con la crema de afeitar Gilette, con mentol.
4. Cuando sale con su novia, Ramón _____ la colonia Brut.
5. Cuando está nervioso, Ramón toma una tisana _(herbal tea)_ homeopática y _____ enseguida _(quickly)_.

3-35 Charadas. ¡Vamos a jugar a las charadas _(charades)_! En groups de tres o cuatro estudiantes, tomen turnos _(take turns)_ representando un verbo reflexivo en una situación específica. Los compañeros tienen que adivinar _(guess)_ la acción. ¡Usen la imaginación!

MODELO   Tú: _(pantomine taking a cold shower)_

TU COMPAÑERO(A):   ¡Te duchas con agua fría!

Ideas:

ducharse con agua fría   dormirse en el cine
lavarse los dientes en un tren   divertirse en una piscina
acostarse en una cama muy pequeña   sentarse en una silla rota
sentirse enfermo(a) en un avión   afeitarse en la oscuridad _(dark)_

3-36 La rutina de Carlos. ¿Qué hace Carlos en un día normal? Mira los dibujos y describe su rutina con oraciones completas.

MODELO   Carlos se levanta muy temprano, a las seis de la mañana. Tiene mucho sueño. ¡No le gustan las mañanas!

1.

2.

3.

4.

5.

© Cengage Learning

3-37 ¿Quiénes son más compatibles? Imagínate que vas a alquilar un apartamento cerca de la universidad. Necesitas buscar a dos compañeros(as) compatibles. Entrevista a dos o tres compañeros de clase para averiguar *(to find out)* si Uds. son compatibles.

1. ¿A qué hora te levantas por la mañana?
2. ¿A qué hora prefieres acostarte?
3. Por lo general, ¿te duchas por la mañana o por la noche?
4. ¿Escuchas música mientras estudias?
5. ¿Normalmente está ordenado o desordenado tu cuarto?
6. Por lo general, ¿pasas los fines de semana aquí o sales de la ciudad?
7. (una pregunta original)

Vocabulario temático

Los quehaceres domésticos *(Household chores)*

CD1
Track 1-66

¿Cómo dividen Uds. las responsabilidades para los quehaceres?

Todos los días la empleada *limpia la casa* y *lava la ropa.*

Yo siempre *les doy de comer a los perros.*

Normalmente mi hermana *lava los platos.*

Mi hermana pone los platos en el lavaplatos. *My sister loads the dishwasher.*

Por lo general, mi padre *ayuda con los quehaceres.* Le gusta *cocinar.*

Mi hermanito nunca *pone la mesa.*

Nunca quiere *hacer su cama.*

© Cengage Learning

Place **nunca** before the verb, or follow this pattern with a "double" negative: **Mi hermanito no pone la mesa nunca.**

Expresiones de frecuencia

CD1
Track 1-67

siempre
todos los días
una vez por semana
a veces
nunca / no… nunca

CD1
Track 1-68

Ponerlo a prueba

3-38 Los quehaceres. Hoy es día de limpieza general *(cleaning day)*. Escucha la conversación entre los miembros de la familia Arroyo y completa la actividad.

1. María Luisa, la mamá de la familia, habla primero *(first)* con _____.
   a. su esposo
   b. su hijo
   c. su hija

2. Adalberto no quiere limpiar el garaje porque piensa _____.
   a. leer el periódico
   b. jugar al tenis con un amigo
   c. mirar la televisión

3. Samuel tiene que _____, pero quiere salir con Manuel.
   a. ir al supermercado
   b. darles de comer a los perros
   c. poner los platos en el lavaplatos

4. Pilar quiere salir con sus amigas pero _____.
   a. va a darles de comer a los perros primero
   b. decide ir al supermercado con su mamá
   c. promete lavar la ropa por la tarde

5. La mamá no va a _____. Decide ir de compras.
   a. cocinar
   b. lavar los platos
   c. hacer las camas

3-39 ¿Cómo dividen las responsabilidades? Samuel es de Venezuela, donde muchas familias tienen empleadas. Ahora está hablando con su prima Camila, de Miami. Completa su conversación, escogiendo las palabras más lógicas entre paréntesis.

SAMUEL: ¿Cómo dividen en casa las responsabilidades para los quehaceres (1. cómodos / domésticos)?

CAMILA: Todos nosotros (2. ayudamos / alquilamos) con los quehaceres. Por lo general, mamá cocina y papá (3. lava / baña) los platos.

SAMUEL: ¿Qué haces tú?

CAMILA: Yo siempre ayudo a (4. limpiar / vestir) la casa. También le (5. salgo / doy) de comer al gato.

SAMUEL: ¿Quién (6. lava / empleada) la ropa y con qué frecuencia?

CAMILA: Yo lavo mi ropa una (7. siempre / vez) por semana. Mamá lava la ropa de papá y de Ale (8. veces / todos) los días.

SAMUEL: ¿Cómo ayuda Ale con los (9. quehaceres / dientes)?

CAMILA: La responsabilidad de mi hermano es (10. poner / hacer) la mesa. También hace su (11. ropa / cama)... bueno, a veces la hace. A (12. menudo / nunca), ¡simplemente cierra la puerta de su dormitorio!

👥 3-40 ¿Limpio o sucio? La vida de los estudiantes es muy ajetreada. ¿Tienen Uds. tiempo para mantener el cuarto limpio y ordenado? Entrevista a un(a) compañero(a) de clase sobre los quehaceres y comparen sus respuestas. ¿Con qué frecuencia hacen Uds. los siguientes quehaceres?

MODELO   hacer la cama

Tú:	¿Con qué frecuencia haces la cama en tu cuarto?
Tu compañero(a):	Hago mi cama todos los días. ¿Y tú?
Tú:	Hago mi cama solo *(only)* cuando mis padres me visitan.

todos los días	una vez por semana	una vez por mes
a veces	casi nunca	nunca

1. hacer la cama
2. limpiar el baño
3. lavar la ropa
4. cocinar
5. poner todo en orden *(in its place)*
6. ayudar a tu compañero(a) con los quehaceres

👥 3-41 Las amas de casa y la ayuda. Aquí tienes datos sobre los quehaceres domésticos. En la gráfica, hay información sobre dos aspectos importantes de este tipo de trabajo. Contesta las preguntas y compara tus respuestas con las de un(a) compañero(a) de clase.

Vocabulario útil: barrer *to sweep*
                              fregar *to scrub*
                              hacer la compra *to get groceries*
                              planchar *to iron*
                              recoger un cuarto *to pick up a room*

1. Según la gráfica de la izquierda, ¿qué tarea *(chore)* les gusta menos a las amas de casa *(housewives)*? ¿Qué tareas prefieren hacer?
2. Según la gráfica de la derecha, ¿qué tareas hacen las amas de casa normalmente con sus parejas *(with their spouses)*? Por lo general, ¿qué tareas hacen las amas de casa sin *(without)* ayuda?
3. En tu familia, ¿qué tarea es la más popular?, ¿la menos popular? Explica tu respuesta.
4. ¿Qué tarea prefieres compartir *(to share)* con otra persona? ¿Por qué?
5. Respecto a los quehaceres, ¿tienes conflictos a veces con tus hermanos o tu compañero(a) de cuarto? Describe los conflictos.

¿Cuál es la tarea del hogar que menos te gusta?(*)

Tarea	%
Planchar	**24,34**%
Limpiar el polvo	**18,18**%
Recoger la cocina	**16,50**%
Barrer y fregar	**16,50**%
Cocinar	**12,12**%
Lavar los platos /poner lavavajillas	**11,16**%
Lavar la ropa	**1,24**%

¿Qué labor realizas con tu pareja de un modo habitual?

Labor	%
Hacer la compra	25,31%
Cocinar	17,05%
Lavar los platos/poner lavavajillas	11,10%
Limpiar el polvo	11,10%
Organizar la casa	11,10%
Ninguna	9,25%
Planchar	4,90%
Lavar la ropa	3,70%
Otras	6,49%

(*) Los porcentajes que aparecen en los recuadros de arriba no suman 100 en todos los casos, ya que algunas encuestadas han dado más de una respuesta; en otras preguntas no han respondido. Señalamos las más destacadas.

Sin duda, los electrodomésticos han transformado la vida de muchas amas de casa. A pesar de ello, el 47,34% dice que el servicio de reparación le ha supuesto algún problema.

Un paso más

¡Vamos a Venezuela!

En la Gran Sabana de Venezuela, en el sur del país, existen más de 100 tepuyes. Los tepuyes son mesetas abruptas de paredes verticales y cimas *(tops)* planas. El más emblemático es el Autana, declarado monumento natural en 1978. De aquí cae la cascada más alta del planeta: el impresionante Salto del Ángel.

Imágenes de Venezuela

Después de mirar el vídeo, contesta las preguntas con oraciones completas.

1. Caracas es el centro económico de Venezuela. Según el vídeo, ¿en qué se basa la economía del país?

2. Simón Bolívar es famoso por su papel *(role)* en la liberación de Venezuela. ¿Qué lugares en la capital conmemoran a Bolívar?

3. ¿Cuáles son algunos de los aspectos modernos de Caracas? ¿Los aspectos históricos o coloniales?

4. ¿Cuáles son algunos lugares *(places)* interesantes para los turistas? ¿Cuál te gustaría visitar? ¿Por qué?

La historia

Simón Bolívar Palacios es una de las figuras más importantes de Venezuela. Llamado también El Libertador, Bolívar luchó *(fought)* por la independencia de Venezuela, Colombia, Ecuador, Bolivia y Perú. Fue *(He was)* el primer presidente de la República de la Gran Colombia y de la República de Venezuela.

▶ Simón Bolívar Palacios nació en Caracas, Venezuela, en 1783 y murió en Santa Marta, Colombia, en 1830.

La arquitectura

En el período colonial de Venezuela (1498–1810) se nota la influencia de los españoles en la arquitectura. Las casas de la época colonial tienen forma rectangular; los cuartos están distribuidos alrededor *(around)* de un patio central. A menudo las paredes son de estuco y las ventanas tienen rejas de hierro *(decorative iron grilles)*.

▶ Ciudad Bolívar, fundada en 1595, conserva su arquitectura colonial.

La economía

Con las mayores reservas del hemisferio occidental, Venezuela es un país muy rico en petróleo. La industria petrolera nace en la década de 1910, cuando varias compañías empiezan a explorar, producir y refinar el crudo. En 1960 Venezuela se reúne con varios países del Medio Oriente *(Mideast)* para formar OPEP, la Organización de Países Exportadores de Petróleo.

▶ Venezuela es el quinto país exportador de petróleo del mundo.

El mundo es un pañuelo

Lee la información sobre Venezuela. Luego completa las siguientes oraciones para comparar Venezuela y los Estados Unidos.

1. En Venezuela, se ven muchas mesetas en... En los Estados Unidos, se pueden ver mesetas en...

2. La cascada más alta de Venezuela y del planeta es... La cascada más alta de los Estados Unidos es...

3. El Libertador... luchó por la independencia de Venezuela. ... luchó por la independencia de los Estados Unidos.

4. Las casas coloniales de Venezuela se caracterizan por... Las casas coloniales de los Estados Unidos se caracterizan por...

5. Venezuela es uno de los mayores exportadores de... Los Estados Unidos es uno de los mayores exportadores de...

This is a pair activity for **Estudiante A** and **Estudiante B**.

If you are **Estudiante A,** use the information below.

If you are **Estudiante B,** turn now to Appendix A at the end of the book.

¡Vamos a hablar!

Estudiante A

Contexto: In this activity, you and your partner will try to find 10 differences between the drawings each of you has—without looking at the other person's picture! To do this, take turns describing in detail the scene on your page. Focus on the aspects listed below. You will begin by saying: **En mi dibujo** *(drawing),* **Elena es rubia y tiene el pelo largo.**

- ▶ the physical appearance of the two girls
- ▶ the room and furniture (including location and condition)
- ▶ the activities of each girl

¡Vamos a ver!

Episodio 3 • En la Hacienda Vista Alegre

Anticipación

A. Hablando se entiende la gente. Tu compañero(a) y tú van a conocerse (*get to know each other*) un poco mejor. Hablen sobre los siguientes temas: ¿Qué aspectos te gustan más de la vida en familia? ¿Qué aspectos no te gustan? ¿Qué aspectos te gustan más de vivir de forma independiente? ¿Qué aspectos te gustan menos?

B. ¿Cómo se dice? Completa las siguientes oraciones con estas expresiones.

la carrera	una tradición familiar	te da miedo
si no le molesta	me parezco	

1. Yo _____ mucho a mi abuelo.

2. ¿No _____ andar solo por la noche?

3. _____, ¿puedo abrir la ventana?

4. Voy a estudiar _____ de medicina.

5. En España es _____ comer todos juntos los domingos.

▶ Vamos a ver

C. De paseo por la Hacienda Vista Alegre. Lee las preguntas. Luego, mira el Episodio 3 del vídeo y completa las actividades.

1. ¿Con quién comparten (*do they share*) habitación?
   a. Antonio _____   b. Sofía _____   c. Valeria _____

2. Selecciona la respuesta correcta.
   a. Gitano y Lady son los (perros / gatos / pájaros) de Alejandra.
   b. Alejandra se parece más a (su padre / su madre / su hermano).
   c. El hermano de Javier es (mayor / menor) que la hermana.
   d. Los hermanos de Javier estudian (medicina / negocios).
   e. La mamá de Valeria (está trabajando de modelo / está jubilada).

D. ¿Qué más comprendes? Contesta las preguntas.
¿Por qué quiere dormir sola Valeria? ¿Por qué estudian la misma carrera todos los hermanos de Javier? ¿Por qué Antonio quiere conocer a las hermanas de Valeria?

En acción

E. Charlemos. ¿Qué te parece la tradición familiar de Javier? ¿Qué tradiciones familiares hay en tu familia? ¿Con quién quieres compartir habitación? ¿Por qué?

F. 3, 2, 1, ¡Acción! Interpreten la siguiente situación en grupos de tres o cuatro estudiantes. Ustedes están en el salón de la casa de la Hacienda Vista Alegre. Ustedes están hablando, comparando y preguntándose por sus respectivas familias y por sus casas: **¿Cuántos son en su familia? ¿Cómo son sus padres y hermanos? ¿A quién se parecen ustedes más? ¿Tienen mascotas? ¿Cómo se llaman? ¿Qué añoran** (*do you miss*) **más de sus casas?**

¡Vamos a repasar!

A. Dos familias diferentes. Con un(a) compañero(a), miren estos dos cuadros *(paintings)* que representan a familias importantes. El primero es del maestro de la pintura española Francisco de Goya. El segundo fue pintado por el colombiano Fernando Botero. Estudien los dos cuadros y contesten las preguntas.

Los Duques de Osuna con sus hijos (1789)   Family (2004)

1. ¿Qué familia representa Francisco de Goya? ¿Y Fernando Botero?
2. ¿Cuántos hijos e hijas tiene el Duque en el cuadro de Goya? ¿Cómo es la familia en el cuadro de Botero? ¿Cuál de las familias es menos grande?
3. ¿Qué mascotas tienen las dos familias? ¿Cuál de las mascotas te gusta más?
4. ¿Cuál de las familias se viste más elegantemente? ¿Cuál es más gorda?
5. ¿Es la familia en el cuadro de Goya tan seria como la familia en el cuadro de Botero?
6. ¿Cuál de los dos cuadros te gustá más? ¿Prefieres el estilo de Botero o el de Goya? ¿Por qué?

B. El escondite. Tu compañero(a) y tú van a jugar al escondite *(hide and seek)*, ¡pero de manera "perezosa"!

- Una persona "se esconde" *(hides)* en la casa de la página 102.
- Esta persona escribe en un papel dónde está. Por ejemplo, **Estoy en la cocina. Estoy al lado del refrigerador.**
- La otra persona tiene que hacer preguntas para descubrir dónde está. Por ejemplo, **¿Estás en el baño? ¿No? ¿Estás en la cocina? ¿Sí? ¿Estás al lado del refrigerador?**
- Sigan jugando *(Continue playing)*. ¿Quién adivina *(guesses)* más rápido?

C. Nuestra rutina. ¿Tienes buena memoria? ¡Vamos a ver! *(Let's see!)*

- Con dos o tres compañeros, formen un círculo. Uds. van a describir la rutina en un día típico.
- La primera persona describe su primera actividad en la mañana. Por ejemplo: **Me despierto a las ocho.**

- La segunda persona repite la información y añade *(adds)* otra actividad lógica. Por ejemplo: **Me despierto a las ocho. Me levanto a las ocho y cuarto.**
- La tercera persona repite la información y continúa con otra activiad: Por ejemplo: **Me despierto a las ocho. Me levanto a las ocho y cuarto. Me ducho rápidamente.**
- Sigan jugando *(Continue playing)*. Todas las personas del grupo deben participar tres veces.

D. ¡Sabelotodo! En equipos, jueguen a ¡Sabelotodo! Formen equipos de dos o tres personas. Otra persona es el (la) moderador(a).

- El equipo "A" escoge una pregunta (por ejemplo, **Venezuela por $100**).
- El (La) moderador(a) lee la pregunta en voz alta.
- Las personas del equipo A colaboran y una persona responde a la pregunta. Tienen 30 segundos para responder.
- El (La) moderador(a) decide si la respuesta es correcta.
- Si la respuesta **no** es correcta, el otro equipo puede contestar la pregunta y "robar" el dinero.

	La familia, la descripción y la comparación	La casa, los muebles y los quehaceres domésticos	La rutina y los verbos reflexivos	*Ser y estar*	Venezuela
$50	Nombra *(Name)* cuatro mascotas.	Nombra *(Name)* cuatro cuartos de una casa.	Conjuga el verbo **bañarse** en el presente.	Conjuga los verbos **ser** y **estar** en el presente.	¿Cuál es la capital de Venezuela?
$100	¿Quiénes son los hijos de tus tíos? ¿Quién es la hija de tu hermano?	Nombra *(Name)* cuatro quehaceres domésticos.	Completa la oración con el verbo más lógico: ¿A qué hora (despertarse / acostarse) tú por la mañana?	Completa con **ser** o **estar:** Mis amigos y yo _____ estudiantes en la universidad.	¿Cómo se llama la cascada más alta del planeta?
$150	¿Qué es lo contrario *(opposite)* de…? perezoso; gordo; guapo; joven	¿Cómo se dice en español…? *every day; often; sometimes; never*	Completa la oración: (Yo/levantarse) temprano; (yo/ducharse) y (yo/vestirse) rápidamente.	Completa con **ser** o **estar:** Mis amigos _____ de Venezuela. Ahora _____ en los Estados Unidos.	¿Por qué es Simón Bolívar una de las figuras más importantes de Venezuela?
$200	Completa la descripción: Juan _____ bajo; _____ pelo rubio; _____ anteojos; no _____ barba.	¿Qué es lo contrario *(opposite)* de…? encima de; a la izquierda de; delante de	Completa la oración con verbos lógicos: Juan _____ los dientes y _____ colonia antes de salir.	Completa con **ser** o **estar:** Su casa _____ grande y moderna pero _____ muy sucia. _____ lejos de la uni.	¿En qué se basa la economía de Venezuela? ¿Qué significa "OPEP"?
$250	¿Cómo se dice en español? *Lucía is as tall as Rosa, but Paco is the tallest in the family.*	Nombra *(Name)* seis muebles y dos electrodomésticos *(appliances)*.	¿Cómo se dice en español? *My roommate and I have a good time at the gym.*	Explica la diferencia en el significado *(meaning)*: ¿Cómo es tu novio? ¿Cómo está tu novio?	¿Cuáles son tres características de las casas de estilo colonial?

Vocabulario

Sustantivos

el (la) amigo(a) *friend*
el carácter *character, personality*
la casa *house*
el (la) chico(a) *boy, girl*
el clóset *closet*
el (la) compañero(a) de cuarto
  roommate
el cuarto *room*
el (la) empleado(a) *employee; maid*
la escalera *stairs/staircase*
el familiar *family member*
el jardín *garden, yard*
la madrina *godmother*
la mascota *pet*
el mensaje *message, text message*
los muebles *furniture*
el ojo *eye*
el padrino *godfather*
el (la) pariente(a) *relative*
el pelo *hair*
la personalidad *personality*
el piso *floor*
la planta baja *ground/first floor*
el plato *dish*
los quehaceres domésticos
  household chores
el radiodespertador *clock radio*
  (with alarm)
la red social *social network*
el trabajo *work*

Verbos

acabar de (+ infinitivo) *to have just*
  (done something)
acostarse (ue) *to go to bed*
afeitarse *to shave*
alquilar *to rent*
ayudar *to help*
bañarse *to take a bath*
cambiar *to change*

cenar *to eat supper*
cocinar *to cook*
compartir *to share*
comprar *to buy*
dar de comer *to feed*
despertarse (ie) *to wake up*
divertirse (ie) *to have a good time*
dormirse (ue) *to fall asleep*
ducharse *to take a shower*
enviar *to send, to mail*
fallecer *to pass away, to die*
hacer la cama *to make the bed*
lavar *to wash*
lavarse el pelo/las manos/la cara *to*
  wash one's hair/hands/face
levantarse *to get up*
limpiar *to clean*
poner *to put; to set (the table); to turn*
  on (TV, radio)
ponerse *to put on*
preparar *to prepare*
quitarse *to take off (clothing)*
salir *to leave, go out*
sentarse (ie) *to sit down*
sentirse (ie) *to feel*
vestirse (i) *to get dressed*

Otras palabras

a menudo *often*
a veces *sometimes*
ajetreado(a) *hectic*
antes de *before*
casado(a) *married*
de en medio *middle (child)*
de tamaño mediano *medium-sized*
descompuesto(a) *out of order*
desordenado(a) *messy*
después de *after*
durante *during*
ese/esa *that*
esos/esas *those*

este/esta *this*
estos/estas *these*
hasta tarde *until late*
limpio(a) *clean*
más… que *more . . . than*
mayor *older, oldest*
mejor *better, best*
menor *younger, youngest*
menos… que *less . . . than*
moderno(a) *modern*
normalmente *normally, usually*
nuevo(a) *new*
nunca *never*
ordenado(a) *neat, tidy*
paterno(a) *paternal*
peor *worse, worst*
roto(a) *broken*
siempre *always*
soltero(a) *single*
sucio(a) *dirty*
tan… como *as . . . as*
tanto(a)(s)… como *as much /*
  many . . . as
tarde *late*
temprano *early*

Social networks p. 86
Family members p. 88
Pets p. 89
Descriptions of people p. 92
Rooms of a house p. 100
Furniture and fixtures p. 100
Locations p. 104

For further review, please turn to **Vocabulario temático: español e inglés** at the back of the book.

Go to the ***Puentes*** website for extra vocabulary practice using the Flashcard program.

¡Buen provecho!

For a selection of musical styles from this chapter's country of focus, access the **Puentes**, Sixth Edition, iTunes playlist at www.cengagebrain.com

OBJETIVOS

Speaking and Listening
▶ Discussing foods, meals, and diet
▶ Ordering a meal in a restaurant
▶ Shopping for food

Culture
▶ Family meals
▶ Peru

Grammar
▶ Direct objects and direct object pronouns
▶ Indirect objects and indirect object pronouns
▶ Double object pronouns

Video
▶ Imágenes de Perú
▶ En la Hacienda Vista Alegre: Episodio 4

Gramática suplementaria
▶ El presente perfecto

Cuaderno de actividades

Reading
▶ Strategy: Anticipating content

Writing
▶ Strategy: Building longer sentences

Playlist
🌐 www.cengagebrain.com

A primera vista

La comida en familia

Muchas familias siguen la costumbre de reunirse alrededor de la mesa a la hora de comer. Las comidas son momentos agradables para compartir anécdotas, un sentimiento de unidad y, claro, riquísimos platos. ¿Qué comidas asocias con tu familia?

Para hablar de las comidas

- las comidas *meals, foods*
- el desayuno *breakfast*
- el almuerzo *lunch*
- la cena *supper*
- Es riquísimo(a)/exquisito(a). *It's delicious/exquisite.*

- el plato *dish*
- desayunar *to eat breakfast*
- almorzar *to eat lunch*
- cenar *to eat supper*
- cocinar *to cook*
- seguir la receta *to follow the recipe*

A. ¿Comprendes? Lee la información sobre las comidas en la página 130. Después, cambia las siguientes oraciones falsas para que sean ciertas. *(Change the following false sentences into true ones.)*

1. La comida principal de España y de la República Dominicana es el desayuno.
2. En España, las familias no comen juntos porque están ocupados con el trabajo.
3. Las familias dominicanas se reúnen *(get together)* para comer juntos todos los días.
4. La paella es un plato típico de la República Dominicana.
5. La "bandera dominicana" tiene cuatro ingredientes principales: el arroz, el pescado, las habichuelas y la carne.

B. Comparaciones. Trabajando con un(a) compañero(a), completen las oraciones con información para comparar las tradiciones sobre las comidas.

1. En España y en la República Dominicana, la comida principal del día es _____. En los Estados Unidos, la comida principal es _____.
2. La hora de almorzar varía de país a país. Por ejemplo, en la República Dominicana, muchos almuerzan al _____. En España, muchos almuerzan entre las _____ y la(s) _____. En los Estados Unidos, muchos almuerzan entre las _____ y las _____.
3. En España, un plato tradicional es _____. Un plato tradicional de la República Dominicana es _____. En los Estados Unidos, un plato tradicional es _____.

C. ¿Qué dices tú? Con un(a) compañero(a), completen las oraciones oralmente y comparen sus tradiciones y preferencias.

1. Por lo general, mi familia y yo (desayunamos / almorzamos / cenamos / no comemos) juntos.
2. El (La) mejor chef de mi familia es mi (padre / abuela / ¿?) Uno de sus mejores platos es _____.
3. Un plato tradicional en nuestra casa es _____. Para preparar este plato, seguimos la receta de (mi tía / un famoso chef / ¿?).

🌐 Alba Domenech ESPAÑA

La comida principal en España es el almuerzo. Es alrededor de las dos o las tres del mediodía y es cuando nos encontramos con la familia para comer juntos. Después nos regresamos a trabajar. Yo creo que el plato más típico de España es la paella. Es un plato hecho con arroz, con caldo *(stock, broth)* de pescado, con camarones y con pimientos. Es riquísimo y es muy saludable también.

🌐 Liván Adames REPÚBLICA DOMINICANA

La comida principal en la República Dominicana es el almuerzo, el cual se come al mediodía. Por lo general los fines de semana nos reunimos en casa y ahí se comparte el almuerzo en familia. El plato más típico de mi país es lo que llamamos la "bandera *(flag)* dominicana". Está hecho de arroz blanco, habichuelas rojas *(red beans)* y carne.

🌐 John Andrews ESTADOS UNIDOS

Cuando estoy en casa, mi familia y yo cenamos juntos. Es la hora del día cuando todos hablamos de nuestras actividades, de nuestros problemas, bueno, de todo. Mamá es la chef de la familia y ¡sabe cocinar muy bien! A menudo me prepara mi plato favorito, los espaguetis con albóndigas *(meatballs)*. Mamá usa la receta de su abuela para hacer la salsa de tomate. Es un plato realmente riquísimo.

D. Después de ver los vídeos. Completa la tabla con la información de los tres entrevistados *(interviewees)*.

	¿De dónde es?	¿Cuántos son en casa? ¿Quiénes son?	¿Cómo es su familia? Menciona a una persona en particular.	¿Qué platos, comidas o recetas especiales menciona?
Alba Domenech				
Liván Adames				
John Andrews				

In this *Paso* you will practice:

▶ Talking about some common foods eaten at different meals

▶ Ordering food at restaurants

Grammar:

▶ Direct objects and direct object pronouns

🌐 Go to the ***Puentes*** website for extra vocabulary practice using the Flashcard program.

The English equivalents of the **Vocabulario temático** sections are found at the back of the book.

Breakfast often consists of a small meal of bread, sweet rolls, and coffee.

El desayuno *(Breakfast)*

CD2
Track 2–2

—¿Qué te gusta desayunar?

—Casi siempre como… y bebo…

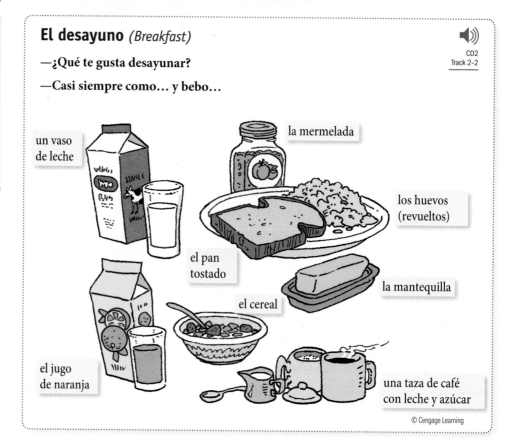

un vaso de leche

la mermelada

los huevos (revueltos)

el pan tostado

la mantequilla

el cereal

el jugo de naranja

una taza de café con leche y azúcar

© Cengage Learning

The midday meal is usually the largest and may consist of 3 to 4 courses.

El almuerzo *(Lunch / Midday meal)*

—¿Qué almuerzas?

—Por lo general, como… y bebo…

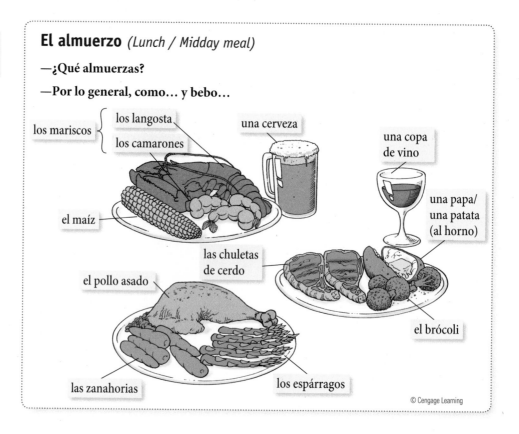

los mariscos

los langosta

los camarones

una cerveza

una copa de vino

el maíz

una papa/ una patata (al horno)

las chuletas de cerdo

el pollo asado

el brócoli

las zanahorias

los espárragos

© Cengage Learning

La merienda (Snack)

—¿Qué meriendas?

—Depende de la hora. Por la mañana, prefiero… Por la tarde, prefiero…

To comment on how delicious the food is, say **¡Qué rico(a)!**

un sándwich de jamón y queso

una taza de té

un helado

un refresco / una gaseosa

una tortilla (de huevos)

unos churros

unas galletas

una hamburguesa

una taza de chocolate

un vaso de té frío

© Cengage Learning

La cena (Supper)

—¿Qué prefieres cenar?

—En los restaurantes pido… En casa como…

To wish everyone a good meal, say **¡Buen provecho!** To make a toast with wine or champagne, say **¡Salud!**

el bistec a la parrilla

el arroz con frijoles

las papas fritas

la ensalada de lechuga y tomate con aderezo

el pescado

el panecillo

la torta

el flan

la sopa

© Cengage Learning

Estrategia *Reclassifying information*

When you need to memorize a large number of new words, you will recall them more easily if you classify them into meaningful categories. The vocabulary in this section, for example, is organized by meals. You could also classify these words by food types: **carnes** *(meats);* **pescados y mariscos** *(seafood);* **vegetales** or **verduras** *(vegetables)* **y frutas** *(fruits);* **postres** *(desserts);* and **bebidas** *(beverages).*

Try recategorizing the new vocabulary according to food types. Which system of classification do you find more meaningful and helpful?

Ponerlo a prueba

CD2
Track 2-3

4-1 En el restaurante La Estancia. Tus amigos Omar, Adriana y Hugo están en el restaurante La Estancia. ¿Qué piden *(do they order)*? Escucha su conversación con el camarero y observa bien el dibujo. Escribe las letras que correspondan a la comida.

1. Adriana pide _____, _____, _____, _____ y _____.
2. Omar pide _____, _____, _____, _____ y _____.
3. Hugo pide _____, _____, _____, _____ y _____.

4-2 Categorías. ¿Qué palabras no corresponden a la categoría indicada? Hay dos en cada grupo.

MODELO   LAS CARNES: la hamburguesa / el jamón / el pescado / la langosta / el bistec

1. EL DESAYUNO: la ensalada con aderezo / el cereal con bananas / el jugo de naranja / las chuletas a la parrilla / el pan tostado

2. LOS VEGETALES: el brócoli / el panecillo / la zanahoria / los camarones / la lechuga

3. LAS BEBIDAS: los refrescos / las papas / la cerveza / el jugo de naranja / la mantequilla

4. LOS POSTRES *(DESSERTS)*: el arroz con frijoles / el flan / la torta / los huevos revueltos / el helado

4-3 Adivina la comida. Con dos o tres compañeros(as) de clase, tomen turnos para describir y advinar las comidas en los dibujos. Sigan los modelos.

MODELO		
	Tú:	Es un plato *(dish)* de huevos y queso.
	COMPAÑERO(A) 1:	Yo sé. Es una tortilla.
	COMPAÑERO(A) 2:	Comemos esta comida por la mañana con mermelada o mantequilla.
	Tú:	Es el pan tostado.

 4-4 ¿Qué comemos? Habla con un(a) compañero(a) de clase sobre sus comidas preferidas. Completa las oraciones y menciona **una variedad** de comidas y bebidas.

MODELO		
	Tú:	Cuando tengo mucha sed, me gusta beber <u>agua o una bebida energética</u>. ¿Y a ti?
	TU COMPAÑERO(A):	Yo prefiero beber <u>refrescos</u>, como la <u>Coca-Cola</u>. A veces bebo <u>agua</u>.

1. Cuando estoy en un restaurante de comida rápida, prefiero comer ___ y beber ___. ¿Y tú?
2. Cuando estoy en un restaurante elegante, por lo general pido ___. ¿Y tú?
3. Mi desayuno favorito consiste en ___. ¿Y el tuyo *(yours)*? ¿Qué desayunas?
4. Si tengo hambre entre *(between)* comidas, meriendo ___. Y si tengo sed, bebo ___. ¿Y tú? ¿Qué meriendas?
5. Cuando como con mi familia, a menudo comemos ___. ¿Qué comen tú y tu familia a menudo?
6. Detesto comer ___. Y tú, ¿qué detestas comer?

 4-5 Mis restaurantes favoritos. Habla con dos o tres compañeros(as) sobre sus restaurantes favoritos.

MODELO	Uno de mis restaurantes favoritos es Grecian Gardens. Tienen ensaladas muy grandes y deliciosas. También me gustan sus pastas italianas. Los platos de pollo con queso parmesano son muy ricos. Una comida típica allí cuesta menos de veinte dólares y el servicio es bastante bueno.
	¿Cuál es uno de tus restaurantes favoritos?

Vocabulario temático

En el restaurante
Antes de pedir *(Before ordering):*

CD2
Track 2-4

Jose Luis Peleaz, Inc./Corbis

CLIENTE:	¡Camarero! Necesito *un menú*, por favor.
CAMARERO:	Aquí *lo* tiene.
CLIENTE:	¿Cuál es el plato del día?
CAMARERO:	Hoy tenemos *lomo saltado*.
CLIENTE:	Quiero probar algo típico. ¿Qué me recomienda?
CAMARERO:	Le recomiendo *el lomo saltado* o *la palta rellena*.

Meals are eaten in courses: **los entremeses** *(appetizers),* **el primer plato** *(first course),* **el segundo plato/el plato principal** *(main course),* **el postre** *(dessert).*

Para pedir *(To place an order):*

CD2
Track 2-5

RJ Lerich/Shutterstock.com

CAMARERO:	¿Qué desea pedir?
CLIENTE:	De primer plato, quiero *sopa a la criolla*. De plato principal, deseo *lomo saltado*.
CAMARERO:	¿Y para beber?
CLIENTE:	Para beber, quisiera *una copa de vino*.
CAMARERO:	¿Quiere algo de postre?
CLIENTE:	De postre, voy a probar *el flan*.
CAMARERO:	¿Necesita algo más?
CLIENTE:	¿Me puede traer *unos cubitos de hielo*? *la sal* *la pimienta*

Después de comer *(After eating):*

CD2
Track 2-6

CLIENTE:	La cuenta, por favor.
CAMARERO:	*Se la* traigo enseguida.
CLIENTE:	¿Está incluida la propina en la cuenta?
CAMARERO:	No, no está incluida.
	Sí, está incluida.

Usually the waiter will not bring the check until you request it. In some countries, a service charge or tip is included in the bill.

El cubierto *(Place setting)*

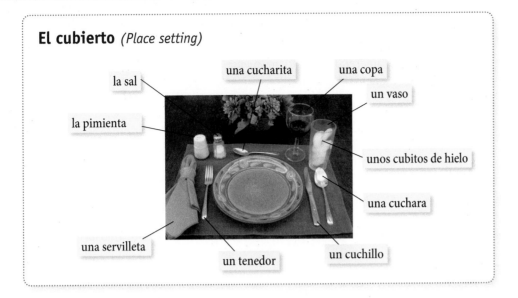

- la sal
- una cucharita
- una copa
- un vaso
- la pimienta
- unos cubitos de hielo
- una cuchara
- una servilleta
- un tenedor
- un cuchillo

Ponerlo a prueba

CD2
Track 2-7

4-6 En el restaurante Pachamama. Escucha la conversación entre dos clientes y un camarero. ¿De qué hablan? Completa las oraciones con la información correcta.

1. Para beber, la señora pide _____.
   a. una cerveza
   b. un lomo saltado
   c. un té frío

2. El camarero recomienda _____.
   a. el pescado a la parrilla
   b. el pollo
   c. la papa a la huancaína

3. De postre, los señores quieren _____.
   a. la propina
   b. el flan
   c. la torta

4. Al final de la conversación, la señora pide _____.
   a. la cuenta
   b. cubitos de hielo
   c. más panecillos

4-7 Muchos clientes. Marcos es camarero en el Restaurante San Remo, en Lima, Perú. ¿Cómo les responde él a los clientes? Relaciona las dos columnas de una manera lógica.

Los clientes:

___ 1. ¿Cuál es el plato del día?

___ 2. Soy vegetariano. ¿Qué me recomienda?

___ 3. ¿Me puede traer unos cubitos de hielo para este refresco?

___ 4. ¿Qué es la mazamorra morada?

___ 5. El café está frío.

___ 6. La cuenta, por favor.

Marcos, el camarero:

a. Lo siento. Enseguida le traigo otro más caliente.

b. Hoy tenemos pollo asado con papas.

c. Se los traigo enseguida.

d. La papa a la huancaína tiene leche y queso, pero no tiene carne.

e. Es un postre muy rico de maíz con muchas frutas.

f. Aquí la tiene. La propina ya está incluida.

4-8 ¿Qué dicen? La camarera del restaurante Ají habla con cuatro clientes. Completa las cuatro conversaciones con las palabras entre paréntesis más lógicas.

1. SRA. ALVA: ¡Camarera! Necesito un (menú / típico), por favor.

   CAMARERA: Aquí lo tiene, señora.

2. SR. BAZÁN: ¿Cuál es el (vaso / plato) del día?

   CAMARERA: Hoy tenemos bistec a la (parrilla / servilleta).

3. SRA. CHU: Quiero (probar / postre) algo típico. ¿Qué me recomienda?

   CAMARERA: Le recomiendo el cebiche de pescado.

4. SR. DÍAZ: ¿Está incluida la propina en la (cuenta / cuchara)?

   CAMARERA: Sí, señor, está (saltado / incluida).

4-9 ¿Qué desean? Escribe diálogos para los dibujos a continuación. Trabaja con un(a) compañero(a).

1. 　　2. 　　3.

4-10 Chifa Wa Lok. En Perú, la comida china es muy popular. Aquí tienes el menú de un "chifa" —un restaurante peruano-chino. Con un(a) compañero(a), dramatiza una conversación entre el (la) camarero(a) y el (la) cliente(a).

Chifa Wa Lok

Avenida República de Panamá No. 4721
Miraflores
Tel: 479-0492/479-2167

Bienvenidos a Chifa Wa Lok
La Carta

Entradas
Enrollado primavera (2)	S/. 4,00
Wantán frito (3)	S/. 5,50

Sopas
Sopa wantán con tallarín	S/. 14,50
Sopa de crema de choclo	S/. 11,50
Sopa agro-picante	S/. 11,50

Pollo
Pollo con langostino y almendras	S/. 36,00
Pollo en trozo con piña	S/. 23,50
Pollo limón kay	S/. 21,50

Carne de res
Carne de res Sichuan	S/. 28,50
Carne de res salteada con verduras	S/. 28,50
Carne de res con pimienta negra	S/. 26,50

Platos vegetarianos
Taufu con salsa mensi	S/. 18,50
Arroz chaufa con champiñones	S/. 8,50

Arroces
Arroz chaufa con camarón	S/. 16,50
Arroz chaufa especial	S/. 18,00
Arroz blanco	S/. 6,00

Hay buffets los viernes y sábados de 8:00 p.m. a 10:00 p.m.
Adultos S/. 48,00   Niños S/. 38,00

© Cengage Learning

Gramática

CD2
Track 2-8

Los complementos directos

Listen to the conversation between the waitress and the customer while you read the dialogue. The words in boldface type are direct object pronouns. The first one—**los**—refers to **camarones.** What does **La** refer to in this conversation?

🌐 **Heinle Grammar Tutorial:** Direct object pronouns

CAMARERA:	¿Cómo quiere los camarones: fritos o a la parrilla?
CLIENTE:	**Los** quiero fritos, por favor.
CAMARERA:	¿Y la ensalada? ¿**La** quiere con aderezo italiano o francés?
CLIENTE:	Bueno… con aderezo francés.

A. Los complementos directos. A complete sentence always has a subject (the person or thing performing the action) and a conjugated verb (the action). It may contain an optional element, such as a *direct object.*

The direct object (**el complemento directo**) receives the action of the verb. It is the word that answers the questions *What?* or *Whom?* and may refer to a thing or a person.

Voy a probar **el flan.**
*I'm going to try **the flan**.* (**What** am I going to try? The **flan:** a direct object.)

No veo **a nuestro camarero.**
*I don't see **our waiter**.* (**Whom** do I not see? Our **waiter:** a direct object.)

B. Los complementos directos pronominales. To avoid sounding repetitious, we often replace direct object nouns with direct object pronouns (**complementos directos pronominales**).

—¿Cómo quieres **el café**?	*How do you want **your coffee**?* (What do you want? Coffee/**café:** a direct object noun.)
—**Lo** tomo con azúcar.	*I take **it** with sugar.* (The direct object pronoun *it*/**lo** replaces the direct object noun, coffee.)

In Spanish, direct object pronouns agree in gender (**masculino, femenino**) and number (**singular, plural**) with the nouns they replace.

—¿Haces **las galletas** con frecuencia?	*Do you make **cookies** very often?*
—Sí, **las** hago todas las semanas.	*Yes, I make **them** (feminine, plural) every week.*
—¿Ves a **nuestra camarera**?	*Do you see **our waitress**?*
—No, no **la** veo.	*No, I don't see **her** (feminine, singular).*

Los complementos directos pronominales

me	**me**	her	**la**
you *(sing., fam.)*	**te**	us	**nos**
you *(sing., formal)*	**lo, la**	you *(pl., fam. in Spain)*	**os**
it	**lo, la**	you *(pl.)*	**los, las**
him	**lo**	them	**los, las**

C. La posición en la oración. In English, direct object pronouns are always placed after the verb, but in Spanish the placement depends on the verbal form used in the sentence.

> ► Place a direct object pronoun directly in front of a single, conjugated verb.
>
> —¿Necesitas el menú? *Do you need the menu?*
>
> —No, gracias, no **lo** necesito. *No, thanks, I don't need it.*
>
> ► With a verb phrase (conjugated verb + infinitive), place the direct object pronoun directly before the conjugated verb or attach it to the end of the infinitive. **Never** place object pronouns between the two verbs.
>
> —¿Vas a servir la torta ahora? *Are you going to serve the cake now?*
>
> — No, **la** voy a servir un poco más tarde. ⎫
> — No, voy a servir**la** un poco más tarde. ⎭ *No, I'm going to serve it a little later.*

Ponerlo a prueba

4-11 Un poco de análisis. Lee las conversaciones. En cada conversación, identifica el complemento directo pronominal *(direct object pronoun)* y su antecedente *(the noun it refers to or replaces).*

MODELO   Sra. Domingo: Necesito un menú, por favor.

Camarero: Aquí lo tiene.

el complemento directo pronominal __lo__; el antecedente ___un menú___

1. Sr. Domingo: La cuenta, por favor.

   Camarero: Aquí la tiene.

   el complemento directo pronominal ____; el antecedente _____

2. Sr. Carreras: ¿Compramos más jugo de naranja?

   Sra. Carreras: No, no lo necesitamos.

   el complemento directo pronominal ____; el antecedente _____

3. Paco: ¿Cómo prefieres la pizza? ¿Con salchicha *(sausage)* o con salami?

   Silvia: ¿Por qué no la pedimos con salchicha?

   el complemento directo pronominal ____; el antecedente _____

4. Juanito: ¡Ay, mamá! ¡Frijoles otra vez!

   Mamá: ¿No quieres comerlos? Está bien; puedes comer estos espárragos.

   el complemento directo pronominal ____; el antecedente _____

5. Rita: Necesito otra servilleta. Hmmm… ¿Dónde está nuestra camarera?

   Penélope: No sé. No la veo.

   el complemento directo pronominal ____; el antecedente _____

4-12 Más complementos directos. Completa las conversaciones con el complemento directo pronominal correcto: **me, te, nos, lo, la, los** o **las.**

1. Camarera: ¿Cómo quiere su hamburguesa?

   Patricia: ____ quiero con lechuga y tomate, por favor.

2. Sr. Grissini: ¿Dónde está nuestro camarero? No ____ veo.

   Sra. Grissini: Mira, aquí viene.

3.   **Papá:** Hija, ¿no vas a comer los huevos revueltos? Están muy ricos.

        Marilú: No, papá, no voy a comer_____. Tienen mucha grasa *(fat)*.

4.   **Jaime:** ¿Vienes a mi fiesta esta noche *(tonight)*?

        Manolo: Lo siento, no puedo. Mi novia regresa a su casa esta noche, y

                 necesito llevar_____ al aeropuerto.

5.   **Alicia:** ¿Me invitas a tu fiesta de cumpleaños?

        Jorge: Sí, claro, _____ invito a mi fiesta.

6.   **Rosita:** ¿Quieren tú y Alejandro comer en casa conmigo el domingo?

        Clara: Lo siento, pero no podemos. Los abuelos siempre _____

                invitan a comer en su casa los domingos.

4-13 En el restaurante. Mira el dibujo y contesta las preguntas con oraciones completas. Incluye un complemento directo pronominal en las respuestas.

> **MODELO**   ¿Quién sirve el café?
>
>   Lo sirve Jaime.

1. ¿Quién paga la cuenta?
2. ¿Quién llama al camarero?
3. ¿Quiénes comen helado?
4. ¿Quién toma leche?

5. ¿Quiénes beben vino?
6. ¿Quién pide pollo?
7. ¿Quién desea camarones?
8. ¿Quién come torta?

© Cengage Learning

4-14 Las preferencias. Habla con un(a) compañero(a) de tus preferencias culinarias. Contesta las preguntas con oraciones completas. Incluye un complemento directo pronominal.

> **MODELO**   —¿Cómo prefieres **las hamburguesas,** con queso o sin *(without)* queso?
>
>   —**Las** prefiero con queso. / **Las** prefiero sin queso. ¿Y tú?

1. ¿Cómo comes **las hamburguesas,** con tomate o sin tomate?
2. ¿Cómo tomas **el té frío,** con azúcar o sin azúcar?
3. ¿Cómo prefieres **las ensaladas,** con aderezo francés o con aderezo italiano?
4. ¿Cómo comes **el cereal,** con bananas o sin bananas?
5. ¿Cómo prefieres **los huevos,** revueltos o fritos?
6. ¿Cómo tomas **el café,** con azúcar, con leche o solo *(black)*?
7. (Haz una pregunta original. / *Ask an original question.*)

Vocabulario temático

un kilo ~2 lbs.
100 gramos ~4 oz.
un litro ~a quart

En el mercado *(At a market)*

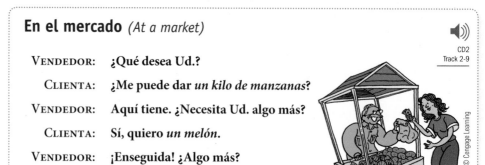

VENDEDOR:	¿Qué desea Ud.?
CLIENTA:	¿Me puede dar *un kilo de manzanas*?
VENDEDOR:	Aquí tiene. ¿Necesita Ud. algo más?
CLIENTA:	Sí, quiero *un melón*.
VENDEDOR:	¡Enseguida! ¿Algo más?
CLIENTA:	No, gracias. Eso es todo. ¿Cuánto le debo?

CD2
Track 2-9

© Cengage Learning

Otras frutas *(Other fruits)*

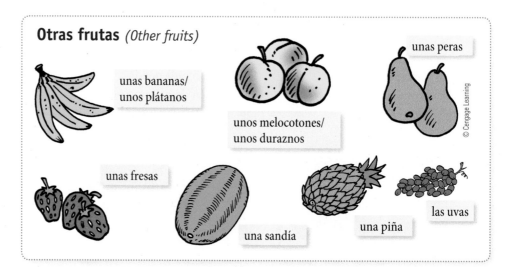

unas bananas/ unos plátanos

unas peras

unos melocotones/ unos duraznos

unas fresas

una sandía

una piña

las uvas

© Cengage Learning

Otros comestibles *(Other foods)*

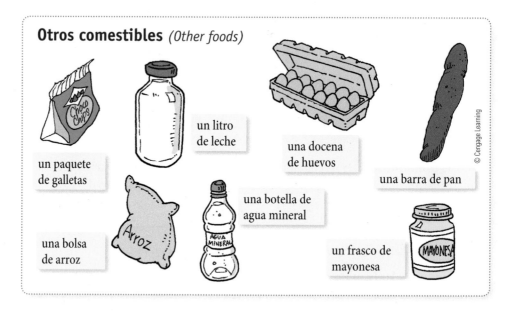

un litro de leche

una docena de huevos

un paquete de galletas

una barra de pan

una botella de agua mineral

una bolsa de arroz

un frasco de mayonesa

© Cengage Learning

4-15 Servicio a domicilio. La Sra. Santana habla por teléfono con Roberto, el empleado de un pequeño supermercado. Escucha su conversación. Escribe los datos necesarios para completar el formulario.

CD2
Track 2-10

Supermercado Sánchez
Entrega a domicilio

Nombre y apellidos : _____
Dirección : _____
Teléfono : _____

Artículo	Cantidad (Quantity)

© Cengage Learning

4-16 Los ingredientes. ¿Qué ingredientes necesitas para preparar cada plato? Completa los espacios en blanco con las palabras más lógicas de la lista.

MODELO   huevos revueltos: una docena de _huevos_, un paquete de _mantequilla_, sal y _pimienta_

arroz	fresas	mayonesa	queso
bananas	jamón	pan	salsa picante
carne picada	leche	piña	vainilla

1. una ensalada *(salad)* de frutas: dos o tres _____, una _____, medio kilo de _____

2. los tacos: un paquete de tortillas, un kilo de _____, una lechuga, cien gramos de _____, un frasco de _____

3. unos sándwiches: una barra de _____, medio kilo de _____, una lechuga, un frasco de _____ o mostaza *(mustard)*

4. el arroz con leche *(rice pudding)*: una bolsa de _____, un litro de _____, unos huevos, una pequeña botella de _____

4-17 En nuestra ciudad. Habla con dos o tres compañeros(as) de clase sobre las tiendas y los supermercados cerca del campus. Comenten estas preguntas.

▶ ¿Qué supermercado cerca del campus tiene el mejor surtido *(selection)* de frutas y vegetales frescos? ¿Cuál tiene los mejores precios *(prices)*? ¿Cuál es el más limpio?

▶ ¿Qué alimentos *(foods)* compran los estudiantes con más frecuencia? ¿Dónde compran estos productos por lo general?

▶ ¿Dónde compras tú los comestibles? ¿Por qué? ¿Qué frutas compras con más frecuencia? ¿Qué vegetales? ¿Qué otros productos compras?

4-18 Hacer la compra. Estás en Lima, Perú, donde vives en un apartamento con otros estudiantes. Esta semana te toca *(it's your turn)* comprar los comestibles. Con un(a) compañero(a), mira los dibujos y prepara diálogos como los del modelo. Nota: En Perú, la moneda es el nuevo sol; hay 100 céntimos en un nuevo sol.

MODELO

—¿Qué desea Ud.?

—Necesito un litro de leche y una bolsa de arroz.

—¿Quiere algo más?

—Sí. ¿Me puede dar un kilo de plátanos?

—Sí, cómo no. ¿Algo más?

—No, gracias, eso es todo. ¿Cuánto le debo?

—Ocho soles con cincuenta céntimos.

1.

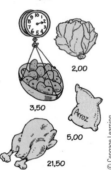

2.

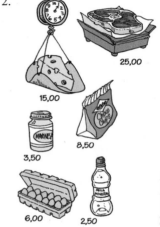

COMENTARIO CULTURAL *El mercado*

En el momento de comprar comestibles, ¿prefieres ir a un supermercado, al mercado o a una bodega *(small grocery store)*? ¿Por qué?

Uno de los centros comerciales y sociales de cada ciudad es el mercado. Allí se puede comprar de todo: frutas y verduras, carnes y pescados, productos para limpiar la casa y mucho más. Ya que *(Since)* los hispanos aprecian muchísimo la comida fresca, en algunas familias se va al mercado todos los días. Con el rápido ritmo de la vida actual, muchos prefieren la comodidad *(convenience)* del supermercado.

Aunque los supermercados son muy populares, casi todos los barrios tienen su bodega o pequeña tienda de comestibles. También hay muchas tiendas pequeñas que se especializan en una categoría de comida: por ejemplo, en una carnicería se puede comprar bistec o carne picada *(ground beef)*. ¿Qué se puede comprar en una pescadería?, ¿en una panadería?, ¿en una pastelería?

Gramática

Los complementos indirectos

CD2
rack 2-11

Listen to and read the conversation between a customer and a shopkeeper. Then focus on the first sentence and identify the two direct objects. What do you think **me** means in this sentence? In the second line, to whom does **le** refer?

CLIENTE:	¿**Me** puede dar un litro de leche y una barra de pan?
VENDEDOR:	¡Sí, cómo no! ¿**Le** pongo *(can I get)* algo más?
CLIENTE:	No, gracias. Eso es todo.

A. Los complementos indirectos. While a complete sentence must always have a subject and a verb, it can also contain other optional elements, such as indirect object pronouns.

> An indirect object **(el complemento indirecto)** tells *to whom* or *for whom* something is done; it usually refers to a person. A sentence with an indirect object often has a direct object, too.
>
> Siempre **les** sirvo vino **a mis invitados.**
>
> - **What** do I serve? *wine* = **direct object**
> - **To whom** do I serve wine? *To my guests* = **indirect object**

B. Los complementos pronominales. Indirect objects may be nouns (as in *for the children* or *to Sam*) or pronouns (as in *to me* or *for us*). Nouns are explained in section D. Here are the indirect object pronouns in Spanish and English.

Los complementos indirectos pronominales

to/for me	**me**	to/for us	**nos**
to/for you *(sing., fam.)*	**te**	to/for you *(pl., fam. in Spain)*	**os**
to/for you *(sing., formal)*	**le**	to/for you *(pl.)*	**les**
to/for him or her	**le**	to/for them	**les**

C. La posición en la oración. Indirect object pronouns follow the same rules of placement as the direct object pronouns.

> ▶ Place an indirect object pronoun in front of a single, conjugated verb.
>
> ¿Cuánto **le** debo? *How much do I owe **you**?*
>
> ▶ With a verb phrase consisting of (conjugated verb + infinitive), place the pronoun before the conjugated verb or attached to the infinitive.
>
> ¿**Me** puede traer un tenedor? } *Can you bring **me** a fork?*
> ¿Puede traer**me** un tenedor?

D. La duplicación. In Spanish, when the indirect object is a noun (such as *to Mary* or *for my parents*), the corresponding indirect object pronoun appears in the sentence together with the noun. Although this kind of "duplication" is not used in English, it is a standard feature of Spanish.

> ▶ Use **le** together with (**a** + *singular noun/name*).
>
> Siempre **le** sirvo platos vegetarianos **a María.**
>
> *I always serve vegetarian dishes **to María.** / I always serve **María** vegetarian dishes.*
>
> ▶ Use **les** together with (**a** + *plural noun/names*).
>
> **Les** voy a servir corvina **a mis invitados.**
>
> *I'm going to serve sea bass **to my guests.** /I'm going to serve **my guests** sea bass.*

Ponerlo a prueba

4-19 Más análisis. Lee las oraciones a continuación. Identifica los complementos directos con un círculo. Subraya *(Underline)* los complementos indirectos.

> MODELO   CLIENTE EN EL RESTAURANTE: ¿Me puede traer (una cuchara)? Esta está sucia.

1. CLIENTE EN EL RESTAURANTE: Por favor, ¿nos puede traer más pan?

2. CAMARERO EN EL RESTAURANTE: Les recomiendo a Uds. el arroz con camarones. Está muy rico hoy.

3. CLIENTE EN EL MERCADO: ¿Me puede dar dos kilos de naranjas?

4. TU ABUELA EN CASA: ¿Te sirvo más café?

¿Qué te sirve la camarera?

4-20 La recomendación. Lee la conversación entre los dos amigos. ¿Cuál es el complemento indirecto correcto en cada oración? Subraya *(Underline)* tus respuestas.

> MARCOS: El cumpleaños de mi novia es el sábado.
>
> RAFAEL: ¿Sí? ¿Qué (1. le / te) vas a dar? ¿Unas flores? ¿Unos chocolates?
>
> MARCOS: Pienso dar(2. les / le) una docena de rosas. También, vamos a comer en un restaurante. ¿Cuál (3. os / me) recomiendas?
>
> RAFAEL: (4. Me / Te) recomiendo el restaurante Terra. Mi familia y yo comemos allí muy a menudo. El chef siempre (5. nos / les) prepara unos platos exquisitos.
>
> MARCOS: ¡Buena idea!

4-21 Escenas de la vida. Completa los diálogos con los complementos indirectos pronominales más lógicos: **me, te, le, nos, les.**

1.   Cliente: ¿ _____ puede dar dos litros de jugo de naranja?

      Empleado de la bodega: ¡Claro que sí! ¿Algo más?

2.   Jaime, con su novia: Por favor, ¿ _____ puede traer una botella de vino?

               Camarero: Sí, señor. ¿Blanco o tinto?

3.   Alice, con su amiga: Queremos probar un plato típico. ¿Qué nos recomienda?

               Camarero: _____ recomiendo la corvina *(sea bass)*. Está muy fresca hoy.

4.   Jaime y Javier, los nietos: Abuelita, ¿puedes hacer_____ una torta?

               Abuelita: Sí, ¡si se portan bien *(if you behave)*!

4-22 Las costumbres. ¿Qué alimentos *(foods)* asocias con estas situaciones? Compara tus ideas con las de un(a) compañero(a) de clase. Sigan el modelo. (**¡Ojo!** Usa un complemento indirecto pronominal en cada oración.)

> MODELO   cuando estoy enfermo(a) / mi madre *preparar*_____
>
>   Tú: Cuando estoy enfermo(a), mi madre **me** prepara sopa de pollo.
>
>   Tu compañero(a):   Cuando estoy enfermo(a), mi madre **me** prepara licuados de fruta *(fruit smoothies)*.

1. cuando estoy enfermo(a) / a menudo mis padres *dar*_____

2. cuando mis amigos y yo comemos en la cafetería de la universidad / con frecuencia *(ellos) servir* _____

3. cuando invito a mis amigos(as) a comer / generalmente *(yo) preparar*_____

4. cuando quiero impresionar a mi novio(a) con mis talentos culinarios / *(yo) servir*_____

5. cuando mi hermanito(a) no quiere comer los vegetales / *(yo) decir*_____

4-23 La comida y el cariño. Muchas veces nuestros amigos y nuestros familiares nos compran alimentos especiales, o nos preparan nuestras comidas favoritas, para demostrarnos su cariño *(affection)*. Con dos o tres compañeros(as), da ejemplos de esta costumbre *(custom)*.

> MODELO   Mi abuela siempre **me** prepara galletas con chispas de chocolate *(chocolate chips)*. Yo **le** compro chocolates Godiva a mi novia en ocasiones especiales.

Rpsycho/iStockphoto

Gramática

Dos complementos

CD2
Track 2-12

Listen to and read this exchange between a vendor at the market and a customer. Then, decide whether each of the words in boldface type is a direct or an indirect object.

VENDEDORA: ¿Qué desea Ud.?

CLIENTE: **¿Me** puede dar **dos melones,** por favor?

VENDEDORA: Enseguida **se los** pongo *(I'll get).* ¿Quiere algo más?

CLIENTE: No, gracias, eso es todo. ¿Cuánto **le** debo?

VENDEDORA: Quince soles.

A. Complementos. Sometimes we use a direct object and an indirect object in the same sentence, as in the following example:

> **Mami, ¿me haces unas galletas?**
>
> *Mom, will you make me some cookies?*
>
> - **What** will mom make? *some cookies* = **direct object**
> - **For whom** will mom make the cookies? *for me* = **indirect object**

To respond to a question that has both an indirect object and a direct object, we often use two pronouns in the same sentence. For example, following up to the previous example, the mother might reply as follows:

> **Te las hago esta tarde.**
>
> ***I'll make them for you this afternoon.***
>
> **te** = for you ⟦ INDIRECT OBJECT PRONOUN ⟧
>
> **las** = them (the cookies) ⟦ DIRECT OBJECT PRONOUN ⟧

B. El orden. When both direct and indirect object pronouns are in the same sentence, the indirect object pronoun is placed *in front of* the direct object pronoun. To remember this, think "I.D."

> ⟦ INDIRECTO ⟧   ⟦ DIRECTO ⟧
>
> ¿La pizza? Mamá **nos la** hace todos los sábados.
>
> *Pizza? Mom makes **it for us** every Saturday.*

C. Los complementos *le* y *les*. The indirect object pronouns **le** *(to him/her/you,* formal) and **les** *(to them, to you all)* have a variant: **se.** The variant **se** is used when a direct object pronoun occurs in the same sentence with **le** or **les.**

le	lo					lo
	la					la
+	los	→	se	+		los
les	las					las

—¿Me puede traer un menú?   *Can you bring me a menu?*
—Ahora **se lo** traigo.   *I'll bring it for you (formal) right away.*

4-24 Escenas diarias. Completa los diálogos con un complemento **indirecto** pronominal (**me, te, nos, se**) o un complemento **directo** pronominal (**lo, la, los, las**).

MODELO   Sr. Alberti: ¿Me puede traer una botella de agua mineral?

             Camarero: Sí, señor. Ahora <u>se</u> la traigo.

1. En el restaurante   Sra. Gonzaga: ¿Me puede traer pimienta?

                        Camarera: Ahora _____ la traigo.

2. En el restaurante   Sr. Alberti: ¿Me trae otro tenedor, por favor?

                        Camarero: Sí, señor. Se _____ traigo enseguida.

3. En casa   Silvia: Mamá, ¿cuándo vas a hacerme unos churros?

                       Mamá: _____ los hago mañana.

4. En casa   Carmen: Mmm. Me gusta mucho esta torta de chocolate.

                       Silvia: Mamá me _____ compra todas las semanas porque es mi postre favorito.

4-25 En el mercado. ¿Qué pasa en el mercado hoy? Mira el dibujo y contesta las preguntas. Es necesario usar **dos** complementos pronominales en tus respuestas.

MODELO   ¿Quién le vende las papas a la Sra. Marini?

            Se las vende Edgardo. / Edgardo **se las** vende.

1. ¿Quién le da el dinero a Edgardo?
2. ¿Quién les vende la piña a Marta y a Rosaura?
3. ¿Quién le ofrece *(offers)* un helado a Mayra?
4. ¿Quién le da las galletas a los perros?
5. ¿Quién le pide los helados a Eduardo?

4-26 Luz, cámara, acción. Mira el dibujo del mercado en la actividad 4-25. Con un(a) compañero(a), dramaticen una de las escenas (por ejemplo, una conversación entre Marta y Rafaela). Tienen que usar dos complementos pronominales en **una** línea del diálogo.

Un paso más

¡Vamos a Perú!

Go to the **Un paso más** section in
the *Cuaderno de actividades* for
additional reading, writing, review,
listening, and pronunciation activities.

There are more activities on Peru and
¡Vamos a Perú! in the **Un paso
más** section of the *Cuaderno de
actividades.*

El lago *(lake)* Titicaca está entre Perú y Bolivia. A más de 3800 metros de altura *(altitude)*, es el lago navegable más alto del mundo y el segundo lago más grande de América del Sur. En Perú, más de un millón de personas viven alrededor del lago. También hay habitantes —de la etnia Uru— que viven en islas *(islands)* artificiales hechas de totora *(reed)*. Incluso sus casas y sus balsas son de esta planta nativa de Perú.

Imágenes de Perú

Después de mirar el vídeo de Perú, contesta las preguntas.
Trabaja con un(a) compañero(a).

1. ¿Cuáles son dos datos *(facts)* interesantes sobre la capital de Perú?

2. Describe el distrito de Miraflores. ¿Qué hacen los limeños allí?

3. ¿Qué edificios y plazas nos recuerdan *(remind us)* la historia de Perú?

4. ¿Cuáles de las atracciones turísticas te gustan más?

La historia

Entre los años 1100 y 1530, el gran imperio inca se extiende desde Colombia hasta Chile. Cerca de su antigua capital en Cusco, Perú, está una magnífica ciudad inca: Machu Picchu. Los expertos piensan que esta maravilla de la ingeniería fue un santuario religioso y el palacio de un emperador inca. Hoy es uno de los destinos turísticos más populares del mundo.

▶ Machu Picchu significa "Montaña Vieja" en quechua. Fue construida en el siglo xv.

La comida

El origen de la papa está cerca del lago Titicaca, en el sur de Perú. Allí, hace 8000 años *(. . . ago)*, los habitantes cultivaron la primera papa. Este tubérculo nutritivo, resistente y fácil de cultivar es la base de la dieta andina y es el ingrediente principal de muchos platos típicos. Los peruanos también deshidratan la papa en forma natural; el producto final se llama chuño y es muy apreciado.

▶ Perú es el país con más diversidad de papas en el mundo. Tiene 3000 variedades de diferentes formas y colores.

La demografía

Perú tiene la población china más grande de América del Sur. También tiene uno de los barrios chinos más antiguos. Está en el centro de Lima, en la calle Capón. Como muchos barrios chinos, este tiene un gran arco, tiendas con productos chinos y letreros *(signs)* con caracteres en chino. Pero también tiene algo único en el mundo: las chifas, restaurantes muy populares de comida fusión Perú-China.

▶ Muchos peruanos visitan el barrio chino de Lima para la celebración del año nuevo chino.

El mundo es un pañuelo

Lee la información sobre Perú. Luego completa las siguientes comparaciones.

1. Perú tiene muchas minas *(mines)* de ___. El estado de ___ en los Estados Unidos también tiene muchas minas.

2. El lago ___ es el lago navegable más alto del mundo y el segundo más grande de ___. En los Estados Unidos, el lago ___ es muy grande.

3. En América del Sur, el imperio ___ era *(was)* muy extenso. Una de sus magníficas ciudades es ___. Está cerca de ___. En Europa, el imperio ___ también era muy grande.

4. Las primeras papas se cultivaron *(were cultivated)* en ___. La papa es la base de la dieta andina. La papa deshidratada se llama ___. La papa también es la base de la dieta ___. Es un ingrediente de muchos platos, como por ejemplo ___.

5. El barrio chino de Lima está en ___. Allí hay restaurantes que se llaman ___. Un barrio chino famoso de los Estados Unidos está en ___.

¡Vamos a hablar!

Estudiante A

Contexto: Tu compañero(a) y tú van a completar un crucigrama. Tú tienes las pistas *(the clues)* para las palabras horizontales. Tu compañero(a) las tiene para las palabras verticales. Tomen turnos para leer las pistas. Tú vas a empezar.

MODELO

Tú:	La pista para el número 1 horizontal es: "Trabaja en un restaurante."
Tu compañero(a):	¿Es "camarero"?
Tú:	¡Sí! ¿Cuál es la pista para el número 1 vertical?

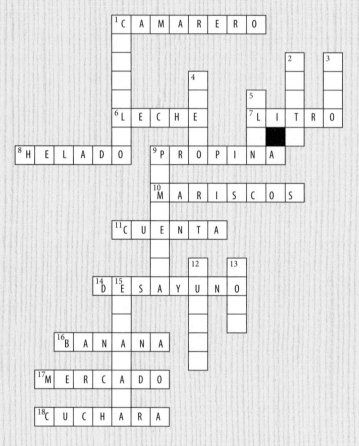

Horizontal

1. Trabaja en un restaurante.
6. La pones en el cereal.
7. En el sistema métrico, una medida para los líquidos.
8. Un postre frío, de chocolate o fresa.
9. Dinero extra por buen servicio.
10. Esta categoría incluye los camarones y la langosta.
11. La pagas después de comer.
14. La primera comida del día.
16. (Inventa una pista original.)
17. (Inventa una pista original.)
18. (Inventa una pista original.)

¡Vamos a ver!

Episodio 4 • En la Hacienda Vista Alegre

Anticipación

A. Hablando se entiende la gente. Habla con un(a) compañero(a). ¿Te gusta cocinar? ¿Por qué sí o por qué no? ¿Sabes alguna receta de tu familia? ¿Cómo se prepara?

B. Unas palabras clave. Completa las oraciones a continuación con las siguientes expresiones.

la receta	*recipe*	**quemados**	*burnt*
caldo de pollo	*chicken soup*	**¡Buen provecho!**	*Enjoy your meal!*
la lista de la compra	*the shopping list*	**a pesar de**	*despite*

1. No te olvides de llevar _____ al supermercado.

2. De primer plato, hay _____ y de segundo, hay pescado frito.

3. Ahora mismo les traigo la bebida. _____

4. Para hacer este pastel de chocolate, normalmente sigo _____ de mi madre.

5. _____ que estoy a dieta, voy a probar este pastel. Tiene muy buena pinta *(It looks delicious).*

6. Los tomates están un poquito _____, pero el pollo está muy rico.

▶ Vamos a ver

C. De paseo por la Hacienda Vista Alegre. Lee las preguntas. Luego, mira el Episodio 4 del vídeo y completa las actividades.

1. ¿Qué tipo de comida va a preparar Valeria? _____

2. ¿Qué receta decide preparar? _____ rellenos al horno.

3. ¿Cuáles de estos ingredientes lleva la receta? Escribe **sí** o **no.**

   a. arroz blanco _____

   b. mantequilla _____

   c. cebollitas _____

   d. huevos _____

4. La cena fue un desastre porque _____.

En acción

D. Charlemos. Comenta con tus compañeros(as).
¿Por qué quiere Valeria preparar esta comida? Describe lo negativo o positivo de la cena. ¿Hay diferencias entre la comida latinoamericana y la comida de tu país? ¿En qué se parecen *(are they similar)* o se diferencian?

E. 3, 2, 1 ¡Acción! Interpreten la siguiente situación en grupos de tres o cuatro estudiantes. Van a preparar una fiesta sorpresa para uno(a) de sus compañeros(as). Entre todos, decidan qué platos van a preparar y qué ingredientes necesitan. Mientras hablan, hagan una lista de la compra.

¡Vamos a repasar!

A. Restaurante El Pacífico. Lee esta reseña *(review)* culinaria y luego contesta las preguntas. Usa complementos pronominales en las respuestas.

> **MODELO**   ¿Qué condimento le pone el chef al saltado fusión?
>
>   Le pone curry.

RESEÑA CULINARIA: El Pacífico

por Luisa Capuña Solís

Ubicado[1] en el corazón de la capital, El Pacífico es el nuevo restaurante de mariscos del chef peruano Antonio Carbonel. Este elegante local es de tamaño mediano y está decorado impecablemente con objetos asiáticos. Las sillas no son muy cómodas, pero no importa: la comida es exquisita y los camareros son muy amables.

Una buena elección para comenzar la comida es el *cebiche nikei*. Este plato trae cubitos de pescado, limón, cebolla y condimentos japoneses.

Para plato principal, les recomiendo el *saltado fusión* que tiene pescado, camarones, cebolla, chile, leche de coco y bastante curry. Las sensaciones al comer este plato son difíciles de describir, pero el corazón les latirá[2] más rápidamente al probar la primera cucharada.[3]

Hay muchas opciones para el postre. Uno de mis favoritos es *suspiro a la limeña*, un postre de huevos y leche condensada, y encima, un delicioso merengue.

Dónde: Av. Brasil 308, cerca de la Plaza de Armas

Cuándo: martes a domingo, 12:30h – 23:00h

Cuánto: un almuerzo o una cena entre S/. 100 y S/. 215 (propina incluida)

---

[1]*Located*   [2]*your heart will beat*   [3]*spoonful*

---

1. ¿Quién escribe la reseña? ¿Recomienda ella el restaurante El Pacífico?
2. ¿A qué hora abre el restaurante? ¿Sirven el desayuno?
3. ¿A Luisa le gusta probar el cebiche nikei? ¿Este plato tiene papas?
4. ¿Qué plato principal nos recomienda Luisa? ¿Con qué mariscos lo hacen?
5. ¿Qué postre le gusta a Luisa? ¿Sirven este postre con merengue?
6. ¿Cuánto cuesta una cena en El Pacífico? ¿Incluyen la propina en el precio?

B. Proyecto. En **A primera vista**, miraste *(you saw)* el vídeo de John Andrews. ¡Ahora te toca a ti *(it's your turn)* crear un vídeo! El vídeo debe durar aproximadamente un minuto. Escoge una de las dos opciones. Incluye la información de la lista y unas imágenes interesantes (fotos de tu familia, escenas de un restaurante, etcétera). Después, sube *(post)* tu vídeo según las instrucciones de tu profesor(a).

Opción 1: La comida en familia	Opción 2: La comida entre amigos
• Tu nombre (¿Cómo te llamas?)	• Tu nombre (¿Cómo te llamas?)
• Una breve descripción de tu familia (¿Cómo es tu familia? ¿Cuántos son Uds.? ¿Cómo son tus padres y tus hermanos?)	• Una breve descripción de un buen amigo / una buena amiga. (¿Cómo se llama tu buen(a) amigo(a)? ¿Es estudiante? ¿Cómo es?)
• Una comida en familia (¿Cuándo comen Uds. juntos? ¿Quién es el mejor chef de tu familia? ¿Cuál es un plato especial/tradicional de tu familia? ¿Cómo es? ¿Siguen una receta especial?)	• Una comida entre amigos (¿Cuándo comen Uds. juntos? ¿Comen Uds. en un restaurante o cocinan? Si cocinan, ¿qué les gusta preparar? ¿Cómo es ese plato? Si comen en un restaurante, ¿qué les gusta comer allí? ¿Cómo es ese plato?)

C. ¡Camarero! El camarero es nuevo ¡y se olvida de *(he forgets)* todo! Con un(a) compañero(a), tomen turnos, haciendo el papel *(role)* de cliente y el de camarero. Mencionen las cosas de las fotos, como en el modelo.

Cliente: ¿Me puede traer el pan?

Camarero: Sí, se lo traigo enseguida.

 1. 2.  3.  4.  5. 6.

D. ¡Sabelotodo! En equipos, jueguen a ¡Sabelotodo! Otra persona es el (la) moderador(a). Formen equipos de dos o tres personas.

- El equipo "A" escoge una pregunta (por ejemplo, **En el mercado por $100**).
- El (La) moderador(a) lee la pregunta en voz alta.
- Las personas del equipo A colaboran y una persona responde a la pregunta. Tienen 30 segundos para responder.
- El (La) moderador(a) decide si la respuesta es correcta.
- Si la respuesta **no** es correcta, el otro equipo puede contestar la pregunta y "robar" el dinero.

	Las comidas	En el restaurante	En el mercado	Los complementos	Perú
$50	Nombra *(Name)* tres bebidas.	¿Qué signfica en inglés? "¿Está incluida la propina?"	¿Qué significa en inglés? "¿Necesita algo más?"	¿Cuál es el complemento directo en esta oración? "Mi mamá sirve hamburguesas los viernes por la noche."	¿Cuál es la capital de Perú?
$100	¿Cuáles son las tres comidas del día?	¿Qué le dices al camarero al final de la comida, cuando tienes que pagar?	¿Qué le dices al vendedor al final de la transacción, cuando quieres pagar?	¿Cuál es el complemento indirecto en esta oración? "Mi abuela me hace sopa cuando estoy enfermo(a)."	¿Cuál es la base de la dieta andina y también el ingrediente principal de chuño?
$150	Nombra cuatro carnes y/o mariscos.	¿Qué utensilio necesitas para tomar la sopa? ¿Para cortar *(cut)* y comer la carne?	Nombra seis frutas. (No puedes incluir las manzanas.)	Contesta e incluye un complemento directo pronominal: ¿Cómo prefieres la pizza, con carne o con vegetales?	¿Cómo se llama el lago navegable más alto del mundo?
$200	Nombra cinco vegetales.	Responde a la pregunta: ¿Qué desea pedir? (Tienes que pedir un plato principal y una bebida.)	Quieres comprar aproximadamente dos libras *(pounds)* de manzanas. ¿Qué le dices al vendedor?	Contesta e incluye un complemento indirecto pronominal: ¿Qué les recomienda a Uds. el camarero, la ensalada o la sopa?	¿Qué grupo inmigrante de Perú es el más grande de Latinoamérica? ¿Cómo se llaman sus restaurantes?
$250	Nombra ocho postres y/o condimentos.	¿Cómo se dice en español? *Can you bring me some ice (cubes)?*	Completa las expresiones: una ___ de pan; una ___ de arroz; una ___ de huevos	Contesta e incluye dos pronombres: ¿Le das leche a tu gato?	¿Qué atracción turística fue un santuario religioso y el palacio de un emperador? ¿Qué indígenas son responsables por su construcción?

Vocabulario

Sustantivos

el almuerzo *lunch*
la barra (de pan) *loaf (of bread)*
la bolsa *bag*
la botella *bottle*
el (la) camarero(a) *waiter/waitress*
la cena *dinner*
la comida *food, meal*
el cubito de hielo *ice cube*
la cuenta *bill*
el desayuno *breakfast*
la docena *dozen*
el frasco *jar*
el kilo *kilo (metric pound)*
el litro *liter*
la mayonesa *mayonnaise*
el menú *menu*
el mercado *market*
la merienda *snack, snacktime*
el paquete *package*
la pimienta *black pepper*
el plato principal *main course*
el postre *dessert*
el primer plato *first course*
la propina *tip*
la receta *recipe*
el restaurante *restaurant*
el segundo plato *second course*
la taza *cup (of coffee/tea/hot chocolate)*
la tortilla *omelette; flour tortilla (Mex.)*
el vaso *glass*

Verbos

almorzar (ue) *to eat lunch*
beber *to drink*
cenar *to eat supper*
cocinar *to cook*
desayunar *to eat breakfast*
desear *to want, wish for*
merendar (ie) *to snack*
necesitar *to need*
pedir (i) *to ask for; to order*
probar (ue) *to taste; to try*
recomendar (ie) *to recommend*
servir (i) *to serve*
tomar *to take; to drink*

Otras palabras

a la parrilla *grilled*
al horno *baked*
asado(a) *roasted*
enseguida *at once, immediately*
frito(a) *fried*
revuelto(a) *scrambled*
rico(a) *delicious*

Family meals p. 128
Breakfast foods p. 130
Luncheon foods p. 130
Supper/dinner foods p. 131
Snacks p. 131
Place settings p. 135
Other fruits and foods p. 140

For further review, please turn to **Vocabulario temático: español e inglés** at the back of the book.

Go to the ***Puentes*** website for extra vocabulary practice using the Flashcard program.

La vida estudiantil

For a selection of musical styles from this chapter's country of focus, access the **Puentes,** Sixth Edition, iTunes playlist at www.cengagebrain.com

Creatas Images/Jupiter Images

OBJETIVOS

Speaking and Listening
▶ Describing everyday routines on campus
▶ Discussing classes
▶ Expressing opinions about school life
▶ Identifying professions and occupations
▶ Talking about plans for the future
▶ Narrating actions and events in the past
▶ Describing a field trip

Culture
▶ Study abroad programs
▶ Argentina

Grammar
▶ Preterite aspect of regular -**ar**, -**er**, and -**ir** verbs
▶ Spelling-changing verbs in the preterite
▶ Stem-changing verbs in the preterite
▶ Preterite of irregular verbs

Video
▶ Imágenes de Argentina
▶ En la Hacienda Vista Alegre: Episodio 5

Gramática suplementaria
▶ El condicional

Cuaderno de actividades

Reading
▶ Strategy: Understanding a long sentence

Writing
▶ Strategy: Developing cohesion

Playlist
🌐 www.cengagebrain.com

A primera vista

Estudiantes globales

En esta era de globalización, es importante conocer otras culturas, aprender un segundo o tercer idioma y entender la interdependencia entre países. Por eso muchos estudiantes universitarios optan por estudiar en el extranjero. ¿Te gusta la idea de ser un estudiante internacional?

Para hablar de los estudios en el extranjero *Studying abroad*

- los cursos *courses*
  - un curso intensive / de verano *an intensive / summer course*
- el alojamiento *lodging*
  - vivir con una familia anfitriona *live with a host family*
  - compartir un apartamento *share an apartment*
- los gastos *expenses*
  - caro / barato *expensive / cheap*
  - becas *scholarships*
  - préstamos *loans*
- el voluntariado *volunteer work*
  - ser voluntario(a) *to be a volunteer*

A. ¿Comprendes? Un amigo quiere ir al extranjero pero necesita tu consejo *(advice)*. Contesta sus preguntas con la información en la página 157.

1. "¿Qué hago? Quiero estudiar en el extranjero pero no tengo dinero."
2. "Mis padres no quieren que yo pierda *(lose)* un semestre de estudios. ¿Qué les digo?"
3. "No quiero tomar solamente cursos de español. ¿Qué otros cursos hay?"
4. "A mí me gusta mucho el arte. ¿Adónde puedo ir?"
5. "También me gusta mucho la arqueología. ¿Qué me recomiendas?"

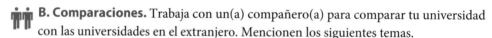

B. Comparaciones. Trabaja con un(a) compañero(a) para comparar tu universidad con las universidades en el extranjero. Mencionen los siguientes temas.

- el alojamiento: el tipo más común y los alternativos
- las áreas de estudio: la variedad de opciones
- el voluntariado: los tipos de trabajo

C. ¿Qué dices tú? Con un(a) compañero(a), contesten las preguntas y conversen sobre sus preferencias.

1. ¿En qué país te gustaría estudiar? ¿Por cuánto tiempo?
2. ¿Cuál de las opciones de alojamiento te gusta más?
3. ¿Prefieres tomar clases formales o ser voluntario(a)? ¿Qué quieres estudiar o hacer?

Los estudios en el extranjero

¿Te gustaría estudiar en el extranjero? ¡Hay muchas oportunidades y opciones! Numerosas universidades ofrecen programas especiales para estudiantes internacionales. Puedes pasar un verano, un semestre o un año completo en otro país y ¡recibir crédito en tu propia *(own)* universidad! Con respecto al alojamiento, es posible vivir con una familia anfitriona, compartir un apartamento con otros estudiantes o vivir en una residencia estudiantil. Y aunque no es barato estudiar en el extranjero, casi siempre hay becas o préstamos disponibles *(available)*.

Para vivir la experiencia al máximo, muchos estudiantes extranjeros en la ▶ Universidad de Belgrano (Argentina) deciden vivir con una familia anfitriona.

Áreas de estudio

¿Quieres continuar tus estudios de lengua y cultura? Entonces es posible combinar un curso intensivo de español con clases electivas sobre civilización, música y arte. ¿Prefieres explorar otras áreas de interés? ¡Hay programas para todos los gustos *(tastes)*! Por lo general es posible tomar algunas de las clases en inglés y otras en español. La gama *(gamut)* de clases es muy amplia; por ejemplo, puedes investigar temas tan diversos como la ecología de las tortugas *(turtles)* marinas (Costa Rica), la economía global (España), los glaciares de la Antártida (Argentina) o el cine latinoamericano (Chile).

◀ En la República Dominicana, la prestigiosa Escuela de Diseño Altos de Chavón ofrece talleres *(workshops)* de arte como parte de su "Verano Internacional".

El voluntariado

¿Te interesa ayudar a los demás *(others)* y ganar al mismo tiempo experiencia práctica en tu área de concentración? Entonces un programa de voluntariado es para ti. Por ejemplo, si estudias educación, puedes ir a Bolivia para enseñarles inglés a los niños en Cochabamba. Si te gusta la historia, puedes ir a Perú para trabajar con la preservación de los sitios arqueológicos de Cuzco. En algunos casos puedes recibir crédito universitario por este tipo de trabajo.

Un voluntario ayuda a un médico en una clínica en Guatemala. ▶

PARA INVESTIGAR

¿Quieres saber más sobre la posibilidad de estudiar en una universidad de España o Hispanoamérica? Probablemente tu universidad tiene una oficina dedicada a los estudios en el extranjero. En Internet, busca "universidades de (España, Argentina...)" y explora varias universidades. También puedes visitar el sitio web www.studyabroad.com.

Vocabulario temático

In this *Paso* you will practice:

▶ Talking about your schedule, your academic major, and grades

▶ Expressing opinions about different aspects of school life

▶ Identifying professions and occupations

▶ Talking about plans for the future

Grammar:

▶ **Encantar** and **interesar:** Two verbs like **gustar**

▶ Expressing future time: Review of verb phrases

Another way to ask about majors: **¿En qué te especializas?**

Other time expressions: **el próximo año** *(next year);* **en dos años** *(in two years).*

Go to the ***Puentes*** website for extra vocabulary practice using the Flashcard program.

Cómo hablar de los horarios y las especializaciones

CD2
Track 2-13

—¿Qué clases tomas este semestre?

—Este semestre tomo *inglés y literatura.*

—¿Te gusta tu horario?

—Sí, me encanta.

No, no me gusta porque…

—¿A qué hora empieza tu primera clase?

—Mi primera clase empieza *a las ocho.*

—¿A qué hora termina tu última clase?

—Mi última clase termina *a las dos y media.*

—¿Cuál es tu carrera?

—Todavía no (lo) sé.

Estudio *economía.*

—¿Cuándo piensas graduarte?

—Pienso graduarme *a finales de mayo.*
                      a principios de diciembre

Las asignaturas
Humanidades y bellas artes

CD2
Track 2-14

arte	literatura
música	teatro

Ciencias sociales

antropología	historia
ciencias políticas	psicología
geografía	sociología

Ciencias naturales

biología	ecología
física	química

Matemáticas

álgebra	cálculo	estadística

Estudios profesionales

negocios	informática
derecho	educación
medicina	periodismo
ingeniería	cinematografía

The English equivalents of the **Vocabulario temático** sections are found at the back of the book.

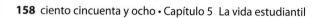

CD2
track 2-15

Ponerlo a prueba

5-1 Las clases de Reinaldo. Escucha la conversación entre Reinaldo y su amiga Patricia. Completa las actividades.

PRIMERA PARTE: Escoge la mejor respuesta a las preguntas.

___ 1. ¿Cómo es el horario de Patricia?
    a. Es bueno. A Patricia le gusta.
    b. Es regular. A Patricia no le gusta mucho.
    c. Es malo. Patricia lo detesta.

___ 2. ¿A qué hora empieza la primera clase de Patricia los lunes?
    a. a las ocho
    b. a las nueve
    c. a las once

___ 3. La mayoría de las asignaturas de Patricia están relacionadas con…
    a. el periodismo
    b. las humanidades y las bellas artes
    c. las ciencias naturales

___ 4. ¿Cuándo piensa graduarse Reinaldo?
    a. el próximo año
    b. a finales de noviembre
    c. a principios de junio

___ 5. La mayoría de las materias de Reinaldo están relacionadas con…
    a. las humanidades y las bellas artes
    b. las ciencias sociales
    c. la ingeniería

SEGUNDA PARTE: Vuelve a escuchar *(Listen again)* la conversación e indica las clases de Patricia y Reinaldo.

6. Este semestre, Patricia toma…

    ☐ biología   ☐ geología   ☐ cálculo
    ☐ física   ☐ química   ☐ estadística

7. Este semestre, Reinaldo toma…

    ☐ antropología   ☐ literatura   ☐ teatro
    ☐ sociología   ☐ cinematografía   ☐ historia del arte

¿Qué estudian estos estudiantes?

Bonnie Jacobs/iStockphoto.com

5-2 Las asignaturas. Lee la descripción y escribe el nombre de la asignatura o clase correspondiente.

1. Si quieres programar computadoras, necesitas estudiar _____.

2. Si te gusta leer novelas, cuentos y poemas, debes tomar una clase de _____.

3. En la clase de _____ puedes investigar sobre distintas teorías de la personalidad, la conducta de las personas y los procesos mentales.

4. Para aprender más sobre la familia, las clases sociales y las instituciones sociales, puedes tomar una clase de _____.

5. En _____, tienes que formular y resolver series de ecuaciones; es una rama *(branch)* de las matemáticas.

6. Para trabajar en el mundo comercial, es interesante tener una carrera en _____.

7. Si estudias _____, vas a aprender mucho sobre el clima, las interacciones de los organismos y los hábitats.

8. La carrera de _____ es para los estudiantes que esperan trabajar para un periódico o una revista.

9. Si quieres ser doctor o dentista, tienes que estudiar _____.

10. Hay diferentes carreras de _____: civil, mecánica, eléctrica, industrial, para nombrar algunas.

5-3 En mi opinión. Completa las oraciones oralmente para expresar tus opiniones sobre las clases. Compara tus opiniones con las de un(a) compañero(a).

1. En humanidades y bellas artes, la clase más interesante es _____, y la menos interesante es _____. ¿Estás de acuerdo? *(Do you agree?)*

2. En ciencias naturales, la clase más difícil *(difficult)* es _____, y la menos difícil es _____. ¿Qué piensas tú? *(What do you think?)*

3. En ciencias sociales, la clase más aburrida *(boring)* es _____, y la menos aburrida es _____. ¿Estás de acuerdo?

4. De los estudios profesionales, me gusta más _____, y el que menos me gusta es _____. ¿Cuáles son tus preferencias?

5-4 Este semestre. Conversa con un(a) compañero(a) sobre los estudios.

1. ¿Qué clases tomas este semestre? ¿Tienes laboratorios?

2. ¿Te gusta tu horario este semestre? ¿A qué hora empieza tu primera clase? ¿A qué hora termina tu última clase?

3. ¿Cuál es tu carrera? ¿Es una tradición en tu familia seguir esa carrera?

4. ¿Cuándo piensas graduarte? ¿Dónde quieres vivir después de graduarte?

5. (Haz una pregunta original. / *Ask an original question.*)

5-5 Estudiar en Argentina. Este anuncio presenta información sobre un programa de estudios en Argentina. Contesta las preguntas y compara tus preferencias con las de un(a) compañero(a) de clase.

¡Aprende español en Argentina!

Instituto Magnum

Escoge tu destino:
❖ Explora el ambiente cosmopolita de Buenos Aires.
❖ Disfruta de los deportes en la tranquila ciudad de Mendoza.

Escoge tu curso:
❖ Curso intensivo en grupo (20 clases por semana)
❖ Clases privadas (10 clases por semana)
❖ Curso tango (20 clases de español + 5 clases de tango)

Todos nuestros centros de estudio ofrecen alojamiento en familia o en residencias de estudiantes (habitación doble o individual).

Y para los fines de semana:
❖ Visitas a museos y teatros
❖ Barbacoas con otros estudiantes
❖ Conferencias de literatura, arte y cinematografía
❖ Excursiones a Patagonia y el Parque Nacional Nahuel Huapi
❖ Actividades de aventura: rafting, trekking, esquí

Precios y más información:
Visítanos en www.institutomagnum.com.ar
Teléfono (en los Estados Unidos) 1-800-555-8963

Dale Mitchell/Shutterstock

Note: Nahuel Huapi is in the lake district of Argentina, in Patagonia. The popular town of Bariloche, within the park, is a tourist base for the area.

1. ¿En qué ciudades ofrecen cursos de español? ¿Cuál prefieres tú? ¿Por qué?
2. ¿Qué curso del Instituto Magnum te gustaría tomar? Explica por qué.
3. ¿Qué te gustaría más, el alojamiento en familia o en residencia de estudiantes?
4. ¿Cuáles de las actividades para los fines de semana le recomiendas a un estudiante de arte? ¿Y a un estudiante de ecología?
5. ¿Qué actividad para los fines de semana te gusta más? ¿Por qué?

COMENTARIO CULTURAL *Las universidades hispanoamericanas*

¿Cuánto cuestan las universidades públicas? ¿Dónde viven la mayoría de los estudiantes? En el momento de escoger tus clases, ¿tienes mucho control sobre tu horario?

©iStockphoto.com/Juanmonino

En Hispanoamérica, la matrícula *(tuition)* de las universidades públicas es gratuita *(free)* o casi gratuita. Para ingresar en ellas, los estudiantes deben primero elegir una carrera y tomar un examen de admisión. Los estudiantes con las notas más altas entran directamente a la facultad *(college, school)* que corresponde a su carrera y siguen un plan de estudio fijo *(set)*. Por lo general, las universidades están en un centro urbano y las diferentes facultades se ubican en varias partes de la ciudad. El hecho de que *(The fact that)* no hay un solo "campus" significa que pocas universidades tienen residencias estudiantiles; la mayoría de los estudiantes viven en casa o en pensiones.

Vocabulario temático

Cómo pedir y dar opiniones sobre las clases

CD2
Track 2-16

—¿Qué piensas de tus clases este semestre?

—Mi clase de *microbiología* es bastante *interesante/aburrida*.

Me encanta mi clase de *historia del arte*.

No me gusta nada mi clase de *ciencias marinas*.

Me interesa mucho la clase de *genética*.

Las conferencias de *historia medieval* son *fascinantes/pesadas*.

Los exámenes de cálculo son *difíciles pero justos*.
                            largos pero fáciles.

Conferencias looks like *conferences* but actually means *lectures*. Other false friends: **lecturas** = *readings*; **facultad** = *school/college within a university*.

Opiniones sobre los profesores

CD2
Track 2-17

—¿Qué tal tus profesores?

—Son *bastante dinámicos(as)*.
        muy exigentes
        un poco quisquillosos(as)

Mi profesor de *química* es muy *organizado/desorganizado*.

Las notas (Grades)

CD2
Track 2-18

—¿Cómo te va en *psicología*?

—(No) Me va bien.

Saqué una nota muy buena en *mi presentación*.
                            el último trabajo escrito
(No) Salí muy bien en el examen.

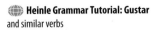

ESTRUCTURAS ESENCIALES

Los verbos *encantar* e *interesar*

A. Gustar. As you saw in Chapter 1, the verb **gustar** follows a special sentence pattern:

Indirect object	Verb	Subject
Me	gusta	la clase de inglés.

I like English class. (English class is pleasing to me.)

B. Encantar. Like **gustar,** the verb **encantar** *(to "love")* has two verb forms and uses indirect object pronouns.

me encanta(n)	**nos encanta(n)**
te encanta(n)	**os encanta(n)**
le encanta(n)	**les encanta(n)**

▶ Use **encanta** with infinitives and singular nouns; use **encantan** with plural nouns. The indirect object pronoun specifies *who* "loves" something.

   Nos encanta la clase de sociología.   *We **love** sociology class.*

▶ Use **encantar** to talk about things or activities that you enjoy greatly or "love," but **not** about persons for whom you feel affection.

   A Rita le **encanta** leer.   *Rita **loves** to read.*

   Me **encantan** sus conferencias.   *I **love** her lectures.*

C. Interesar. Use **interesar** to express what interests you. This verb follows the same pattern as **gustar** and **encantar.**

me interesa(n)	**nos interesa(n)**
te interesa(n)	**os interesa(n)**
le interesa(n)	**les interesa(n)**
Me interesa mucho la genética.	*I'm very much interested in genetics.*

Ponerlo a prueba

CD2
Track 2-19

5-6 ¿Cómo te va? Escucha la conversación entre dos estudiantes universitarios, Elsa y Andrés. Escoge las palabras más apropiadas para completar las oraciones, según la información en la conversación.

1. Andrés tiene una impresión (favorable / desfavorable) de su profesor de química porque dice que el profesor es muy (dinámico / exigente).

2. Elsa y Andrés piensan que la clase de filosofía es (fascinante / pesada).

3. A Andrés no le gustan (los exámenes / las conferencias) de la clase de historia.

4. Elsa piensa que su profesora de sociología es (organizada / desorganizada) y (dinámica / un poco aburrida).

5-7 Opiniones contrarias. Gabi y Julia son gemelas, pero tienen opiniones contrarias sobre una de sus clases. Relaciona las dos columnas para ver los contrastes.

A. Gabi

___ 1. Me encanta la clase de ciencias marinas.

___ 2. El profesor Marini es fascinante.

___ 3. Las conferencias son maravillosas; el tiempo pasa volando (*flies by*).

___ 4. Los exámenes son un poco difíciles, pero justos.

___ 5. Tengo muy buenas notas y estoy muy contenta con la clase.

B. Julia

a. Yo creo que es el profesor más aburrido del planeta, además de ser desorganizado.

b. Pues yo la detesto. Es la clase que menos me gusta.

c. ¿Qué dices? Yo siempre me duermo cuando el profesor empieza a hablar.

d. Saqué una nota muy mala en el último examen. No pienso estudiar ciencias marinas el próximo semestre.

e. No es verdad. Siempre incluyen material insignificante. El profe es demasiado exigente y quisquilloso.

5-8 ¿Qué piensan? ¿Qué piensan Lucas y Stella de sus clases? Completa la conversación con la forma correcta del verbo entre paréntesis; también incluye el pronombre de complemento indirecto apropiado.

> **MODELO** Lucas y Stella, ¿(gustar) <u>les gustan</u> sus clases este semestre?

LUCAS: Dime, Stella, ¿qué piensas de tus clases este semestre?

STELLA: Pues a mí (1. gustar) _____ todas mis clases. En particular, (2. encantar) _____ la clase de física. ¡Es fascinante! ¿Y a ti (3. gustar) _____ tus clases este semestre?

LUCAS: (4. gustar) _____ solamente una de las clases: historia del jazz. (5. interesar) _____ las ciencias políticas, pero no (6. gustar) _____ la clase porque el profesor es muy desorganizado y los exámenes no son justos.

STELLA: ¡Qué lástima! El próximo semestre debes tomar la clase de biología marina de la profesora Orlik. A mí (7. encantar) _____ sus conferencias.

LUCAS: No, gracias. A mí no (8. interesar) _____ las ciencias naturales; prefiero las ciencias sociales.

STELLA: Tú y yo somos amigos pero somos muy diferentes. ¡No (9. gustar) _____ nada igual!

5-9 Opiniones. Conversa con unos(as) compañeros(as) sobre las clases, los profesores y las notas.

1. En tu opinión, ¿son más difíciles las clases de la universidad o las de la escuela secundaria? Explica. ¿Cuál es tu clase más difícil este semestre? Explica por qué es difícil.

2. ¿Quién es tu profesor(a) favorito(a) este semestre? ¿Cuáles son sus características personales y profesionales más admirables? ¿Qué hacen Uds. en una clase típica de ese (esa) profesor(a)? ¿Hay muchas conferencias?

3. Para ti, ¿es importante sacar buenas notas? ¿Para qué clases tienes que estudiar más? ¿En qué clases tienes que hacer muchos trabajos escritos?, ¿hacer muchas presentaciones?

4. ¿Cuál de tus clases este semestre te interesa más? ¿Por qué? ¿Qué tal es el (la) profesor(a) de esa clase? ¿Te gustan sus exámenes? ¿Cómo son?

Vocabulario temático

Las profesiones, los oficios y los planes para el futuro

CD2
Track 2-20

—¿A qué te quieres dedicar?

—Quiero ser *médico(a).*

 No estoy seguro(a) todavía.

—¿Qué quieres hacer después de graduarte?

—Me gustaría *hacer estudios de postgrado.*
 estudiar medicina

 Espero trabajar *para el gobierno.*
 en una empresa multinacional

Sean Locke/iStockphoto

Profesiones y ocupaciones

CD2
Track 2-21

abogado(a)	dentista	obrero(a)
agente de bienes raíces	director(a) de personal	periodista
agricultor(a)	enfermero(a)	programador(a)
ama de casa	gerente	psicólogo(a)
consejero(a)	ingeniero(a)	trabajador(a) social
consultor(a)	maestro(a)	vendedor(a)
contador(a)	médico(a)	veterinario(a)

Use **un(a)** with professions only when an adjective is present. For example: **Es profesor. Es <u>un</u> profesor <u>muy dinámico</u>.**

ESTRUCTURAS ESENCIALES

Para hablar del futuro: repaso de las expresiones verbales

Heinle Grammar Tutorial: The uses of the infinitives

To talk about plans for the future, use the pattern **conjugated verb + infinitive.**

ir a	**Voy a** trabajar en un banco.	*I'm going to work in a bank.*
pensar	**Pienso** hacer estudios de postgrado.	*I plan on doing graduate work.*
querer	**Quiero** estudiar derecho.	*I want to study law.*
esperar	**Espero** trabajar con niños.	*I hope to work with children.*
gustar	**Me gustaría** dedicarme a la investigación.	*I'd like to dedicate myself to research.*

CD2
Track 2-22

5-10 Se busca. La agencia de empleo tiene varias oportunidades. Escúchalas y completa la tabla *(chart)*.

Profesión	Requisitos *(Requirements)*
1. _____	dominio de dos lenguas: _____ e _____; _____ años de experiencia
2. _____	título universitario en _____; _____ años de experiencia
3. _____	título en _____; _____ años de experiencia
4. _____	especialización en _____ y _____
5. _____	experiencia en _____
Para mayor información, llame al teléfono _____.	

5-11 Los planes. Karina está hablando con su amigo Mariano sobre sus planes para el futuro. Relaciona las dos columnas de una manera lógica.

Karina:

___ 1. ¿En qué te especializas, Mariano?

___ 2. ¿Cuándo vas a graduarte?

___ 3. ¿Piensas hacer estudios de postgrado?

___ 4. ¿A qué te quieres dedicar?

___ 5. ¿Dónde esperas trabajar?

___ 6. ¿Y si no encuentras ese tipo de empleo?

Mariano:

a. No, quiero buscar empleo después de graduarme.

b. Estudio ciencias naturales, con una especialización en biología.

c. Me gustaría hacer investigación científica.

d. ¡Muy pronto! A finales de este mes.

e. Espero trabajar en un laboratorio en una universidad.

f. No estoy seguro. Quizás haría *(Perhaps I would do)* trabajo voluntario por unos meses.

⌖ Estrategia Using simpler language

Learning another language can be frustrating, especially when you want to communicate sophisticated ideas but find that you don't have all the words you need. To cope, make more general statements and substitute more basic words for picturesque or colloquial speech. Read the example that follows and complete the chart.

INSTEAD OF SAYING...	YOU MIGHT SAY...	AND EXPRESS IT IN SPANISH AS...
Marie says that her bio-chemistry prof is just awful.	Marie has a very bad chemistry professor.	El profesor de química de Marie es muy malo.
Einstein himself couldn't pass one of my physics professor's tests.		
I haven't declared a major yet, but I'm thinking of going into computers.		

5-12 ¿Quién es? Trabaja con un(a) compañero(a). Tomando turnos, una persona describe la profesión o la ocupación de una de las fotos y la otra persona adivina *(guesses)* quién es.

Andrés

> **MODELO**
>
> TÚ: Trabaja en un restaurante. Les da el menú a los clientes y les sirve las bebidas y la comida. También les trae la cuenta.
>
> TU COMPAÑERO(A): ¿Es Andrés, el camarero?
>
> TÚ: ¡Sí!

1.

Eugenio

2.

Alejandra

3.

René

4.

José

5.

Miriam

6.

Carla

7.
Ricardo

8.

Patricia

5-13 El futuro. Conversa con un(a) compañero(a) sobre sus planes para el futuro.

1. ¿En qué año vas a graduarte? ¿Piensas hacer estudios de postgrado? ¿Quieres trabajar por unos años antes de continuar tus estudios? (Haz una pregunta original.)
2. ¿A qué te quieres dedicar después de graduarte? Para ti, ¿es más importante ganar *(to earn)* mucho dinero o tener un horario flexible? (Haz una pregunta original.)
3. Después de graduarte, ¿en qué ciudad te gustaría vivir? ¿Esperas vivir cerca de tu familia? (Haz una pregunta original.)
4. En el futuro, ¿esperas trabajar para una empresa o tener tu propio *(your own)* negocio? Para ti, ¿cuál es el trabajo ideal? (Haz una pregunta original.)
5. ¿Hasta qué edad *(age)* piensas trabajar? ¿Qué te gustaría hacer de viejo(a)? (Haz una pregunta original.)

In this *Paso* you will practice:

▶ Talking about past actions and events

▶ Describing what you did yesterday

Grammar:

▶ Preterite of regular **-ar**, **-er**, and **-ir** verbs

▶ Spelling-changing verbs in the preterite

▶ Stem-changing verbs in the preterite

These verbs are conjugated in the **preterite,** which is used to refer to past actions, such as what you did yesterday.

Notice that an infinitive is used after **después de** and **antes de.**

Cómo hablar del pasado *(Talking about the past)*

CD2
Track 2-23

¿Qué hiciste ayer?

Primero, me levanté y me vestí.

Después de desayunar, asistí a clases.

Luego, volví a casa y almorcé con mi familia.

Entonces, estudié para mi examen de 3 a 5.

Más tarde salí con mis amigos. Fuimos a un club para bailar.

Antes de acostarme, miré la tele por un rato.

© Cengage Learning

Ponerlo a prueba

CD2
ack 2-24

5-14 El primer día de clase de Pedro. Pedro es un estudiante internacional en la Universidad de Belgrano, en Buenos Aires. Después de su primer día de clase, llama a su madre. Escucha la conversación y contesta las preguntas.

___ 1. ¿A qué hora se levantó Pedro?
    a. a las siete
    b. a las siete y media
    c. a las ocho

___ 2. ¿A qué hora empezó su primera clase?
    a. a las nueve
    b. a las diez
    c. a las once

___ 3. ¿Por qué le gustó la clase de literatura?
    a. La clase es pequeña.
    b. El profesor es muy dinámico.
    c. Los exámenes son justos.

___ 4. Después de clases, ¿adónde fue *(where did he go)* con unos compañeros?
    a. a un café
    b. a la biblioteca
    c. a un partido de fútbol

___ 5. ¿Cuándo estudió Pedro?
    a. antes de reunirse con amigos
    b. entre las siete y las nueve de la noche
    c. después de la cena

5-15 El horario de Fátima. Fátima es una profesional muy ocupada. Lee la descripción de sus actividades de ayer. Luego, usa los números del 1 al 8 para poner sus actividades en la secuencia correcta.

___ a. Antes de llegar a la oficina, desayuné en un café.

___ b. Llegué a casa a las seis y media de la tarde.

___ c. Antes de irme a casa, fui al gimnasio y corrí por treinta minutos.

___ d. Me levanté a las seis de la mañana y me duché.

___ e. Hablé con varios clientes por la tarde.

___ f. Por la mañana, contesté todos mis mensajes electrónicos.

___ g. Luego, almorcé con mis colegas.

___ h. Después, me vestí y salí para la oficina.

5-16 Ayer. Con un(a) compañero(a), sustituye la información subrayada *(underlined)* en las oraciones para describir tus actividades de ayer. ¿Cuál de Uds. tuvo el día más ajetreado? (**¡Ojo!** *If there were no classes yesterday, refer to the last day you both had classes.*)

1. Ayer me levanté a <u>las siete y media de la mañana</u>. Y tú, ¿a qué hora te levantaste?
2. Salí de mi casa/residencia a las <u>nueve menos cuarto</u>. Y tú, ¿a qué hora saliste?
3. Asistí a <u>dos</u> clases: <u>inglés y biología</u>. Y tú, ¿a cuántas clases asististe?
4. Estudié por <u>tres</u> horas. Y tú, ¿por cuánto tiempo estudiaste?
5. No volví a casa/a la residencia hasta <u>las siete de la noche</u>. Y tú, ¿a qué hora volviste a casa/a la residencia?

Gramática

🔊
CD2
Track 2-25

El pretérito de los verbos regulares y de los verbos con cambios ortográficos

Read and listen to the conversation between Amanda and Raquel. Identify all the verbs that refer to the past. What infinitive corresponds to each of these verbs?

AMANDA: ¿Saliste con tus compañeros de clase anoche *(last night)*?

RAQUEL: Sí. Fuimos a un restaurante tailandés para celebrar el fin del curso.

AMANDA: ¡Qué bien! ¿Dónde comieron Uds.? ¿ En el Thai Lotus?

RAQUEL: Sí, la comida es súper rica allí. Y después de comer, cantamos karaoke. Y tú, Amanda, ¿qué hiciste?

AMANDA: Pasé la noche en la biblioteca. Tengo un examen esta tarde, ¿sabes?

A. El pretérito. In Spanish, two kinds of verb forms are used to refer to the past—the preterite and the imperfect. In this section you will learn more about one of these: **el pretérito.** The preterite is used to tell what happened or what somebody did with reference to a particular point in time, such as yesterday or last week.

> **Salí** con unos compañeros de clase anoche.
> *I went out with some classmates last night.*

B. Verbos regulares. Here are the verb endings for the preterite. Notice that -**er** and -**ir** verbs share the same set of endings.

El pretérito de los verbos regulares

	tomar *(to take)*	**volver** *(to return)*	**salir** *(to leave, go out)*
yo	tomé	volví	salí
tú	tomaste	volviste	saliste
Ud./él/ella	tomó	volvió	salió
nosotros(as)	tomamos	volvimos	salimos
vosotros(as)	tomasteis	volvisteis	salisteis
Uds./ellos/ellas	tomaron	volvieron	salieron

▶ Remember that reflexive verbs must be accompanied by a reflexive pronoun.

Me desperté a las siete hoy.   *I woke up at seven o'clock today.*

▶ The verb **gustar** generally uses only two forms in the preterite: **gustó,** with infinitives and singular nouns, and **gustaron,** with plural nouns.

Me **gustó** mucho el concierto.
I liked the concert a lot. (The concert was pleasing to me.)

No me **gustaron** esas dos películas.
I didn't like those two films. (Those two films were not pleasing to me.)

C. Los verbos con cambios ortográficos. There are two main categories of spelling-changing verbs (**verbos con cambios ortográficos**).

1. Infinitives that end in **-car, -gar,** or **-zar** change spelling only when the subject is **yo.**

   ▶ Verbs that end in **-car** (like **tocar, buscar,** and **sacar**) change **c → qu.**
   to**car** (*to play an instrument*): yo to**qué** (tocaste, tocó, tocamos, tocasteis, tocaron)

   ▶ Verbs that end in **-gar** (like **llegar, jugar,** and **pagar**) change **g → gu.**
   lle**gar** (*to arrive*): yo lle**gué** (llegaste, llegó, llegamos, llegasteis, llegaron)

   ▶ Verbs that end in **-zar** (like **empezar** or **almorzar**) change **z → c.**
   empe**zar** (*to begin*): yo empe**cé** (empezaste, empezó, empezamos, empezasteis, empezaron)

2. Infinitives that end in "vowel + **-er / -ir**" have spelling changes only when the subject is **Ud./él/ella** or **Uds./ellos/ellas.**

   ▶ Verbs that end in "vowel + **-er/-ir**" (like **leer, creer,** and **caerse**) change **i → y.**
   leer (*to read*): leí, leíste, leyó, leímos, leísteis, leyeron

Ponerlo a prueba

5-17 El fin de semana pasado. ¿Qué hicieron todos el fin de semana pasado? Escoge el verbo correcto para cada oración.

1. El viernes (yo) fui al cine. (Miré / Miró) una película cómica y después (comí / comió) una pizza.
2. El sábado mis amigos y yo (jugaron / jugamos) al básquetbol por unas horas. Luego, (nosotros) (volvimos / volvieron) a la residencia para estudiar.
3. Mi amiga Katrina (estudiaste / estudió) mucho el domingo para un examen. Después, (corriste / corrió) un poco para despejar la mente (*to clear her head*).
4. Mis compañeros de cuarto Carlos y Jaime (decidimos / decidieron) salir de la ciudad. (Pasaron / Pasamos) todo el fin de semana en la playa.
5. Y tú, ¿(trabajaste / trabajó) mucho este fin de semana? ¿(Saliste / Salió) con amigos?

5-18 El primer día de clases de Gabriel. Usa el pretérito de los verbos para describir el primer día de clases de Gabriel. Escoge el verbo más lógico en cada caso; escríbelo en el pretérito.

MODELO   Este semestre (empezar / sacar) <u>empezó</u> mal para mí.

1. El primer día de clases, el despertador (*alarm clock*) no (sonar / comer) _____.
2. Por eso (*That's why*) (yo) (levantarse / afeitarse) _____ muy tarde.
3. Después de vestirme rápidamente, (yo) (jugar / correr) _____ a mi primera clase.
4. Desafortunadamente, (yo) no (volver / llegar) _____ a clase a tiempo. ¡No había nadie (*nobody*) en la sala!
5. Más tarde, mis amigos y yo (leer / almorzar) _____ en la cafetería.
6. Después de comer, (yo) (empezar / creer) _____ a sentirme (*to feel*) mal.
7. Entonces, mis amigos y yo (asistir / volver) _____ a nuestra residencia.
8. Ellos (jugar / mirar) _____ videojuegos y (leer / creer) _____ sus mensajes electrónicos.
9. Pero yo (leer / acostarse) _____ inmediatamente y dormí el resto del día.

5-19 ¿Qué hizo la familia Martínez ayer? Describe las actividades de los miembros de la familia Martínez con oraciones completas. Hay que usar el pretérito y escribir tres o cuatro oraciones para cada dibujo.

Algunos verbos útiles: asistir, beber, comer, escribir, escuchar, estudiar, explicar, hablar, jugar, mirar, nadar, tomar, trabajar, ver

don Arturo

MODELO Ayer don Arturo trabajó en su oficina. Habló con sus clientes por teléfono. También, estudió algunas estadísticas para el banco en su computadora.

1.

Elisa y Tía Felicia

2.

Beatriz

3.

Dulce y sus compañeros de clase

4.

Carlos y sus amigos

 5-20 ¿Qué pasó ayer? Conversa con un(a) compañero(a) sobre sus actividades de ayer.

PRIMERA PARTE: Entrevista a un(a) compañero(a) con las siguientes preguntas. Toma apuntes *(notes)*. (**¡Ojo!** *If yesterday was not a class day, refer back to the last day you both attended class.*)

1. ¿A cuántas clases asististe ayer?

2. ¿Tomaste un examen o una prueba *(quiz)*? ¿En qué clase?

3. ¿Estudiaste mucho? ¿Para qué clases?

4. ¿Limpiaste tu cuarto? ¿Lavaste la ropa?

5. ¿Saliste con tus amigos? ¿Qué hicieron Uds.?

6. ¿Jugaste algún deporte? ¿Miraste televisión o una película?

7. ¿Pasó algo especial? *(Did anything special happen?)* ¿Algo malo?

8. (Haz una pregunta original. / *Ask an original question.*)

SEGUNDA PARTE: Lee los apuntes. ¿Cómo fue el día de tu compañero(a) en comparación con el tuyo? Marca todos los adjetivos aplicables.

☐ ajetreado ☐ bueno ☐ rutinario ☐ triste

☐ aburrido ☐ divertido ☐ activo ☐ difícil

Gramática

Heinle Grammar Tutorial: The preterite tense

Los usos del pretérito y los verbos con cambios en la raíz

Listen and read as Isabel describes a party she attended. Identify the following: the word that tells you **when** the party took place; the phrase that expresses **how long** everyone danced; another phrase that tells you **how many times** Paul asked her to dance.

Fui a una fiesta fenomenal anoche. Era una fiesta formal para celebrar el cumpleaños de Sarita y todos **nos vestimos** elegantemente. La fiesta **empezó** a las siete y media. Primero, los padres de Sarita **sirvieron** unos platos deliciosos. Después, la orquesta **empezó** a tocar. ¡Mi amigo Paul me **invitó** a bailar cuatro veces! Todos los invitados **bailaron** por horas y **se divirtieron** muchísimo.

A. Los usos del pretérito. In Spanish, both the preterite and the imperfect are used to talk about the past. You will learn more about the imperfect in Chapter 7. Here are the main uses of the preterite.

▶ To tell what happened or what somebody did on some particular occasion such as **ayer, anoche** *(last night)*, **la semana pasada** *(last week)*, **el año pasado, en 2011.** To say how long ago, use the phrase **hace** + *amount of time.*

Mis padres me **visitaron hace dos meses.**
*My parents **visited** me **two weeks ago.***

▶ To say that an action or event occurred several times: **una vez** *(one time, once)*, **dos veces, varias veces** *(several times)*.

Mi mejor amiga me **llamó dos veces** anoche.
*My best friend **called** me **twice** last night.*

▶ To tell how long an action or event lasted: **por veinte minutos, por dos días, por cuatro años,** etc.

Mi compañero de cuarto y yo **estudiamos por tres horas** anoche.
*My roommate and I **studied for three hours** last night.*

▶ To sum up an experience, especially at the beginning or end of a story or anecdote.

Ayer **fue** un día horrible. Primero, me desperté tarde, después…
*Yesterday **was** a terrible day. First, I woke up late; then…*

B. Los verbos con cambios en la raíz. Some verbs undergo changes in the stem (the front part of the verb) when they are conjugated in the preterite.

▶ This change takes place only with certain **-ir** verbs.

▶ There are two kinds of stem changes: **e → i** and **o → u.**

▶ The stem change occurs only in these forms: **Ud./él/ella** and **Uds./ellos/ellas.**

Los verbos con cambios en la raíz en el pretérito

	e → i **divertirse** (to have fun)	o → u **dormir** (to sleep)
yo	me divertí	dormí
tú	te divertiste	dormiste
Ud./él/ella	se divirtió	durmió
nosotros(as)	nos divertimos	dormimos
vosotros(as)	os divertisteis	dormisteis
Uds./ellos/ellas	se divirtieron	durmieron

Common stem-changing verbs

e → i

conseguir (to get, to obtain)	Paco consiguió boletos para el concierto.
divertirse (to have fun)	Todos se divirtieron en la excursión.
pedir (to ask for, to order)	Marta pidió camarones en el restaurante.
repetir (to repeat)	Los estudiantes repitieron el vocabulario.
servir (to serve)	Mi hermana sirvió un postre delicioso anoche.
vestirse (to get dressed)	Elena se vistió muy elegantemente para su cita.

o → u

dormir (to sleep)	Mi compañero de cuarto durmió todo el día.
morir (to die)	Mi perro murió el año pasado.

Ponerlo a prueba

5-21 Una semana desastrosa. Rubén tuvo una semana horrible. Lee las descripciones de lo que pasó. Luego, indica por qué se usa el pretérito en cada caso; escribe la letra (**a, b, c, d**) que corresponda.

a. to express what happened on a particular occasion

b. to say how long an action/event lasted

c. to tell how many times an action took place

d. to sum up the experience

___ 1. Esta semana fue (was) una de las peores de mi vida.

___ 2. El lunes tomé un examen muy difícil en la clase de química. Creo que saqué C o D.

___ 3. El martes, ¡me robaron (they stole) el coche! La policía no tiene pistas (clues) y yo no tengo seguro (insurance).

___ 4. El miércoles esperé a mi novia en la cafetería por dos horas y ella nunca se presentó.

___ 5. El jueves llamé a mi novia por teléfono cinco veces pero ella no contestó. No sé qué pasa con ella.

___ 6. El viernes llegué al trabajo tarde (¡Es difícil llegar a tiempo sin coche!) y el supervisor me despidió (fired me).

5-22 El fin de semana de Milagros. Usa la información a continuación para describir las actividades de Milagros y sus amigos. Escoge el verbo más lógico entre paréntesis y escríbelo en el pretérito.

1. El fin de semana pasado Milagros y sus amigos (vestirse / divertirse) _____ mucho.

2. El viernes por la noche, fueron a un restaurante con especialidades argentinas. Milagros (servir / pedir) _____ churrasco (*Argentine barbecued beef*). ¡Estaba muy rico!

3. El sábado Ricardo invitó a Milagros a una fiesta. Ella (vestirse / conseguir) _____ muy elegantemente para su cita (*date*) porque quería impresionar a Ricardo.

4. Milagros y Ricardo bailaron toda la noche en la fiesta, y ella llegó a casa a las tres de la madrugada. El domingo ella (dormir / pedir) _____ hasta el mediodía.

5. El domingo por la tarde Milagros y sus amigos (divertirse / conseguir) _____ boletos para un concierto. Después, salieron a comer pizza. ¡Qué fin de semana más divertido!

5-23 ¡Hace mucho tiempo! ¿Cuánto tiempo hace (*How long ago*) hiciste estas cosas? Completa la oración con el verbo en el préterito y con una expresión con **hace**. Compara tus respuestas con las de un(a) compañero(a).

> MODELO
> Yo (aprender) **aprendí** qué diferencia hay entre niños y niñas **hace 15 años**. ¿Y tú?

1. Yo (conseguir) mi licencia para conducir…

2. Yo (conocer) a mi mejor amigo(a)…

3. Yo (empezar) a estudiar español…

4. Yo (graduarse) de la escuela secundaria…

5. Yo (conseguir) mi primer trabajo…

6. Yo (aprender) a usar computadoras…

5-24 ¿Cuándo? Habla con un(a) compañero(a) de clase sobre los temas y comparen las respuestas. ¿Cuándo fue la última vez que hicieron estas cosas? (*When was the last time that you did these things?*)

> MODELO
> Tú: ¿Cuándo tomaste un examen difícil?
> Tu COMPAÑERO(A): Tomé un examen difícil en la clase de historia **la semana pasada.** ¿Y tú?
> Tú: Tomé un examen difícil en la clase de psicología **ayer.**

EXPRESIONES ÚTILES: **ayer, la semana pasada, el fin de semana pasado, el mes pasado, el año pasado, hace** + *amount of time*

1. ¿Cuándo te levantaste tarde para ir a clase?

2. ¿Cuándo sacaste una buena nota en un examen?

3. ¿Cuándo dormiste hasta la una de la tarde?

4. ¿Cuándo te vestiste elegantemente para un evento social?

5. ¿Cuándo pediste un postre exquisito en un restaurante?

6. ¿Cuándo te divertiste mucho con tus hermanos o con tus padres?

Vocabulario temático

Cómo hablar de las excursiones académicas

CD2
Track 2-27

El semestre pasado mi clase de *ciencias marinas* hizo una excursión *al centro acuático de la universidad.*

El director del centro hizo una presentación sobre *los delfines,* y todos tomamos apuntes.

Luego, tuvimos que *recolectar datos* para nuestros proyectos.

Más tarde, fuimos *al observatorio del centro.*

Pudimos observar *varios animales acuáticos.*

5-25 El viaje al acuario. La clase de ciencias marinas hizo una excursión a la costa. Escucha la conversación y completa las oraciones.

_____ 1. Virginia y sus amigos fueron al acuario porque…
   a. les dieron unos boletos gratis.
   b. tenían que *(had to)* hacer unos experimentos.
   c. recibieron crédito extra.

_____ 2. En el acuario, el director…
   a. les dio una charla *(talk)* personal a Virginia y a sus amigos.
   b. llevó a Virginia y a sus amigos al observatorio.
   c. ayudó a Virginia y a sus amigos a recolectar datos.

_____ 3. Virginia y sus amigos tuvieron que…
   a. tomar fotografías de los animales acuáticos.
   b. entregar *(turn in)* un informe escrito.
   c. hacer unos experimentos con los animales acuáticos.

_____ 4. Durante la visita al acuario, los amigos vieron…
   a. tiburones *(sharks)*.   b. delfines.   c. plantas acuáticas.

_____ 5. Antes de regresar a la universidad, Virginia y sus amigos fueron a…
   a. nadar en el mar.   b. comer en un restaurante.   c. pasear por la playa.

5-26 La excursión al Museo de Arte. Completa la información sobre la visita al Museo de Arte Moderno de una manera lógica. Relaciona las dos columnas.

_____ 1. La semana pasada, nuestro profesor nos llevó al Museo de Arte…

a. tomamos apuntes sobre las obras *(works of art)*.

_____ 2. Luego, la directora del museo nos saludó y…

b. para ver la nueva exposición de Xul Solar.

c. conversar sobre las obras y los artistas.

_____ 3. Más tarde, vimos las exposiciones y…

d. volvimos a la universidad.

_____ 4. Después, fuimos al café para …

e. nos hizo una presentación sobre el artista.

_____ 5. Por último, salimos del museo y…

5-27 Una excursión. Piensa en una excursión académica que hiciste en la universidad o en la escuela secundaria. Completa las oraciones con información sobre esa excursión y léeselas *(read them)* a un(a) compañero(a) de clase. Tu compañero(a) debe hacerte dos o tres preguntas sobre la excursión.

1. Una vez, hice una excursión académica a ____.
2. Durante la excursión, mis compañeros y yo escuchamos una presentación sobre ____.
3. También, pudimos observar ____.

5-28 Es académico. Conversa con un(a) compañero(a) sobre los temas a continuación.

1. ¿Te gusta hacer excursiones académicas? ¿Cuáles son las excursiones más populares de tu universidad? ¿Vas a hacer alguna excursión académica este semestre? ¿En qué clase? ¿Adónde vas?
2. ¿En qué clases tienes que recolectar datos para experimentos o proyectos? ¿Te gusta hacer este tipo de investigación *(research)*? ¿Es difícil?
3. ¿En qué clases tienes que hacer presentaciones? ¿Usas PowerPoint para tus presentaciones o prefieres otra manera de presentar el material? Cuando escuchas presentaciones, ¿tomas muchos apuntes o prefieres concentrarte en el presentador?

Gramática

El pretérito de los verbos irregulares

CD2
Track 2-29

Read and listen to this description of a class experiment. What infinitive corresponds to each of the verbs in boldface?

Mi clase de psicología **hizo** un experimento interesante. **Tuvimos** que observar a niños interactuando con gatos y perros. El experimento **duró** dos semanas y **fue** muy laborioso. Pero al final, **pudimos** comprobar *(verify)* nuestra tesis. ¡Qué experiencia más fascinante!

A. Los verbos irregulares. The preterite aspect of the past tense has many irregular verbs. To help you memorize them, the verbs are grouped according to patterns they share. Note that accent marks are not used with any of the irregular verbs in the preterite.

IR / SER / DAR / VER: **Ser** and **ir** have identical forms, while **dar** and **ver** rhyme.

Irregular Preterite Verbs

	ir *(to go)*	**ser** *(to be)*	**dar** *(to give)*	**ver** *(to see)*
yo	fui	fui	di	vi
tú	fuiste	fuiste	diste	viste
Ud./él/ella	fue	fue	dio	vio
nosotros(as)	fuimos	fuimos	dimos	vimos
vosotros(as)	fuisteis	fuisteis	disteis	visteis
Uds./ellos/ellas	fueron	fueron	dieron	vieron

B. Más verbos irregulares. All the verbs in this section share the same set of endings.

Irregular Preterite Verb Endings: Group 1

yo	-e
tú	-iste
Ud./él/ella	-o
nosotros(as)	-imos
vosotros(as)	-isteis
Uds./ellos/ellas	-ieron

"U-STEM" VERBS: ESTAR / PODER / PONER / SABER / TENER. These verbs all have the letter **u** in the stem (front part) of the verb.

estar *(was / were)*	**poder** *(was/ were able to; managed to)*	**poner** *(put, placed)*	**saber** *(knew, found out)*	**tener** *(had, had to, got)*
estuve	pude	puse	supe	tuve
estuviste	pudiste	pusiste	supiste	tuviste
estuvo	pudo	puso	supo	tuvo
estuvimos	pudimos	pusimos	supimos	tuvimos
estuvisteis	pudisteis	pusisteis	supisteis	tuvisteis
estuvieron	pudieron	pusieron	supieron	tuvieron

"I-STEM" VERBS: HACER / QUERER / VENIR. These verbs have the vowel **i** in the stem (front part of the verb) and use the same endings as the **u** verbs.

hacer *(made, did)*	querer *(wanted, tried to)*	venir *(came)*
hice	quise	vine
hiciste	quisiste	viniste
hizo	quiso	vino
hicimos	quisimos	vinimos
hicisteis	quisisteis	vinisteis
hicieron	quisieron	vinieron

C. Otros verbos irregulares. The verbs in this second grouping all share the same set of endings. In fact, the endings are nearly the same as those for the first grouping. The only difference is for the subjects **Uds./ellos/ellas.**

Irregular Preterite Verb Endings: Group 2

yo	**-e**
tú	**-iste**
Ud./él/ella	**-o**
nosotros(as)	**-imos**
vosotros(as)	**-isteis**
Uds./ellos/ellas	**-eron**

"J-STEM" VERBS: CONDUCIR / DECIR / TRAER. All these verbs have a **j** in the stem and use the endings above.

conducir *(drove)*	decir *(said, told)*	traer *(brought)*
conduje	dije	traje
condujiste	dijiste	trajiste
condujo	dijo	trajo
condujimos	dijimos	trajimos
condujisteis	dijisteis	trajisteis
condujeron	dijeron	trajeron

D. Verbos especiales. Some verbs have different translations when they are used in the preterite. Here are some of the common ones. Notice in parentheses the two translations: first, for the present tense; then, for the preterite.

conocer *(to know – "met")*	Anoche **conocí** a mis futuros suegros. *Last night I **met** my future in-laws.*
saber *(to know – "found out")*	**Supe** la mala noticia ayer. *I **found out** the bad news yesterday.*
poder *(to be able – "managed to")*	**Pudimos** recolectar los datos, a pesar de las dificultades. *We **managed to** collect the data, despite the difficulties.*
querer *(to want – "tried")*	Carmen **quiso** ir, pero nevaba demasiado. *Carmen **tried** to go, but it was snowing too hard.*
no querer *(to not want – "refused")*	**No quise** ir a la fiesta. *I **refused** to go to the party.*

5-29 En el recinto universitario. Tomás y Lucy están en Buenos Aires para estudiar por un año. Completa su conversación en el pretérito.

TOMÁS: ¿Adónde (1. tú: ir) _____ el fin de semana pasado? (2. yo: pasar) _____ por tu casa varias veces, pero no estabas.

LUCY: El sábado mis compañeros y yo (3. hacer) _____ una excursión al barrio *(neighborhood)* de Palermo.

TOMÁS: ¡Qué suerte! ¿Qué (4. ver) _____ Uds. allí?

LUCY: Primero (5. nosotros: visitar) _____ el Museo de Arte Latinoamericano. La directora (6. dar) _____ una conferencia maravillosa sobre la vanguardia artística.

TOMÁS: ¿(7. ir) _____ Uds. al Planetario Galileo Galilei? Creo que está cerca del museo.

LUCY: Sí, efectivamente. (8. nosotros: poder) _____ observar una roca lunar que la misión Apolo XI (9. traer) _____ a la Tierra *(Earth)* para el planetario.

TOMÁS: Bueno, ¿y el domingo? ¿Qué (10. tú: hacer) _____ ?

LUCY: (11. yo: tener) _____ que recolectar datos para mi clase de genética. (12. yo: estar) _____ en el laboratorio todo el día. Más tarde (13. nosotros: dar) _____ un paseo *(took a walk)* por los Bosques de Palermo, un parque muy bonito en esa zona.

5-30 La noche del estudiante. ¿Qué hizo Lucy el jueves por la noche? Completa las oraciones con el verbo más lógico de la lista. Escribe la forma correcta de los verbos en el pretérito.

divertirse	poner	ser	traer
poder	querer	tener	venir

1. El jueves por la noche (yo) _____ mucho.
2. Unos amigos _____ a mi apartamento para una pequeña fiesta.
3. Mis amigos José y Rebeca _____ una pizza.
4. Después de comer, (nosotros) _____ música para bailar.
5. ¡ _____ una noche fabulosa!
6. Por desgracia, mi amigo Tomás no _____ venir porque _____ que ayudar a su profesor con un experimento.

5-31 Por el campus. Un(a) compañero(a) y tú van a entrevistarse sobre varias de sus actividades. Contesten las preguntas oralmente con oraciones completas.

1. ¿Estuviste muy ocupado(a) ayer con tus actividades? ¿Pudiste hacer todas las cosas en tu agenda ayer? ¿Qué tareas *(tasks)* no hiciste? (Haz una pregunta original.)
2. ¿Quién te dio una noticia interesante esta semana? ¿Qué te dijo? (Haz una pregunta original.)
3. ¿Hiciste una presentación en alguna clase recientemente *(recently)*? ¿Sobre qué hablaste? ¿Sacaste una buena nota? (Haz una pregunta original.)
4. ¿Hiciste una excursión en alguna de tus clases el año pasado? ¿Adónde fueron Uds.? ¿Qué vieron Uds. allí? ¿Qué aspecto de la excursión te gustó más? (Haz una pregunta original.)

Visit the official site of this planetarium at http://www.planetario.gov.ar

Gramática

CD1
Track 2-30

El presente, el pasado y el futuro: resumen

Read and listen to Carmen and Silvia as they talk about classes. Look carefully at each verb or verb phrase in boldface print. Indicate whether the sentence it is in refers to the past (P), the present (PR), or the future (F).

CARMEN: Oye, Silvia, ¿qué **vas a hacer** este fin de semana?

SILVIA: **¡Voy a estudiar!** La próxima semana **va a ser** muy ajetreada.

CARMEN: Chica, prácticamente **vives** en la biblioteca.

SILVIA: Sí, **es** cierto. Pero, ¿**sabes**?, **me gusta** estudiar. Mis clases **son** muy interesantes y **me encantan** mis profesores.

CARMEN: ¿Y el profesor Suárez?

SILVIA: Bueno, él sí **es** quisquilloso. La semana pasada nos **dio** un examen sobre la época medieval y **fue** dificilísimo.

A. Los tres tiempos. In both English and Spanish, everyday conversations generally revolve around three time frames: the past, the present, and the future.

Future:

—¿Qué **vas a hacer** este fin de semana? / *What **are you going to do** this weekend?*

—**Voy a estudiar.** / *I'm going to study.*

Present:

—Prácticamente **vives** en la biblioteca. / *You practically **live** in the library.*

—Sí… pero **me gustan** mis clases. / *Yes . . . but I **like** my classes.*

Past:

La semana pasada el profesor nos **dio** un examen difícil. / *Last week the professor **gave** us a difficult test.*

B. El futuro. Although Spanish does have a formal future tense, it is common to refer to the future time frame with the verb phrase **ir + a + infinitive**. Notice that the verb **ir** is conjugated in the present tense, but refers to the future.

▸ Future actions or plans → **ir + a** + infinitive

Voy a estudiar el próximo fin de semana. / *I'm going to study next weekend.*

▸ To refer to the future, use time expressions such as **mañana, el próximo martes, la próxima semana, el próximo año.**

▸ Other verbs that refer to future plans:

esperar + infinitive *(to hope to . . .)* / **Espero trabajar** en un banco después de graduarme.

pensar + infinitive *(to plan to . . .)* / **Pienso vivir** en un apartamento el próximo año.

C. El presente. Most conversations about the present time frame refer to our routines or ongoing actions:

▸ Routines or ongoing actions/events → Present tense

Todos los días **estudio** por dos o tres horas. / *I **study** for two or three hours every day.*

▸ To refer to routine actions, use expressions of frequency such as **todos los días, generalmente, normalmente, a menudo, a veces.**

D. El pasado. Conversations about the past are expressed with a variety of verb tenses. Throughout *Puentes,* you will practice two key ones: the imperfect (in Chapter 7) and the preterite (in this chapter).

▶ An action/event that took place on a particular occasion → Preterite

Ayer **hicimos** una excursión al planetario.	*Yesterday we **took** a field trip to the planetarium.*

▶ A series of past actions → Preterite

Primero, el director **hizo** una presentación.	*First, the director **gave** a presentation.*
Luego, **pasamos** al observatorio.	*Next, we **moved on** to the observatory.*

▶ An action/event that lasted a specified period of time → Preterite

Estuvimos en el planetario por cuatro horas.	*We **were** in the planetarium for four hours.*

▶ To refer to specific occasions in the past, add expressions such as **ayer, la semana pasada, el año pasado, hace cinco años** (*five years ago*).

▶ To specify the order in which actions/events took place, add phrases like **primero, luego, antes de** + infinitive, **después de** + infinitive, **más tarde, por último.**

Ponerlo a prueba

5-32 El día de Martika. ¿Cómo fue el día de Martika? Escribe los verbos en la forma más adecuada. Conjuga los verbos en el presente o en el pretérito; para expresar acciones en el futuro, usa la expresión **ir + a + infinitivo.**

(1. yo: sentirse) _____ muy frustrada hoy. Ayer (2. yo: estudiar) _____ mucho para el examen de fisiología, pero (3. yo: sacar) _____ una mala nota. ¡Ahora no (4. yo: saber) _____ qué hacer! El profesor (5. ser) _____ muy desorganizado. Me (6. gustar) _____ el material, pero (7. ser) _____ dificilísimo. Bueno, (8. yo: hablar) _____ con el profesor la próxima semana y a pedirle crédito extra.

Por otro lado (*On the other hand*), mi novio me (9. dar) _____ una noticia muy buena esta mañana: la multinacional Klas dice que le (10. ofrecer) _____ un puesto (*job*) en Buenos Aires. Lo va a llamar mañana.

5-33 Mi graduación. Con un(a) compañero(a), conversa sobre la graduación de la escuela secundaria. ¿Tuvieron Uds. experiencias muy parecidas *(similar)*?

1. ¿Cuándo te graduaste de la escuela secundaria?
2. ¿Participaste en una ceremonia formal?
3. ¿Tuviste una fiesta para celebrar? ¿Cuántas personas asistieron?
4. ¿Hiciste un viaje con tus compañeros de clase? ¿Adónde fueron Uds.?
5. ¿Qué regalos recibiste? ¿Cuál te gustó más?
6. ¿Cómo pasaste el verano *(summer)* después de tu graduación?

5-34 Pasado, presente, futuro. ¿Cuáles son las actividades de Elena y sus amigos? Usa la información de la tabla para formar oraciones sobre un fin de semana típico (el presente), el fin de semana pasado (pretérito) y el próximo fin de semana (el futuro). Por ejemplo: **Generalmente los fines de semana mis amigos y yo vamos a los partidos de fútbol americano. El fin de semana pasado nosotros…**

	Generalmente los fines de semana	El fin de semana pasado	El próximo fin de semana
mis amigos y yo	Alhovik/Shutterstock.com	joingate/Shutterstock.com	Elnur/Shutterstock.com
yo	Kynata/Shutterstock.com	bikeriderlondon/Shutterstock	AlessandroZocc/Shutterstock.com
mis amigos Juan, David y Julia	Hfng/Shutterstock.com	Fedor Selivanov/Shutterstock	Jim Barber/Shutterstock

5-35 Una conversación. Con dos o tres compañeros(as), preparen una conversación y preséntenla a la clase.

SITUACIÓN: Tres (o cuatro) estudiantes se encuentran *(run into one another)* por el campus.

▶ Se saludan *(They greet one other)*.
▶ Hablan un poco sobre sus clases.
▶ Se preguntan *(They ask one other)* qué hicieron anoche.
▶ Hablan de sus planes para el próximo fin de semana.
▶ Se despiden *(They say good-bye)*.

¡Vamos a Argentina!

Nombre oficial: República Argentina

Capital: Buenos Aires

Población: 41 770 000 habitantes

Unidad monetaria: el peso

Economía: producción de ganado *(livestock)* y cereales, maquinaria *(machinery)* y equipo de transporte, petróleo, turismo

 www.cengagebrain.com

Las pampas —grandes llanuras de hierba *(grasslands)*— cubren el 20% del territorio argentino. Son el corazón *(heartland)* del país y la cuna *(birthplace)* del legendario gaucho *(cowboy)* y el famoso asado *(barbecue)*. Hoy, esta extensa región fértil produce cereales y es la principal zona ganadera *(cattle ranching)* de Argentina.

Go to the **Un paso más** section in the *Cuaderno de actividades* for additional reading, writing, review, listening, and pronunciation activities that correlate with this chapter.

Imágenes de Argentina

Mira el vídeo sobre Argentina y contesta las preguntas.

1. ¿Cuáles son algunos aspectos culturales por los cuales *(for which)* es conocida Argentina?
2. ¿Qué es la Plaza de Mayo? ¿Qué importancia tiene en la historia y en el presente?
3. ¿Por qué se le llama a Buenos Aires "el París de Sudamérica"?

More activities on Argentina are found in the **Un paso más** section of the *Cuaderno de actividades.*

La historia

Cristina Fernández de Kirchner (1953) es la primera mujer en ser elegida presidenta de Argentina. Antes de asumir este cargo en 2007, fue la primera dama *(first lady)* durante la presidencia de su esposo, Néstor Kirchner. Una de las primeras medidas *(measures)* de la nueva presidenta fue la creación del Ministerio de Ciencia, Tecnología e Innovación Productiva.

► Cristina Fernández de Kirchner es miembro del Partido Justicialista.

La educación

En Argentina, el 80% de estudiantes asisten a las universidades públicas. La más grande y más prestigiosa es la Universidad de Buenos Aires (UBA). En esta universidad no hay examen de admisión, pero todos los estudiantes de primer año tienen que tomar y aprobar el Ciclo Básico Común. El año académico empieza en marzo y consiste en dos cuatrimestres, o semestres de cuatro meses.

► La Universidad de Buenos Aires fue fundada en 1821. Hoy tiene más de 300 000 estudiantes.

La gastronomía

El mate es una infusión (similar al té) de agua y hojas *(leaves)* de la planta yerba mate. Tradicionalmente, se sirve en un recipiente *(container)* y se bebe con una bombilla *(silver straw)*.

► Beber mate es una actividad social entre amigos, familiares y compañeros de trabajo. Todos beben del mismo recipiente y así se forman estrechas *(close)* relaciones personales.

El mundo es un pañuelo

Lee la información sobre Argentina. Luego completa las siguientes comparaciones.

1. En Argentina, los *cowboys* se llaman _____ y viven en las llanuras conocidas como _____. En los Estados Unidos, el estado de _____ también se asocia con llanuras y *cowboys*.

2. La primera mujer presidenta elegida en Argentina es _____. En los Estados Unidos, la primera mujer presidenta va a ser elegida en el año _____.

3. Muchas personas en Argentina beben _____. En los Estados Unidos, muchas personas beben _____.

4. La universidad más prestigiosa de Argentina es _____. En los Estados Unidos, la universidad más prestigiosa es _____.

5. En Argentina, el año académico empieza en _____. En los Estados Unidos empieza en _____.

This is a pair activity for **Estudiante A** and **Estudiante B**.

If you are **Estudiante A**, use the information below.

If you are **Estudiante B**, turn now to Appendix A at the end of the book.

¡Vamos a hablar!

Estudiante A

Contexto: Tú (**Estudiante A**) y tu compañero(a) (**Estudiante B**) son investigadores privados. Una novia celosa (*jealous*) quiere que Uds. investiguen a Felipe Moreno, su novio. Tú entrevistaste a Felipe sobre sus actividades del viernes pasado. A continuación hay un resumen (*summary*) de tus apuntes. Tu compañero(a) siguió (*tailed*) a Felipe ese mismo (*same*) día. Tu tarea es encontrar discrepancias entre lo que Felipe te dijo y lo que tu compañero(a) lo vio hacer. Tomen turnos para describir las actividades de Felipe y hagan una lista de las actividades que no concuerdan (*don't match*).

Lunes

1. Por la mañana…

Se levantó temprano; corrió en el parque. Asistió a su clase de antropología de 8:00 a 9:15.

2. Luego…

Fue a su laboratorio de química. Estuvo allí de 9:30 a 11:30. Después, almorzó en la cafetería con su amigo Luis.

3. Por la tarde…

Tuvo que estudiar: Fue a la biblioteca y estudió por varias horas. No habló con nadie en la biblioteca. Volvió a su cuarto de la residencia y comió un sándwich.

4. Por la noche…

Fue a una discoteca a las 8:30. Habló con sus amigos Paco y Rosa. Volvió a casa a la 1:00.

¡Vamos a ver!

Episodio 5 • En la Hacienda Vista Alegre

Anticipación

A. Hablando se entiende la gente. ¿Qué profesión esperas practicar en el futuro? ¿En el futuro quieres hacer el mismo tipo de trabajo que tienen tus padres? Explica.

B. Expresiones. Completa el texto a continuación con las expresiones de la lista.

¡Qué gracioso! *How funny!*
broma *joke*
no estaba para bromas *was not in the mood for jokes*

maestría *master's degree*
bromistas *jokers*

> El otro día fui a mi escuela para recoger el diploma de mi (1) _____.
>
> La secretaria me dijo que no lo encontraba y que lo habían perdido *(they had lost it)*.
>
> Yo le dije que (2) _____ y que necesitaba el diploma para solicitar
>
> *(to apply for)* un trabajo. La secretaria me vio muy nervioso y me dijo que todo era una
>
> (3) _____. "Hoy es el Día de los Inocentes *(April Fool's Day)*. En esta
>
> facultad somos todos muy (4) _____." Yo le dije sarcásticamente:
>
> "(5) _____"

▶ Vamos a ver

C. De paseo por la Hacienda Vista Alegre. Mira el Episodio 5 del vídeo y completa el siguiente cuadro. Escribe la información que escuchas sobre los diferentes temas. **¡Ojo!** No todos los chicos hablan de todos los temas. Pon una **X** en el cuadro si no dan ninguna información.

	SOFÍA	JAVIER	ALEJANDRA	ANTONIO	VALERIA
Estudios:					
Gustos y preferencias:					
Planes:					

En acción

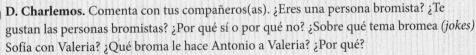

D. Charlemos. Comenta con tus compañeros(as). ¿Eres una persona bromista? ¿Te gustan las personas bromistas? ¿Por qué sí o por qué no? ¿Sobre qué tema bromea *(jokes)* Sofía con Valeria? ¿Qué broma le hace Antonio a Valeria? ¿Por qué?

E. 3, 2, 1 ¡Acción! Interpreten la siguiente situación en grupos de tres o cuatro estudiantes. Ustedes están todos juntos en el salón de la Hacienda Vista Alegre y se están conociendo *(getting to know each other)* un poco más. Están hablando sobre sus estudios, gustos, preferencias y planes que tienen para el futuro. Compartan sus ideas y opiniones.

> Practice the vocabulary and grammar that you learned in **Capítulo 5 (profesiones, asignaturas, hablar del futuro,** etc.).

¡Vamos a repasar!

A. Trabajo voluntario. ¿Te gustaría hacer trabajo voluntario en otro país? Lee el anuncio y contesta las preguntas. Comparte tus ideas con un(a) compañero(a).

Programa de Voluntariado C.E.I. en Córdoba, Argentina

¿Quiere perfeccionar su español? ¿Le interesa ayudar a la gente?
Nuestro programa ofrece la oportunidad de una completa inmersión cultural.

Requisitos para los aspirantes:
- Edad mínima: 18 años
- Nivel de español: Intermedio o avanzado

Duración del programa: Mínimo de 8 semanas y máximo de 6 meses.

Proyectos:
- Preservación de reservas naturales
- Trabajo con gente sin hogar
- Construcción de escuelas
- Enseñar inglés o computación a los niños

Existen más oportunidades, solamente tiene que informarnos
sobre qué le gustaría hacer. Escríbanos al info@cei.com

AP Photo/Pilar Capurro

1. (Me interesa / No me interesa) el programa de voluntariado C.E.I. porque ___.
   ¿Y a ti?
2. (Puedo / No puedo) participar en el programa porque ___. ¿Y tú?
3. Si *(If)* voy a Córdoba, Argentina, me gustaría estar allí por ___. ¿Y tú?
4. De los proyectos en el anuncio, me interesa más ___. ¿Y a ti?

B. Dos verdades y una mentira. Formen grupos pequeños de tres o cuatro estudiantes y jueguen a "Dos verdades y una mentira" *(Two truths and a lie)*. En cada vuelta *(each round of play)*, cada estudiante dice tres oraciones con los verbos en el pretérito: dos oraciones son verdaderas y una es mentira. Los compañeros tienen que decir cuál de las oraciones es mentira. ¿Quién de ustedes puede engañar *(trick)* al grupo?

MODELO		
	Tú:	Ayer yo… saqué una nota buena en física, comí en un restaurante chino y estudié en la biblioteca hasta la medianoche.
	Un(a) compañero(a):	No estudiaste en la biblioteca hasta la medianoche.
	Tú:	¡Ajá! Sí, estudié hasta la medianoche pero no comí en un restaurante chino.
	Otro(a) compañero(a):	Ayer yo…

- Primera vuelta: Ayer yo…
- Segunda vuelta: La semana pasada mis amigos y yo…
- Tercera vuelta: El mes pasado yo…

C. El nuevo estudiante. Santino es un nuevo estudiante en tu universidad. ¿Cómo contestas sus preguntas sobre las clases y la universidad?

1. Tengo que tomar una clase de inglés. ¿Me puedes recomendar un profesor organizado y dinámico?

2. ¿Qué clases de ciencias naturales debo tomar para completar el requisito (requirement)?

3. Soy bueno en matemáticas. ¿Cuáles son las mejores carreras para mí?

4. ¿Cuál es la mejor residencia del campus? Prefiero tener un cuarto individual.

D. ¡Sabelotodo! En equipos, jueguen a ¡Sabelotodo! Formen equipos de dos o tres personas. Otra persona es el (la) moderador(a).

- El equipo "A" escoge una pregunta (por ejemplo, **El pretérito por $200**).
- El (La) moderador(a) lee la pregunta en voz alta.
- Las personas del equipo A colaboran y una persona responde a la pregunta. Tienen 30 segundos para responder.
- El (La) moderador(a) decide si la respuesta es correcta.
- Si la respuesta **no** es correcta, el otro equipo puede contestar la pregunta y "robar" el dinero.

	Clases y opiniones	Profesiones y planes	En la universidad	El pretérito	Pasado, presente y futuro	Argentina
$50	¿Cómo se dice en español? *What's your major?*	¿Cómo se dice en español? *I'm not sure yet.*	¿Qué significa en inglés? Pienso graduarme a principios de mayo.	Conjuga los verbos en el pretérito: **trabajar; comer**	¿Se asocian estas palabras con el pasado, el presente o el futuro? **ayer; hace dos años; la próxima semana**	¿Cuál es la capital de Argentina?
$100	Completa la oración: A Paco __ ____ (encantar) el cálculo.	¿Qué significa en inglés? Me gustaría hacer estudios de postgrado.	¿Cómo se dice en español? *What time is your last class over?*	Conjuga los verbos en el pretérito: **ir; ser**	¿Cómo se dice en español? *last year; next year*	¿Cuál **no** es una base de la economía de Argentina? producción de cereales y ganado / equipo médico / turismo
$150	¿Qué significa en inglés? Mi profesora de química es muy exigente y quisquillosa.	Contesta la pregunta: ¿A qué te quieres dedicar?	Completa la oración con los equivalentes de *before / after*: ___ vestirme, me duché. ___ estudiar, me acosté.	¿Qué infinitivos corresponden a estas formas verbales? **hice; puse; supe; quise**	Completa las oraciones con el verbo **estudiar:** a. La semana pasada yo ___ física. b. Por lo general yo ___ dos horas todos los días.	¿Qué es el mate?
$200	Nombra cuatro clases de ciencias sociales.	Nombra tres profesiones directamente asociadas con la salud (health).	¿Qué infinitivos se usan en estas expresiones? ___ una excursión; ___ datos para los proyectos	Completa la oración con verbos lógicos en el pretérito: El profesor ___ una presentación y nosotros ___ apuntes.	¿Qué significa en inglés? Espero ir. / Pienso ir. / Quiero ir.	¿Quién es la primera mujer en ser elegida presidenta de Argentina?

Vocabulario

Sustantivos

el alojamiento *lodging*
los apuntes *notes*
la carrera *major (field of study)*
la compañía multinacional *multinational company*
la conferencia *lecture*
el curso *course, term (of study)*
los datos *facts*
la excursión *field trip*
el fin de semana *weekend*
el horario *schedule*
la investigación *research*
la madrugada *dawn, early morning*
la medianoche *midnight*
la nota *grade*
el observatorio *observatory*
el oficio *occupation, trade*
la presentación *presentation*
el proyecto *project*
el rato *while*
la teoría *theory*
el trabajo escrito *(academic) paper, report*
la vida marina *marine life*

Verbos

caerse *to fall down*
conseguir (i) *to get, obtain*
creer *to believe, think (opinion)*
encantar *to love (a thing or an activity)*
graduarse *to graduate*
hacer estudios de postgrado *to go to graduate school*
interesar *to be interested in, to interest*

recolectar *to collect*
sacar *to get a grade*
salir (bien/mal) *to do (well/poorly) [on a test]*
sentarse (ie) *to sit down*
tocar *to play (a musical instrument); to touch*

Otras palabras

demasiado(a) *too (much)*
desorganizado(a) *disorganized*
exigente *demanding*
fascinante *fascinating*
justo(a) *fair, equitable*
largo(a) *long*
mí mismo(a) *myself*
pesado(a) *tedious*
por la mañana *in the morning*
quisquilloso(a) *picky*
regular *average, so-so*
temprano *early*

Expresiones para indicar el tiempo

a finales de *at the end of (a month)*
a principios de *at the beginning of (a month)*
antes de *before (doing something)*
ayer *yesterday*
después *afterwards*
después de *after (doing something)*
el año pasado *last year*
el fin de semana pasado *last weekend*
el próximo año *next year*
entonces *then*
hace tres meses *three months ago*
la semana pasada *last week*
luego *then, next*

más tarde *later on*
por fin *finally*
primero *first*

Expresiones útiles

¿A qué te quieres dedicar? *What do you want to do for a living?*
¿Cómo te va en…? *How's it going for you in . . . ?*
¿Cuál es tu carrera? *What is your major?*
Espero trabajar para… *I hope to work for . . .*
Me interesa(n)… *I'm interested in . . . / . . . interests me.*
No estoy seguro(a) todavía. *I'm not sure yet. / I'm still not sure.*
Pienso ser… *I'm thinking about being a . . . , I'm planning on being a . . .*
¿Qué piensas de…? *What do you think about . . . ?*
¿Qué planes tienes para el futuro? *What are your plans for the future?*
Y tú, ¿qué piensas? *And you, what do you think?*

Study abroad: p. 156
Courses of study p. 158
Professions and occupations p. 165

For further review, please turn to **Vocabulario temático: español e inglés** at the back of the book.

Go to the ***Puentes*** website for extra vocabulary practice using the Flashcard program.

Appendices

¡Vamos a hablar! *Capítulo 1*

If you are **Estudiante A,** please turn to page 48.

If you are **Estudiante B,** use the information below.

Estudiante B

Contexto: In this activity, you **(Estudiante B)** and your partner will become better acquainted with two celebrities from Puerto Rico. Each one of you has a chart with partial information. By taking turns asking and answering questions, the two of you will share the information needed to complete the chart.

Your partner will begin by asking you a question about Daddy Yankee. Look at your chart and provide the answer.

> MODELO   ESTUDIANTE A: ¿Cuál es el nombre completo de Daddy Yankee?
>
> ESTUDIANTE B: Se llama…

Daddy Yankee

▸ **Nombre: Raymond Luis Ayala Rodríguez**

▸ **Fecha de nacimiento: 3 de febrero de 1977**

▸ **Lugar de nacimiento: San Juan, Puerto Rico**

▸ **Familia: Casado con Mirredys González. Tres hijos—Yamilet, Jeremy y Jesairis**

▸ **Profesión: Cantante de reggaetón, actor, empresario** *(entrepreneur).*

▸ **De interés: Es el mayor proponente del reggaetón: una fusión del reggae y rap, con influencias de salsa, bomba y otros ritmos latinos. Ganó un premio Billboard de la Música Latina en 2011 (dos mil once).**

Charles Sykes/AP Images

La India

Chris Gordon/WireImage/ Getty Images

▸ **Nombre completo:** _____

▸ **Edad (Age):** _____

▸ **Ciudad de origen:** _____

▸ **Familia: Nombre de su ex esposo** _____

       Número de hijos _____

▸ **Profesión:** _____

▸ **Información de interés:** _____
_____

If you are **Estudiante A**, please turn to page 80.

If you are **Estudiante B**, use the information below.

¡Vamos a hablar! *Capítulo 2*

Estudiante B

Contexto: Imagine that you (**Estudiante B**) and a friend are traveling together in Mexico. You are now in Puerto Vallarta and want to participate in an eco-tour in the area. Each of you has an advertisement for a different tour. Exchange information about the tours, and then decide together which one the two of you will take.

Your classmate will begin by asking: **¿Cuándo hay tours?** Look at your ad and provide the answer.

Vocabulary: **avistamiento de ballenas** *whale watching*

Eco-Discovery

Avistamiento de Ballenas y Tour de las Islas Marietas

¡La aventura de su vida!

En esta expedición Ud. puede observar la belleza y armonía de estos mamíferos marinos en su hábitat natural. También puede explorar las playas e islas en la Bahía de Banderas.

Tours:	De lunes a sábado; los tours salen a las 9:00 a.m.
Duración:	7 horas
Precio:	$150 USD ($165 con almuerzo)
Incluye:	Transporte, guías y tour
Llame hoy al:	2-97-79-15

Aventuras Tirolesa

► **Días disponibles** *(available)*: _____

► **Hora de salida:** _____

► **Duración:** _____

► **Precio:** _____

► **Teléfono (para las reservaciones):** _____

► **Aspectos interesantes:** _____

¡Vamos a hablar! *Capítulo 3*

If you are **Estudiante A,** please turn to page 122.

If you are **Estudiante B,** use the information below.

Estudiante B

Contexto: In this activity, you and your partner will try to find 10 differences between the drawings each of you has—without looking at the other person's picture! To do this, take turns describing in detail the scene on your page. Focus on the aspects listed below. Your partner will begin by describing Elena.

- ▸ the physical appearance of the two girls
- ▸ the room and furniture (including location and condition)
- ▸ the activities of each girl

If you are **Estudiante A**, please turn to page 150.

If you are **Estudiante B**, use the information below.

¡Vamos a hablar! *Capítulo* 4

Estudiante B

Contexto: Tu compañero(a) y tú van a completar un crucigrama. Tú tienes las pistas (the clues) para las palabras verticales. Tu compañero(a) las tiene para las palabras horizontales. Tomen turnos leyendo las pistas. Tu compañero(a) va a empezar.

MODELO

Tu COMPAÑERO(A): La pista para el número 1 horizontal es: "Trabaja en un restaurante."

Tú: ¿Es "camarero"?

Tu COMPAÑERO(A): ¡Sí! ¿Cuál es la pista para el número 1 vertical?

Vertical

1. Lo necesitas para comer la carne.
2. Sirves la hamburguesa en esto.
3. Una bebida de frutas.
4. Un producto lácteo, popular en la pizza y en los sándwiches.
5. Un postre típico de leche, huevos y vainilla.

9. Dos condimentos: ___ y sal.
12. (Inventa una pista original.)
13. (Inventa una pista original.)
15. (Inventa una pista original.)

¡Vamos a hablar! *Capítulo 5*

If you are **Estudiante A,** please turn to page 186.

If you are **Estudiante B,** use the information below.

Estudiante B

Contexto: Tú **(Estudiante B)** y tu compañero(a) **(Estudiante A)** son investigadores privados. Una novia celosa *(jealous)* quiere que Uds. investiguen a Felipe Moreno, su novio. Tu compañero(a) entrevistó a Felipe sobre sus actividades del viernes pasado, el mismo *(same)* día que tú lo seguiste *(tailed him)*. El dibujo representa lo que viste hacer a Felipe. Tu tarea es encontrar discrepancias entre lo que Felipe le dijo a tu compañero(a) y lo que tú viste que hizo. Tomen turnos describiendo las actividades de Felipe y hagan una lista de las actividades que no concuerdan *(don't match)*.

1. Por la mañana...

2. Luego...

3. Por la tarde...

4. Por la noche...

© Cengage Learning

If you are **Estudiante A**, please turn to page 216.

If you are **Estudiante B**, use the information below.

¡Vamos a hablar! *Capítulo 6*

Estudiante B

Contexto: Tú (**Estudiante B**) sabes la ropa que Marta lleva y tienes que descubrir lo que lleva Mario. Tu compañero(a) (**Estudiante A**) sabe la ropa que Mario lleva y tiene que descubrir lo que lleva Marta. Háganse preguntas *(Ask each other questions)* para saber qué ropa llevan Mario y Marta. Tu compañero(a) va a empezar con la primera pregunta: **¿Lleva Marta un vestido rosado?**

© Cengage Learning

¡Vamos a hablar! *Capítulo 7*

If you are **Estudiante A**, please turn to page 258.

If you are **Estudiante B**, use the information below.

Estudiante B

Contexto: Tú y tu compañero(a) van a hablar de dos películas. En la primera parte, tu compañero(a) (**Estudiante A**) va a leerte un resumen *(summary)* de una película, y tú (**Estudiante B**) tienes que completar las palabras que faltan *(missing words)*. Después ustedes van a hablar de la película.

En la segunda parte, tú (**Estudiante B**) vas a leerle un resumen de otra película a tu compañero(a), y él/ella (**Estudiante A**) tiene que completar las palabras que faltan.

PRIMERA PARTE

A. El resumen: Era la _____ del año 1946. George Bailey _____ por una crisis. Su tío Billy había perdido los 8000 dólares que _____ que ingresar en el banco. George y Billy _____ el dinero por todas partes pero no lo _____.

George estaba desesperado y no _____ qué hacer. Decidió dar un _____ por el pueblo para pensar en una posible _____. Por fin _____ al río. Profundamente deprimido *(depressed)*, pensaba suicidarse cuando de repente _____ a un anciano caer al agua. George se lanzó al _____ y salvó al anciano.

_____, mientras se secaba la ropa mojada *(wet)*, el anciano le _____ a George que era su _____ de la guarda. El ángel le enseñó a George una _____ alternativa de cómo Bedford Falls habría sido *(would have been)* si George no hubiera nacido *(if he hadn't been born)*.

B. Conversa con tu compañero(a) sobre la película.

- ¿Cómo se llama este drama del distinguido director Frank Capra?
- ¿Has visto esta película?
- ¿Cuál es tu escena favorita?

SEGUNDA PARTE

A. El resumen: Magdalena vivía con su padre en Los Ángeles. Ella tenía casi quince años. Solo pensaba en su fiesta de quinceañera, en el vestido y en la limosina Hummer.

Magdalena tenía un novio y quedó embarazada *(pregnant)*. Su padre era muy estricto y cuando descubrió que su hija estaba embarazada, la echó *(threw her out)* de la casa.

Magdalena se fue a vivir con su tío abuelo Tomás. En la casa de Tomás también vivía su primo Carlos. Los padres de Carlos no lo querían porque tenía tendencias homosexuales. Magdalena, Carlos y Tomás aprendieron a vivir juntos.

B. Conversa con tu compañero(a) sobre la película:

- Esta película se llama *Quinceañera*. ¿A qué se refiere el título?
- ¿Has asistitdo a una fiesta de quince? ¿Cómo fue?
- ¿Te gustaría ver esta película?

If you are **Estudiante A**, please turn to page 288.

If you are **Estudiante B**, use the information below.

¡Vamos a hablar! *Capítulo 8*

Estudiante B

Contexto: Tú (**Estudiante B**) trabajas en una farmacia en Ecuador. Un(a) turista (**Estudiante A**) está enfermo(a) y te pide consejos. Tú tienes que empezar. Tienes que hacer lo siguiente:

- Saludar al (a la) turista.
- Hacerle preguntas sobre sus síntomas.
- Darle un diagnóstico.
- Darle consejos.
- Apuntar la información.

Síntomas:
- ☐ *Dolor de cabeza*
- ☐ *Dolor de garganta*
- ☐ *Dolor de estómago*
- ☐ *Náuseas*
- ☐ *Diarrea*
- ☐ *Congestión*
- ☐ *Tos*
- ☐ *Fiebre*

Otros síntomas:

Diagnóstico:

Recomendaciones y medicamentos:

¡Vamos a hablar! *Capítulo 9*

If you are **Estudiante A,** please turn to page 328.

If you are **Estudiante B,** use the information below.

Estudiante B

Contexto: Tú **(Estudiante B)** tienes tres dibujos y tu compañero(a) **(Estudiante A)** tiene tres también. Uds. tienen que comparar los dibujos mediante *(through)* descripciones orales y descubrir *(discover)* las diferencias entre los dibujos. Ustedes necesitan describir:

- lo que pasa en el dibujo
- cómo se sienten las personas
- qué piensan las personas de las circunstancias

Tu compañero(a) va a empezar. Escucha y después describe en qué se diferencia tu dibujo.

1.

2.

3.

© Cengage Learning

Appendix B *Regular Verbs*

Simple Tenses

Infinitive	Present Indicative	Imperfect	Preterite	Future	Conditional	Present Subjunctive	Past Subjunctive	Commands
hablar *to speak*	hablo	hablaba	hablé	hablaré	hablaría	hable	hablara	
	hablas	hablabas	hablaste	hablarás	hablarías	hables	hablaras	habla (no hables)
	habla	hablaba	habló	hablará	hablaría	hable	hablara	(no) hable
	hablamos	hablábamos	hablamos	hablaremos	hablaríamos	hablemos	habláramos	hablemos
	habláis	hablabais	hablasteis	hablaréis	hablaríais	habléis	hablarais	hablad (no habléis)
	hablan	hablaban	hablaron	hablarán	hablarían	hablen	hablaran	(no) hablen
aprender *to learn*	aprendo	aprendía	aprendí	aprenderé	aprendería	aprenda	aprendiera	
	aprendes	aprendías	aprendiste	aprenderás	aprenderías	aprendas	aprendieras	aprende (no aprendas)
	aprende	aprendía	aprendió	aprenderá	aprendería	aprenda	aprendiera	(no) aprenda
	aprendemos	aprendíamos	aprendimos	aprenderemos	aprenderíamos	aprendamos	aprendiéramos	aprendamos
	aprendéis	aprendíais	aprendisteis	aprenderéis	aprenderíais	aprendáis	aprendierais	aprended (no aprendáis)
	aprenden	aprendían	aprendieron	aprenderán	aprenderían	aprendan	aprendieran	(no) aprendan
vivir *to live*	vivo	vivía	viví	viviré	viviría	viva	viviera	
	vives	vivías	viviste	vivirás	vivirías	vivas	vivieras	vive (no vivas)
	vive	vivía	vivió	vivirá	viviría	viva	viviera	(no) viva
	vivimos	vivíamos	vivimos	viviremos	viviríamos	vivamos	viviéramos	vivamos
	vivís	vivíais	vivisteis	viviréis	viviríais	viváis	vivierais	vivid (no viváis)
	viven	vivían	vivieron	vivirán	vivirían	vivan	vivieran	(no) vivan

Compound Tenses

Present progressive	estoy estás está estamos estáis están	hablando	aprendiendo	viviendo
Present perfect indicative	he has ha hemos habéis han	hablado	aprendido	vivido
Present perfect subjunctive	haya hayas haya hayamos hayáis hayan	hablado	aprendido	vivido
Past perfect indicative	había habías había habíamos habíais habían	hablado	aprendido	vivido

Appendix C Stem-changing Verbs

pensar — to think (e → ie)
Present Participle: pensando · Past Participle: pensado

Present Indicative	Imperfect	Preterite	Future	Conditional	Present Subjunctive	Past Subjunctive	Commands
pienso	pensaba	pensé	pensaré	pensaría	piense	pensara	
piensas	pensabas	pensaste	pensarás	pensarías	pienses	pensaras	piensa (no pienses)
piensa	pensaba	pensó	pensará	pensaría	piense	pensara	(no) piense
pensamos	pensábamos	pensamos	pensaremos	pensaríamos	pensemos	pensáramos	pensemos
pensáis	pensabais	pensasteis	pensaréis	pensaríais	penséis	pensarais	pensad (no penséis)
piensan	pensaban	pensaron	pensarán	pensarían	piensen	pensaran	(no) piensen

acostarse — to go to bed (o → ue)
Present Participle: acostándose · Past Participle: acostado

Present Indicative	Imperfect	Preterite	Future	Conditional	Present Subjunctive	Past Subjunctive	Commands
me acuesto	me acostaba	me acosté	me acostaré	me acostaría	me acueste	me acostara	
te acuestas	te acostabas	te acostaste	te acostarás	te acostarías	te acuestes	te acostaras	acuéstate (no te acuestes)
se acuesta	se acostaba	se acostó	se acostará	se acostaría	se acueste	se acostara	(no) acuéstese
nos acostamos	nos acostábamos	nos acostamos	nos acostaremos	nos acostaríamos	nos acostemos	nos acostáramos	acostémonos
os acostáis	os acostabais	os acostasteis	os acostaréis	os acostaríais	os acostéis	os acostarais	acostaos (no os acostéis)
se acuestan	se acostaban	se acostaron	se acostarán	se acostarían	se acuesten	se acostaran	(no) acuéstense

sentir — to be sorry (e → ie, i)
Present Participle: sintiendo · Past Participle: sentido

Present Indicative	Imperfect	Preterite	Future	Conditional	Present Subjunctive	Past Subjunctive	Commands
siento	sentía	sentí	sentiré	sentiría	sienta	sintiera	
sientes	sentías	sentiste	sentirás	sentirías	sientas	sintieras	siente (no sientas)
siente	sentía	sintió	sentirá	sentiría	sienta	sintiera	(no) sienta
sentimos	sentíamos	sentimos	sentiremos	sentiríamos	sintamos	sintiéramos	sintamos
sentís	sentíais	sentisteis	sentiréis	sentiríais	sintáis	sintierais	sentid (no sintáis)
sienten	sentían	sintieron	sentirán	sentirían	sientan	sintieran	(no) sientan

pedir — to ask for (e → i, i)
Present Participle: pidiendo · Past Participle: pedido

Present Indicative	Imperfect	Preterite	Future	Conditional	Present Subjunctive	Past Subjunctive	Commands
pido	pedía	pedí	pediré	pediría	pida	pidiera	
pides	pedías	pediste	pedirás	pedirías	pidas	pidieras	pide (no pidas)
pide	pedía	pidió	pedirá	pediría	pida	pidiera	(no) pida
pedimos	pedíamos	pedimos	pediremos	pediríamos	pidamos	pidiéramos	pidamos
pedís	pedíais	pedisteis	pediréis	pediríais	pidáis	pidierais	pedid (no pidáis)
piden	pedían	pidieron	pedirán	pedirían	pidan	pidieran	(no) pidan

dormir — to sleep (o → ue, u)
Present Participle: durmiendo · Past Participle: dormido

Present Indicative	Imperfect	Preterite	Future	Conditional	Present Subjunctive	Past Subjunctive	Commands
duermo	dormía	dormí	dormiré	dormiría	duerma	durmiera	
duermes	dormías	dormiste	dormirás	dormirías	duermas	durmieras	duerme (no duermas)
duerme	dormía	durmió	dormirá	dormiría	duerma	durmiera	(no) duerma
dormimos	dormíamos	dormimos	dormiremos	dormiríamos	durmamos	durmiéramos	durmamos
dormís	dormíais	dormisteis	dormiréis	dormiríais	durmáis	durmierais	dormid (no durmáis)
duermen	dormían	durmieron	dormirán	dormirían	duerman	durmieran	(no) duerman

Appendix D Change of Spelling Verbs

Infinitive Present Participle Past Participle	Present Indicative	Imperfect	Preterite	Future	Conditional	Present Subjunctive	Past Subjunctive	Commands
comenzar (e → ie) *to begin* z → c before e comenzando comenzado	comienzo comienzas comienza comenzamos comenzáis comienzan	comenzaba comenzabas comenzaba comenzábamos comenzabais comenzaban	comencé comenzaste comenzó comenzamos comenzasteis comenzaron	comenzaré comenzarás comenzará comenzaremos comenzaréis comenzarán	comenzaría comenzarías comenzaría comenzaríamos comenzaríais comenzarían	comience comiences comience comencemos comencéis comiencen	comenzara comenzaras comenzara comenzáramos comenzarais comenzaran	comienza (no comiences) (no) comience comencemos comenzad (no comencéis) (no) comiencen
conocer *to know* c → zc before a, o conociendo conocido	conozco conoces conoce conocemos conocéis conocen	conocía conocías conocía conocíamos conocíais conocían	conocí conociste conoció conocimos conocisteis conocieron	conoceré conocerás conocerá conoceremos conoceréis conocerán	conocería conocerías conocería conoceríamos conoceríais conocerían	conozca conozcas conozca conozcamos conozcáis conozcan	conociera conocieras conociera conociéramos conocierais conocieran	conoce (no conozcas) (no) conozca conozcamos conoced (no conozcáis) (no) conozcan
construir *to build* i → y; y inserted before a, e, o construyendo construido	construyo construyes construye construimos construís construyen	construía construías construía construíamos construíais construían	construí construiste construyó construimos construisteis construyeron	construiré construirás construirá construiremos construiréis construirán	construiría construirías construiría construiríamos construiríais construirían	construya construyas construya construyamos construyáis construyan	construyera construyeras construyera construyéramos construyerais construyeran	construye (no construyas) (no) construya construyamos construid (no construyáis) (no) construyan
leer *to read* i → y; stressed i → í leyendo leído	leo lees lee leemos leéis leen	leía leías leía leíamos leíais leían	leí leíste leyó leímos leísteis leyeron	leeré leerás leerá leeremos leeréis leerán	leería leerías leería leeríamos leeríais leerían	lea leas lea leamos leáis lean	leyera leyeras leyera leyéramos leyerais leyeran	lee (no leas) (no) lea leamos leed (no leáis) (no) lean

Infinitive / Present Participle / Past Participle	Present Indicative	Imperfect	Preterite	Future	Conditional	Present Subjunctive	Past Subjunctive	Commands
pagar *to pay* **g → gu** before e pagando pagado	pago pagas paga pagamos pagáis pagan	pagaba pagabas pagaba pagábamos pagabais pagaban	**pagué** pagaste pagó pagamos pagasteis pagaron	pagaré pagarás pagará pagaremos pagaréis pagarán	pagaría pagarías pagaría pagaríamos pagaríais pagarían	**pague** **pagues** **pague** **paguemos** **paguéis** **paguen**	pagara pagaras pagara pagáramos pagarais pagaran	paga (**no pagues**) (no) **pague** **paguemos** pagad (**no paguéis**) (no) **paguen**
seguir (**e → i, i**) *to follow* **gu → g** before a, o siguiendo seguido	**sigo** sigues sigue seguimos seguís siguen	seguía seguías seguía seguíamos seguíais seguían	seguí seguiste siguió seguimos seguisteis siguieron	seguiré seguirás seguirá seguiremos seguiréis seguirán	seguiría seguirías seguiría seguiríamos seguiríais seguirían	**siga** **sigas** **siga** **sigamos** **sigáis** **sigan**	siguiera siguieras siguiera siguiéramos siguierais siguieran	sigue (**no sigas**) (no) **siga** **sigamos** seguid (**no sigáis**) (no) **sigan**
tocar *to play, touch* **c → qu** before e tocando tocado	toco tocas toca tocamos tocáis tocan	tocaba tocabas tocaba tocábamos tocabais tocaban	**toqué** tocaste tocó tocamos tocasteis tocaron	tocaré tocarás tocará tocaremos tocaréis tocarán	tocaría tocarías tocaría tocaríamos tocaríais tocarían	**toque** **toques** **toque** **toquemos** **toquéis** **toquen**	tocara tocaras tocara tocáramos tocarais tocaran	toca (**no toques**) (no) **toque** **toquemos** tocad (**no toquéis**) (no) **toquen**

Appendix E Irregular Verbs

Infinitive Present Participle Past Participle	Present Indicative	Imperfect	Preterite	Future	Conditional	Present Subjunctive	Past Subjunctive	Commands
andar	ando	andaba	anduve	andaré	andaría	ande	anduviera	anda (no andes)
to walk	andas	andabas	anduviste	andarás	andarías	andes	anduvieras	(no) ande
andando	anda	andaba	anduvo	andará	andaría	ande	anduviera	
andado	andamos	andábamos	anduvimos	andaremos	andaríamos	andemos	anduviéramos	andemos
	andáis	andabais	anduvisteis	andaréis	andaríais	andéis	anduvierais	andad (no andéis)
	andan	andaban	anduvieron	andarán	andarían	anden	anduvieran	(no) anden
*caer	caigo	caía	caí	caeré	caería	caiga	cayera	cae (no caigas)
to fall	caes	caías	caíste	caerás	caerías	caigas	cayeras	(no) caiga
cayendo	cae	caía	cayó	caerá	caería	caiga	cayera	
caído	caemos	caíamos	caímos	caeremos	caeríamos	caigamos	cayéramos	caigamos
	caéis	caíais	caísteis	caeréis	caeríais	caigáis	cayerais	caed (no caigáis)
	caen	caían	cayeron	caerán	caerían	caigan	cayeran	(no) caigan
*dar	doy	daba	di	daré	daría	dé	diera	da (no des)
to give	das	dabas	diste	darás	darías	des	dieras	(no) dé
dando	da	daba	dio	dará	daría	dé	diera	
dado	damos	dábamos	dimos	daremos	daríamos	demos	diéramos	demos
	dais	dabais	disteis	daréis	daríais	deis	dierais	dad (no deis)
	dan	daban	dieron	darán	darían	den	dieran	(no) den
*decir	digo	decía	dije	diré	diría	diga	dijera	di (no digas)
to say, tell	dices	decías	dijiste	dirás	dirías	digas	dijeras	(no) diga
diciendo	dice	decía	dijo	dirá	diría	diga	dijera	
dicho	decimos	decíamos	dijimos	diremos	diríamos	digamos	dijéramos	digamos
	decís	decíais	dijisteis	diréis	diríais	digáis	dijerais	decid (no digáis)
	dicen	decían	dijeron	dirán	dirían	digan	dijeran	(no) digan
*estar	estoy	estaba	estuve	estaré	estaría	esté	estuviera	está (no estés)
to be	estás	estabas	estuviste	estarás	estarías	estés	estuvieras	(no) esté
estando	está	estaba	estuvo	estará	estaría	esté	estuviera	
estado	estamos	estábamos	estuvimos	estaremos	estaríamos	estemos	estuviéramos	estemos
	estáis	estabais	estuvisteis	estaréis	estaríais	estéis	estuvierais	estad (no estéis)
	están	estaban	estuvieron	estarán	estarían	estén	estuvieran	(no) estén

*Verbs with irregular *yo* forms in the present indicative

Appendix E   Irregular Verbs (continued)

Infinitive / Present Participle / Past Participle	Present Indicative	Imperfect	Preterite	Future	Conditional	Present Subjunctive	Past Subjunctive	Commands
haber *to have* habiendo habido	he has ha [hay] hemos habéis han	había habías había habíamos habíais habían	hube hubiste hubo hubimos hubisteis hubieron	habré habrás habrá habremos habréis habrán	habría habrías habría habríamos habríais habrían	haya hayas haya hayamos hayáis hayan	hubiera hubieras hubiera hubiéramos hubierais hubieran	
*hacer *to make, do* haciendo hecho	hago haces hace hacemos hacéis hacen	hacía hacías hacía hacíamos hacíais hacían	hice hiciste hizo hicimos hicisteis hicieron	haré harás hará haremos haréis harán	haría harías haría haríamos haríais harían	haga hagas haga hagamos hagáis hagan	hiciera hicieras hiciera hiciéramos hicierais hicieran	haz (no hagas) (no) haga hagamos haced (no hagáis) (no) hagan
ir *to go* yendo ido	voy vas va vamos vais van	iba ibas iba íbamos ibais iban	fui fuiste fue fuimos fuisteis fueron	iré irás irá iremos iréis irán	iría irías iría iríamos iríais irían	vaya vayas vaya vayamos vayáis vayan	fuera fueras fuera fuéramos fuerais fueran	ve (no vayas) (no) vaya vayamos id (no vayáis) (no) vayan
*oír *to hear* oyendo oído	oigo oyes oye oímos oís oyen	oía oías oía oíamos oíais oían	oí oíste oyó oímos oísteis oyeron	oiré oirás oirá oiremos oiréis oirán	oiría oirías oiría oiríamos oiríais oirían	oiga oigas oiga oigamos oigáis oigan	oyera oyeras oyera oyéramos oyerais oyeran	oye (no oigas) (no) oiga oigamos oíd (no oigáis) (no) oigan
poder (o → ue) *can, to be able* pudiendo podido	puedo puedes puede podemos podéis pueden	podía podías podía podíamos podíais podían	pude pudiste pudo pudimos pudisteis pudieron	podré podrás podrá podremos podréis podrán	podría podrías podría podríamos podríais podrían	pueda puedas pueda podamos podáis puedan	pudiera pudieras pudiera pudiéramos pudierais pudieran	

*Verbs with irregular *yo* forms in the present indicative

Infinitive / Present Participle / Past Participle	Present Indicative	Imperfect	Preterite	Future	Conditional	Present Subjunctive	Past Subjunctive	Commands
*poner to place, put poniendo **puesto**	**pongo** pones pone ponemos ponéis ponen	ponía ponías ponía poníamos poníais ponían	**puse** **pusiste** **puso** **pusimos** **pusisteis** **pusieron**	**pondré** **pondrás** **pondrá** **pondremos** **pondréis** **pondrán**	**pondría** **pondrías** **pondría** **pondríamos** **pondríais** **pondrían**	**ponga** **pongas** **ponga** **pongamos** **pongáis** **pongan**	**pusiera** **pusieras** **pusiera** **pusiéramos** **pusierais** **pusieran**	**pon (no pongas)** **(no) ponga** **pongamos** **poned (no pongáis)** **(no) pongan**
querer (e → ie) to want, wish queriendo querido	**quiero** **quieres** **quiere** queremos queréis **quieren**	quería querías quería queríamos queríais querían	**quise** **quisiste** **quiso** **quisimos** **quisisteis** **quisieron**	**querré** **querrás** **querrá** **querremos** **querréis** **querrán**	**querría** **querrías** **querría** **querríamos** **querríais** **querrían**	**quiera** **quieras** **quiera** queramos queráis **quieran**	**quisiera** **quisieras** **quisiera** **quisiéramos** **quisierais** **quisieran**	**quiere (no quieras)** **(no) quiera** queramos quered (no queráis) **(no) quieran**
reír to laugh **riendo** **reído**	**río** **ríes** **ríe** reímos reís **ríen**	reía reías reía reíamos reíais reían	reí reíste **rio** reímos reísteis **rieron**	reiré reirás reirá reiremos reiréis reirán	reiría reirías reiría reiríamos reiríais reirían	**ría** **rías** **ría** **riamos** **riáis** **rían**	riera rieras riera **riéramos** rierais rieran	**ríe (no rías)** **(no) ría** **riamos** reíd (no riáis) **(no) rían**
*saber to know sabiendo sabido	**sé** sabes sabe sabemos sabéis saben	sabía sabías sabía sabíamos sabíais sabían	**supe** **supiste** **supo** **supimos** **supisteis** **supieron**	**sabré** **sabrás** **sabrá** **sabremos** **sabréis** **sabrán**	**sabría** **sabrías** **sabría** **sabríamos** **sabríais** **sabrian**	**sepa** **sepas** **sepa** **sepamos** **sepáis** **sepan**	**supiera** **supieras** **supiera** **supiéramos** **supierais** **supieran**	sabe (no sepas) **(no) sepa** **sepamos** sabed (no sepáis) **(no) sepan**
*salir to go out saliendo salido	**salgo** sales sale salimos salís salen	salía salías salía salíamos salíais salían	salí saliste salió salimos salisteis salieron	**saldré** **saldrás** **saldrá** **saldremos** **saldréis** **saldrán**	**saldría** **saldrías** **saldría** **saldríamos** **saldríais** **saldrían**	**salga** **salgas** **salga** **salgamos** **salgáis** **salgan**	saliera salieras saliera saliéramos salierais salieran	**sal (no salgas)** **(no) salga** **salgamos** salid (no salgáis) **(no) salgan**

*Verbs with irregular *yo* forms in the present indicative

Infinitive Present Participle Past Participle	Present Indicative	Imperfect	Preterite	Future	Conditional	Present Subjunctive	Past Subjunctive	Commands
ser	soy	era	fui	seré	sería	sea	fuera	sé (no seas)
to be	eres	eras	fuiste	serás	serías	seas	fueras	(no) sea
siendo	es	era	fue	será	sería	sea	fuera	(no) sea
sido	somos	éramos	fuimos	seremos	seríamos	seamos	fuéramos	seamos
	sois	erais	fuisteis	seréis	seríais	seáis	fuerais	sed (no seáis)
	son	eran	fueron	serán	serían	sean	fueran	(no) sean
*tener	tengo	tenía	tuve	tendré	tendría	tenga	tuviera	ten (no tengas)
to have	tienes	tenías	tuviste	tendrás	tendrías	tengas	tuvieras	(no) tenga
teniendo	tiene	tenía	tuvo	tendrá	tendría	tenga	tuviera	(no) tenga
tenido	tenemos	teníamos	tuvimos	tendremos	tendríamos	tengamos	tuviéramos	tengamos
	tenéis	teníais	tuvisteis	tendréis	tendríais	tengáis	tuvierais	tened (no tengáis)
	tienen	tenían	tuvieron	tendrán	tendrían	tengan	tuvieran	(no) tengan
traer	traigo	traía	traje	traeré	traería	traiga	trajera	trae (no traigas)
to bring	traes	traías	trajiste	traerás	traerías	traigas	trajeras	(no) traiga
trayendo	trae	traía	trajo	traerá	traería	traiga	trajera	traigamos
traído	traemos	traíamos	trajimos	traeremos	traeríamos	traigamos	trajéramos	traigamos
	traéis	traíais	trajisteis	traeréis	traeríais	traigáis	trajerais	traed (no traigáis)
	traen	traían	trajeron	traerán	traerían	traigan	trajeran	(no) traigan
*venir	vengo	venía	vine	vendré	vendría	venga	viniera	ven (no vengas)
to come	vienes	venías	viniste	vendrás	vendrías	vengas	vinieras	(no) venga
viniendo	viene	venía	vino	vendrá	vendría	venga	viniera	(no) venga
venido	venimos	veníamos	vinimos	vendremos	vendríamos	vengamos	viniéramos	vengamos
	venís	veníais	vinisteis	vendréis	vendríais	vengáis	vinierais	venid (no vengáis)
	vienen	venían	vinieron	vendrán	vendrían	vengan	vinieran	(no) vengan
ver	veo	veía	vi	veré	vería	vea	viera	ve (no veas)
to see	ves	veías	viste	verás	verías	veas	vieras	(no) vea
viendo	ve	veía	vio	verá	vería	vea	viera	(no) vea
visto	vemos	veíamos	vimos	veremos	veríamos	veamos	viéramos	veamos
	veis	veíais	visteis	veréis	veríais	veáis	vierais	ved (no veáis)
	ven	veían	vieron	verán	verían	vean	vieran	(no) vean

*Verbs with irregular *yo* forms in the present indicative

Subject pronouns

▶ Subject pronouns identify the topic of the sentence, and often indicate who or what is performing an action.

▶ Subject pronouns are generally used in Spanish only for clarification or for emphasis.

▶ The subject pronouns **Ud.** and **Uds.** are often used as a sign of courtesy.

▶ There is no Spanish equivalent for *it* as the subject of a sentence.

I	**yo**	*we*	**nosotros / nosotras**
you	⎰ **tú** ⎱ **usted (Ud.)**	*you (plural)*	⎰ **vosotros / vosotras** ⎱ **ustedes (Uds.)**
he	**él**	*they*	**ellos / ellas**
she	**ella**		
it	**Ø**		

Reflexive pronouns

▶ Reflexive pronouns are used with reflexive verbs such as **despertarse**, **bañarse**, and **divertirse.**

▶ Reflexive pronouns are often translated into English as *myself, yourself, himself,* etc.

▶ Sometimes the reflexive meaning is simply understood, or is expressed in other ways.

▶ The plural reflexive pronouns **nos, os,** and **se** may also be used reciprocally, to mean *each other* or *one another.* (Elena y Marta **se** escriben. *Elena and Marta write to each other.*)

(yo)	**me** lavo	*I wash myself*	(nosotros)	**nos** lavamos	*we wash ourselves*
(tú)	**te** lavas	*you wash yourself*	(vosotros)	**os** laváis	*you wash yourselves*
(Ud.)	**se** lava	*you wash yourself*	(Uds.)	**se** lavan	*you wash yourselves*
(él/ella)	**se** lava	*he/she washes him/herself*	(ellos/ellas)	**se** lavan	*they wash themselves*

Indirect object pronouns

▶ Indirect object pronouns indicate *to whom* or *for whom* something is done. Occasionally, they express the notions *from whom* or *of whom.*

▶ Indirect object pronouns are placed before a conjugated verb, or attached to an infinitive.

▶ Indirect object pronouns are used with the verb **gustar** and with similar verbs such as **encantar**, **importar**, **interesar, parecer.**

▶ **Le** and **les** are often used together with proper nouns or equivalent noun phrases. (**Le** escribí una carta **a mi padre.**)

▶ When used with direct object pronouns, **le** and **les** are replaced by **se.** (**Le** escribí una carta **a mi padre.** → **Se** la escribí ayer.)

to me	**me**	to us	**nos**
to you	⎰ **te** ⎱ **le**	to you (plural)	⎰ **os** ⎱ **les**
to him/her/it	**le**	to/for them	**les**

Direct object pronouns

▶ Direct object pronouns answer the questions *whom* or *what* with respect to the verb. They receive the action of the verb.

▶ Direct object pronouns are placed before a conjugated verb, or attached to an infinitive.

▶ Direct object pronouns are placed **after** any other indirect object pronoun or reflexive pronoun. (¿La falda? Mamá me **la** regaló para mi cumpleaños.)

me	**me**	*us*	**nos**
you	{ **te** **lo** (masc.) **la** (fem.)	*you* (plural)	{ **os** **los** (masc.) **las** (fem.)
him, it *her, it*	**lo** **la**	*them*	{ **los** (masc.) **las** (fem.)

Prepositional pronouns

▶ Prepositional pronouns are used after prepositions such as **de, para, por, con, sin, cerca de,** etc.

▶ After the preposition **con,** you must use certain special forms to express *with me* (**conmigo**) and *with you* (familiar) (**contigo**).

▶ Subject pronouns, rather than prepositional pronouns, are used after the propositions **entre** *(between)*, and **según** *(according to)*.

mí	**nosotros / nosotras**
ti	**vosotros / vosotras**
usted (Ud.)	**ustedes (Uds.)**
él / ella	**ellos / ellas**

Possessive adjectives

▶ The forms of possessive adjectives look very much like the forms of various kinds of pronouns. These words, however, are always used together with a noun in order to indicate ownership.

▶ Since these words are adjectives, you must make them agree in number (singular / plural) and gender (masculine / feminine) with the nouns that follow them (For example, **nuestr*as* cas*as***).

my	**mi(s)**	*our*	**nuestro(a) / nuestros(as)**
your	{ **tu(s)** **su(s)**	*your*	{ **vuestro(a) / vuestros(as)** **su(s)**
his / her	**su(s)**	*their*	**su(s)**

Appendix G *Rules of Accentuation*

Written accent marks

In both English and Spanish, a *stressed syllable* is the part of the word that is spoken most loudly and with the greatest force, such as <u>stu</u> - *dent* or *u* - *ni* - <u>ver</u> - *si* - *ty*.

In Spanish, stress generally falls on an easily predictable syllable of the word. Words that *do not* follow these patterns must carry a *written accent mark,* known as **un acento ortográfico** or **una tilde.**

1. Words that end in a consonant other than **-n** or **-s** are stressed on the last syllable. Words that follow this rule do not need a written accent mark:

   co - **mer**
   re - **loj**
   ge - ne - **ral**
   Ba - da - **joz**
   ciu - **dad**

   Words that *do not* follow this rule need a written accent mark on the stressed syllable:

   ár - bol
   Rod - **rí** - guez

2. Words that end in a vowel or in the consonants **-n** or **-s** are stressed on the second-to-last syllable. Most words follow this rule, and therefore do not need a written accent mark:

   ca - sa
   tra - **ba** - jo
   e - le - **fan** - tes
   vi - ven

   Words that *do not* follow this pattern carry a written accent mark on the stressed syllable:

   me - **nú**
   Á - fri - ca
   Ni - co - **lás**
   al - **bón** - di - gas *(meatballs)*
   na - **ción**

3. In order to apply the previous rule correctly, keep in mind these special vowel combinations:

- In general, one syllable is formed when the "weak" vowels **i** or **u** are next to the "strong" vowels **a, e,** or **o**. In the following cases, for example, the stress falls on the second-to-last syllable and no written accent mark is needed.

   gra - cias
   bue - no

   A written accent mark is used, however, when the stress falls on the **i** or **u** and the vowels are divided into two syllables:

   dí - a
   ra - **íz** *(root)*
   grú - a *(crane)*

- The combination of two "strong" vowels—**a, e, o**—is generally divided into two syllables. In the following cases, for example, the stress falls naturally on the second-to-last syllable, and no written accent mark is needed:

  mu - **se** - o
  ma - **es** - tro

4. Written accent marks are occasionally used to distinguish two words that are spelled exactly alike but have different meanings:

Without the written accent		With the written accent	
te	*to you*	**té**	*tea*
mi	*my*	**mí**	*me* (prepositional pronoun)
el	*the*	**él**	*he*
tu	*your*	**tú**	*you*

Capítulo 1: ¡Sabelotodo! – Soluciones

	Paso preliminar	Información básica	La familia y los amigos	El tiempo libre	Los verbos y las preguntas	Puerto Rico
$10	calendario: masculino; mochila: femenino	*Any three:* Hola, Buenos días, Buenas tardes, Buenas noches, ¿Qué tal?	**vecino:** *neighbor;* **novio:** *boyfriend, fiancé*	*Any four:* el fútbol, el fútbol americano, el tenis, el básquetbol, el golf, el béisbol, etc.	**ir:** voy; **ser:** soy; **estar:** estoy	San Juan
$25	estudiantes; profesores	con un(a) compañero(a) de clase: **tú;** con tu profesor(a): **Ud.**	*Any six:* el padre, la madre, el hermano, la hermana, el tío, la tía, el hijo, la hija, el esposo, la esposa, el abuelo, la abuela, etc.	Yo <u>escucho/ toco</u> música. Tú <u>vas</u> de compras.	*Who?:* ¿Quién? *When?:* ¿Cuándo? *Why?:* ¿Por qué?	Roberto Clemente
$50	diez, veinte, treinta, cuarenta, cincuenta, sesenta, setenta, ochenta, noventa, cien	ocho-cero-tres-cinco-cuarenta y cinco- noventa y tres-dieciséis	nuestra familia; sus hermanas; el padre de María	**patinar:** me gusta **deportes:** me gustan	yo paso, tú pasas, él pasa, nosotros pasamos, (vosotros pasáis), ellos pasan	el kayaking y el snorkeling
$75	Tengo una pregunta.	¿De dónde eres?; ¿En qué año (de estudios) estás?	**Juan:** Mi amigo se llama/es Juan. **Puerto Rico:** (Él/Juan) Es de Puerto Rico. **19 años:** (Él/Juan) Tiene diecinueve años.	Nosotros <u>montamos</u> en bicicleta. Ellos <u>patinan</u> sobre hielo.	**leer:** yo leo, tú lees, él lee, nosotros leemos, (vosotros leéis), ellos leen. **escribir:** yo escribo, tú escribes, él escribe, nosotros escribimos, (vosotros escribís), ellos escriben	taína, española, africana
$100	*Any ten:* un bolígrafo, un calendario, una computadora, un cuaderno, un diccionario, un lápiz, un libro, una luz, una mesa, una mochila, una pizarra, una puerta, un pupitre, un reloj, una silla, un teléfono celular, una tiza, una ventana, etc.	Su apellido es ____. Se escribe ____. (*Check for correct name and spelling with Spanish alphabet.*)	*Samples:* Mi familia y mis hermanos comen juntos. Mis padres miran televisión.	*never:* **nunca;** *often:* **a menudo/con frecuencia;** *sometimes:* **a veces**	¿A tus padres les gusta bailar?	Borinquen

Capítulo 2: ¡Sabelotodo! – Soluciones

	Vocabulario esencial	La hora y los horarios	Los viajes	Los verbos	México
$10	lunes, martes, miércoles, jueves, viernes, sábado, domingo	¿Qué hora es?	*Any three:* el avión, el tren, el autobús, el taxi, el automóvil, el barco *(boat)*, la bicicleta, la motocicleta, etcétera	yo prefiero, tú prefieres, él prefiere, nosotros preferimos, (vosotros preferís), ellos prefieren	Distrito Federal
$25	enero, febrero, marzo, abril, mayo, junio, julio, agosto, septiembre, octubre, noviembre, diciembre	Es la una y diez de la tarde.	*Your first and last names, please.*	**hacer:** yo hago; **poner:** yo pongo; **salir:** yo salgo	Barranca del Cobre
$50	primero, segundo, tercero, cuarto, quinto	Son las nueve menos cuarto/ quince de la noche. (*Or*: Son las ocho y cuarenta y cinco de la noche.)	¿Conoce Ud. un buen restaurante típico? / ¿Qué restaurante me recomienda? *or similar response*	*I plan to ...:* Pienso... *I'd like to ...:* Me gustaría...	más de veinte millones / aproximadamente veinte millones
$75	Hoy es el *(day)* de *(month)* de dos mil (+ *last two numbers for this year)*.	*It's midnight.:* Es medianonoche. *It's noon.:* Es mediodía.	*I want a room for two people for three nights.:* Quiero una habitación/ un cuarto para dos personas por tres noches.	*to know a person:* conocer; *to be familiar with a place:* conocer	Teotihuacan
$100	un millón quinientos sesenta y dos mil setecientos quince	Son las quince horas (15 h).	*How much does the package/excursion cost?:* ¿Cuánto cuesta la excursión/ el paquete? *What is included?:* ¿Qué está incluido?/¿Qué incluye?	**decir:** yo digo, nosotros decimos; **dormir:** yo duermo, nosotros dormimos **pedir:** yo pido, nosotros pedimos	la Revolución Mexicana; Emiliano Zapata

Capítulo 3: ¡Sabelotodo! – Soluciones

	La familia, la descripción y la comparación	La casa, los muebles y los quehaceres domésticos	La rutina y los verbos reflexivos	*Ser y estar*	Venezuela
$50	*Any four:* los perros, los gatos, los pájaros, los peces (tropicales), los hámsters, etc.	*Any four:* la cocina, la sala, el comedor, el dormitorio, el baño, la sala de estar, el cuarto multiuso, etc.	yo me baño, tú te bañas, él se baña, nosotros nos bañamos, (vosotros os bañáis), ellos se bañan	**ser:** yo soy, tú eres, él es, nosotros somos, (vosotros sois), ellos son **estar:** yo estoy, tú estás, él está, nosotros estamos, (vosotros estáis), ellos están	Caracas
$100	mis primos; mi sobrina	*Any four:* lavar los platos, lavar la ropa, hacer las camas, poner la mesa, limpiar el baño *(or other room)*, darles de comer a los perros, cocinar	¿A qué hora <u>te despiertas</u> tú por la mañana?	Mis amigos y yo <u>somos</u> estudiantes en la universidad.	el Salto del Ángel
$150	perezoso: <u>trabajador</u>; gordo: <u>delgado/flaco</u>; guapo: <u>feo</u>; joven: <u>viejo/mayor</u>	*every day*: <u>todos los días</u>; *often*: <u>a menudo/con frecuencia</u>; *sometimes*: <u>a veces</u>; *never*: <u>nunca</u>	<u>Me levanto</u> temprano; <u>me ducho</u> y <u>me visto</u> rápidamente.	Mis amigos <u>son</u> de Venezuela. Ahora <u>están</u> en los Estados Unidos.	*Any one answer:* Luchó por la independencia. Fue el primer presidente.
$200	Juan <u>es</u> bajo; <u>tiene</u> pelo rubio; <u>lleva</u> anteojos; no <u>tiene/lleva</u> barba.	encima de: <u>debajo de</u>; a la izquierda de: <u>a la derecha de</u>; delante de: <u>detrás de</u>	Juan <u>se lava</u> los dientes y <u>se pone</u> colonia antes de salir.	Su casa <u>es</u> grande y moderna pero <u>está</u> muy sucia. <u>Está</u> lejos de la uni.	el petróleo; La Organización de Países Exportadores de Petróleo
$250	Lucía es tan alta como Rosa, pero Paco es el más alto de la familia.	*Any six:* la mesa, las sillas, el sofá, el sillón, la lámpara, la cama, la cómoda, el estante para libros, etc.; *Any two:* el horno, el refrigerador, la estufa, el microondas	Mi compañero(a) de cuarto y yo nos divertimos en el gimnasio.	¿Cómo es tu novio? → <u>La pregunta es sobre las características del novio: alto, simpático, etc.</u> ¿Cómo está tu novio? → <u>La pregunta es sobre su estado.</u> En inglés: *What is your boyfriend like? vs How is your boyfriend feeling?*	*Any three:* Tienen forma rectangular. Los cuartos están alrededor de un patio. Las paredes son de estuco. Las ventanas tienen rejas (de hierro).

Capítulo 4: ¡Sabelotodo! – Soluciones

	Las comidas	En el restaurante	En el mercado	Los complementos	Perú
$50	*Any three:* la leche, el jugo, el café, el té, el refresco/la gaseosa, el vino, la cerveza, etc.	*Is the tip included?*	*Do you need anything else?*	hamburguesas	Lima
$100	el desayuno, el almuerzo, la cena	La cuenta, por favor.	¿Cuánto le debo?	me	la papa/la patata
$150	*Any four:* la langosta, los camarones, el bistec, el pescado, el pollo, las chuletas de cerdo, el jamón, la hamburguesa, etc.	la cuchara; el cuchillo y el tenedor	*Any six:* las naranjas, las bananas, los plátanos, las fresas, el melón, la sandía, la piña, los melocotones/los duraznos, las peras, las uvas	**La** prefiero con carne/vegetales.	Titicaca
$200	*Any five:* el brócoli, la lechuga, el tomate, los espárragos, las zanahorias, el maíz, la papa/la patata, etc.	De plato principal, quiero/deseo/voy a probar/quisiera *(+ name of a main dish in Spanish).* Para beber, quiero/deseo/quisiera *(+ name of a beverage).*	¿Me puede dar un kilo de manzanas? / Quiero un kilo de manzanas.	**Nos** recomienda la sopa/la ensalada.	los chinos; los chifas
$250	*Any eight:* el aderezo, la mayonesa, la sal, la pimienta, el azúcar, la torta/el pastel, el flan, el helado, las galletas, los churros, etc.	¿Me puede traer (unos cubitos de) hielo?	una <u>barra</u> de pan; una <u>bolsa</u> de arroz; una <u>docena</u> de huevos	Sí, **se la** doy. / No, no **se la** doy.	Machu Picchu; los incas

Capítulo 5: ¡Sabelotodo! – Soluciones

	Clases y opiniones	Profesiones y planes	En la universidad	El pretérito	Pasado, presente y futuro	Argentina
$50	¿Cuál es tu carrera? *May also accept:* ¿Cuál es tu especialización? / ¿En qué te especializas?	No estoy seguro(a) todavía.	*I plan to graduate around the beginning of May.*	**trabajar:** trabajé, trabajaste, trabajó, trabajamos, trabajasteis, trabajaron **comer:** comí, comiste, comió, comimos, comisteis, comieron	**Ayer:** el pasado; **hace dos años:** el pasado; **la próxima semana:** el futuro	Buenos Aires
$100	A Paco <u>le encanta</u> (encantar) el cálculo.	*I'd like to do graduate work.*	¿A qué hora termina tu última clase?	**ir:** fui, fuiste, fue, fuimos, fuisteis, fueron **ser:** fui, fuiste, fue, fuimos, fuisteis, fueron	*last year:* el año pasado; *next year:* el próximo año / el año que viene	equipo médico
$150	*My chemistry professor is very demanding and picky.*	Quiero ser (+*profession, such as* dentista, maestro, *etc.*).	<u>Antes de</u> vestirme, me duché. <u>Después de</u> estudiar, me acosté.	**hice:** hacer; **puse:** poner; **supe:** saber; **quise:** querer	a. La semana pasada yo <u>estudié</u> física. b. Por lo general yo <u>estudio</u> dos horas todos los días.	El mate es un tipo de té (o una infusión de agua y hojas de la planta yerba mate).
$200	*Any four:* la antropología, la sociología, la psicología, las ciencias políticas, la historia, la geografía, etc.	*Any three:* el médico, el enfermero, el dentista, el veterinario, el psicólogo	<u>hacer</u> una excursión; <u>recolectar</u> datos para los proyectos	El profesor <u>dio</u> una presentación y nosotros <u>tomamos</u> apuntes.	Espero ir. *I hope to go.* / Pienso ir. *I plan to go.* / Quiero ir. *I want to go.*	Cristina Fernández (de Kirchner)

Capítulo 6: ¡Sabelotodo! – Soluciones

	De compras en un gran almacén	En un mercado de artesanías	Los verbos como *gustar*	*Por* y *para*; las expresiones indefinidas y negativas	España
\$100	3er piso = tercer piso; 5º piso = quinto piso; 8º piso = octavo piso	*a gold necklace; some silver earrings*	*to care about* = importar; *to be interested in* = interesar; *to be missing or lacking* = faltar	nadie: **alguien;** ninguno: **alguno**	La capital es Madrid; está en el centro de la península.
\$200	*Any six colors:* rojo, anaranjado, amarillo, verde, azul, morado, marrón, blanco, negro, gris *And one pattern:* de rayas, con lunares, de cuadros, estampado	*Any five:* una gorra, una guayabera, un sarape, un plato de cerámica, unas maracas, una piñata, un abanico, una boina, una billetera, un bolso, una mantilla, unas castañuelas, etc.	Me **encanta** su estilo. Me **encantan** tus zapatos. Me **encanta** ir de compras.	Voy a la tienda **para** comprar un regalo **para** mi mamá.	diseñadora (de ropa)
\$300	*Any ten items (with* **el/la/los/las***):* el traje, la camisa, los pantalones, la corbata, el cinturón, el vestido, la falda, la blusa, los pantalones cortos, los vaqueros, la sudadera, etcétera.	¿Cuánto cuesta el (ese) brazalete? *Or* ¿Cuánto es el (ese) brazalete?	A mi padre **le** interesa; A mi amigo y a mí **nos** interesa; A mis amigos **les** interesa.	No hay **ningún** mercado **por** aquí.	el aceite de oliva y el vino
\$400	*¿Qué desea?* Estoy buscando… [*item*]. *¿De qué color?:* Prefiero/ Quiero… (color). / No me importa el color. *¿Qué talla lleva Ud.?:* Llevo la talla (pequeña/mediana/ grande).	¡Es muy caro! ¿Me puede…. **hacer un descuento**?	Los pantalones me parecen **bonitos** pero la blusa me parece **fea**.	No, no voy a comprar nada.	los nacionalistas y los republicanos
\$500	Quiero probarme esta chaqueta. ¿Dónde está el probador?	Me la llevo.	Esa chaqueta me queda (muy) pequeña.	Estuve en el centro comercial **por** dos horas. Compré un cinturón **por** \$20. **Por** fin, volví a casa.	el catalán, el gallego, el euskera (el vasco)

Capítulo 7: ¡Sabelotodo! – Soluciones

	Las invitaciones y las diversiones	Las estaciones y el tiempo	Las celebraciones y las tradiciones	Los cuentos; el imperfecto y el pretérito	Costa Rica
$100	**Para aceptar** *(any one)*: ¡Me encantaría! / ¡Cómo no! / ¡Qué buena idea! **Para declinar:** Lo siento, pero tengo que… / Gracias, pero no puedo.	la estación de lluvia, la estación seca	la Noche Vieja; el Año Nuevo	**jugar:** jugaba, jugabas, jugaba, jugábamos, jugabais, jugaban **comer:** comía, comías, comía, comíamos, comíais, comían	San José
$200	*Any four logical activities, such as:* bucear en el mar, tomar el sol, nadar, esquiar, pasear en barco de vela, jugar al vóleibol, correr.	En los Estados Unidos: el invierno En Argentina: el verano	(1) el Día de la Independencia; (2) la Jánuca	**ir:** fuimos **celebrar:** celebramos **salir:** salimos **hacer:** hicimos **tener:** tuvimos	Arenal
$300	Me divertí (mucho). / Lo pasé (muy) bien.	Hace calor; Está despejado.	El 14 de febrero; *Any logical activity, such as:* regalar flores o chocolates, comer en un restaurante, brindar con champaña.	Cuando yo <u>era</u> niño, mi familia y yo <u>íbamos</u> al campo todos los años.	La carreta; se usaba para transportar café.
$400	*Any two logical questions, such as:* ¿Qué película dan? / ¿A qué hora empieza? / ¿Cuánto cuestan los boletos? / ¿Dónde nos encontramos?	¿Cuál es el pronóstico para mañana? / ¿Qué tiempo va a hacer mañana?	Para celebrar la <u>Navidad</u>, mi familia y yo <u>decoramos</u> un árbol y <u>cantamos</u> villancicos.	¡No me digas! ¿Cuándo ocurrió/pasó?	La abolición del ejército / El presidente disolvió el ejército.
$500	El fin de semana pasado, yo <u>monté</u> a caballo, <u>hice</u> caminatas y <u>fui</u> de caza.	*Any three logical statements describing today's weather, such as:* Hace frío/calor/fresco. Hace sol/viento. Está nublado/despejado. Está lloviendo/nevando.	*Any two logical activities for each:* La Noche de las Brujas: pedir dulces, llevar disfraz. El Día de Acción de Gracias: reunirse con la familia, comer pavo, comer pastel de calabaza, mirar partidos de fútbol americano.	Elena <u>fue</u> a las montañas el fin de semana pasado. Mientras ella <u>acampaba</u>, <u>empezó</u> a nevar.	En septiembre, las tortugas llegan a la costa pacífica de Costa Rica para depositar huevos.

Capítulo 8: ¡Sabelotodo! – Soluciones

	Las diligencias y las instrucciones	Los mandatos formales	Las partes del cuerpo y en el consultorio médico	El presente del subjuntivo	Ecuador
$100	*Is it in walking distance? / Can you walk there?*	(b) Caminen cien metros.	*Any 8 parts of the body except for* **pies, espalda, cabeza, muñeca:** el ojo, la oreja, el oído, la lengua, la nariz, la boca, la garganta, el cuello, el corazón, el pulmón, el pecho, la pierna, el brazo, la mano, etc.	(b) para hacer recomendaciones	Quito
$250	(1) en el correo (2) en el banco (3) en la farmacia	**visitar:** visite, visiten **comer:** coma, coman	(1) Me <u>duelen</u> los pies. (2) A mis padres les <u>duele</u> la espalda.	Es importante <u>que</u> Ud. descanse en casa.	50%
$500	(1) detrás de (2) a la derecha de (3) lejos	**hacer:** haga, hagan **volver:** vuelva, vuelvan	Yo <u>estoy/me siento</u> mal; <u>tengo</u> fiebre y dolor de cabeza.	(1) Ud. <u>beba</u> (2) Uds. <u>beban</u> (3) tú <u>bebas</u>	la Mitad del Mundo; el hemisferio norte y el hemisferio sur
$750	¿Cómo se va a…? *OR* ¿Hay un/una ___ por aquí? *OR* Por favor, ¿dónde está el/la ___?	**ser:** sea, sean **estar:** esté, estén **dar:** dé, den	(1) el jarabe (2) los antibióticos (3) un yeso	(1) Yo <u>le</u> recomiendo que Ud. <u>tome</u> estas pastillas. (2) Yo <u>te</u> recomiendo que tú <u>tomes</u> estas pastillas.	las islas Galápagos; las tortugas
$1000	Vaya a la esquina, doble a la izquierda y siga derecho por tres cuadras.	Tome estas pastillas y guarde cama.	*Any two logical sentences, such as:* Me duele el estómago. Tengo náuseas/ vómitos/ diarrea.	*Any logical and grammatically correct response, such as:* Te recomiendo que descanses. / Es importante que bebas jugo de naranja.	Francisco de Orellana

Capítulo 9: ¡Sabelotodo! – Soluciones

	Las vicisitudes	Los grandes momentos de la vida	Cuéntame de tu vida	El presente del subjuntivo	Chile
$100	(c) Mi compañero y yo nos llevamos bien.	(a) *I'm excited.* (b) *I'm proud.* (c) *I'm depressed.*	*What's new?*	**ser:** sean **ir:** vayan **estar:** estén	Santiago
$200	*I have to turn in a paper tomorrow.*	(a) Mi hermana está **embarazada**; el bebé va a nacer en junio. (b) Mi hermano y su novia rompieron su **compromiso** porque ella salió con otro chico.	**Acabo** de tener una entrevista para una beca.	**acostarse:** me acueste; nos acostemos **entender:** entienda; entendamos	el esquí y el snowboard
$300	(a) Debes dormir ocho horas **diarias**. (b) Tienes que comer comidas **balanceadas**.	(a) graduarse (b) morir(se)	(a) Todo se va a arreglar.	(a) presente del indicativo (b) presente del subjuntivo (c) presente del subjuntivo	Michelle Bachelet
$400	Paco, los cigarrillos son malos para tu salud. Es importante que tú **dejes** de fumar.	*Accept any logical reaction from each group.* **Buenas noticias:** ¡Cuánto me alegro! / ¡Qué buena noticia! / ¡Estupendo! / ¡Qué bueno! **Malas noticias:** ¡Cuánto lo siento! / ¡Qué pena! / ¡Lo siento mucho!	(a) certeza (b) duda (c) duda	(a) *I advise you . . .* (b) *I suggest that . . .* (c) *I prohibit you . . . / I forbid you . . .*	Chile es un líder global en la exportación de **vino(s)** y también exporta muchas **frutas** y **verduras/ vegetales**.
$500	*Accept any logical response with the verbs in infinitive form:* Tienes que **dejar de posponer las cosas / organizarte mejor**.	Me sorprende que (ellos) se casen.	Creo que ellos me **van** a dar el trabajo pero dudo que ellos me **paguen** mucho.	(a) Esperamos que… (b) Es triste que… (c) Me preocupa que…	Es un desierto. Está en el norte de Chile.

Vocabulario

ESPAÑOL - INGLÉS

The meanings provided in this glossary are limited to those used in the contexts of this textbook. Genders of nouns are given only if they are an exception to the **-o** and **-a** endings. The number of the chapter where the vocabulary word or expression first appears is indicated in parentheses after the definition. Spelling changes in stem-changing verbs are indicated in parentheses after the verb given, where appropriate.

The following abbreviations are used in this glossary:

adj.	adjective	**m.**	masculine
conj.	conjunction	**n.**	noun
f.	feminine	**PP**	paso preliminar
form.	formal	**pl.**	plural
inf.	infinitive	**sing.**	singular
inform.	informal	**v.**	verb

A

a *prep. at, to*
  a finales de *at the end of (5)*
  a la derecha *to the right (3)*
  a la izquierda *to the left (3)*
  a la parrilla *grilled (4)*
  a menudo *often, frequently (1)*
  ¿a qué hora? *at what time? (1)*
  a veces *sometimes (3)*
abanico *fan (6)*
abierto(a) *open (2)*
abogado(a) *lawyer (5)*
abrigo *coat (6)*
abril *April (2)*
abrir *to open (PP)*
abuela *grandmother (1)*
abuelo *grandfather (1)*
abuelos *grandparents (1)*
acabar de (+ inf.) *to have just (done something) (9)*
acampar *to go camping (7)*
aceptar *to accept (6)*
aconsejar *to advise (9)*
acontecimiento *event (9)*
acostarse (ue) *to go to bed (3)*
acostumbrar (a) *to be accustomed (to) (7)*
actividad *(f.) activity (1)*
aderezo *salad dressing (4)*
¿adónde? *to where? (1)*
aeropuerto *airport (8)*
afeitarse *to shave (3)*
agencia de viajes *travel agency (2)*
agente de bienes raíces *(m., f.) real estate agent (5)*
agosto *August (2)*
agotado(a) *exhausted (9)*
agricultor(a) *farmer (5)*

agua *(f.)* **de la llave** *tap water*
ajetreado(a) *hectic (3)*
ají picante *(m.) chili pepper*
ajustado(a) *tight-fitting (6)*
alegrar *to make happy (9)*
alegrarse *to be happy (9)*
alfombra *rug (3)*
álgebra *algebra (5)*
algo *anything, something (1)*
algodón *(m.) cotton*
alimentarse *to eat, nourish oneself*
allí mismo *right there (8)*
almacén *(m.) department store (6)*
  gran almacén *department store (6)*
almorzar (ue) *to eat lunch (4)*
almuerzo *(n.) lunch (4)*
alojamiento *lodging (5)*
alquilar *to rent (3)*
alto(a) *tall (3)*
ama de casa *homemaker (5)*
amable *friendly (3)*
amarillo(a) *yellow (6)*
amigo(a) *friend (3)*
amueblado(a) *furnished (3)*
análisis *(m.) analysis (8)*
anaranjado(a) *orange (color) (6)*
anfitrión (anfitriona) *host (hostess)*
anillo *ring (6)*
anteojos *eyeglasses (3)*
antes (de) *before (3)*
antibiótico *antibiotic (8)*
antipático(a) *unpleasant (3)*
antropología *anthropology (5)*
año *year (2)*
  año pasado *last year (5)*
  el próximo año *next year (5)*

apagar *to put out (7)*
apartamento *apartment (1)*
aparte de *aside from*
apellido *surname, last name (1)*
aplicarse *to apply, put on oneself (8)*
aprender *to learn (1)*
aprobar (ue) *to pass the basic courses (5)*
aprobarse (ue) *to be approved*
apuntes *(m.) notes (5)*
aquellos(as) *those*
árbol *(m.) tree (7)*
arena *sand*
arete *(m.) earring*
arma *weapon*
arreglarse *to fix oneself up, get ready (3)*
arroz *(m.) rice (4)*
arte *(m.) art (5)*
artesanía *arts and crafts, handicraft (6)*
asado(a) *roasted (4)*
asignatura *subject (5)*
asistir a *to attend (1)*
aspirina *aspirin (8)*
atropellar *run over*
aunque *even, even though (3); although*
autobús *(m.) bus (2)*
  parada de autobuses *bus stop (8)*
avenida *avenue (8)*
avión *(m.) airplane (2)*
ayer *yesterday (5)*
ayuda *(n.) help (9)*
ayudar *to help (3)*
azúcar *(m.) sugar (4)*
azul *blue (6)*
azul marino *navy blue (6)*

B

bailar *to dance (1)*
bajo(a) *short (3)*
balanceado(a) *balanced (9)*
banana *banana (4)*
banco *bank (2)*
bañarse *to take a bath (3)*
bañera *bathtub (3)*
baño *bath(room) (2)*
barato(a) *cheap, inexpensive (6)*
barba *beard (3)*
barco *boat*
  barco de vela *sailboat (7)*
barra (de pan) *loaf (of bread) (4)*
bastante *quite (8)*
bebé *(m., f.)* *baby (9)*
beber *to drink (4)*
beca *scholarship (9)*

beige *beige (6)*
bellas artes *fine arts (5)*
bendecir *to bless*
bendición *(f.)* *blessing*
biblioteca *library (1)*
bien *(adv.)* *well, fine (1)*
bistec *(m.)* *beef (4)*
bigote *(m.)* *moustache (3)*
boleto *(m.)* *ticket (2)*
billetera *wallet (6)*
biología *biology (5)*
blanco(a) *white (6)*
blusa *blouse (6)*
boca *mouth (8)*
boda *wedding (9)*
boina *beret (6)*
boleto *ticket (2)*

bolígrafo *pen (PP)*
bolsa *bag (4)*
bolso de cuero *leather purse (6)*
bordado(a) *embroidered*
borrador *(m.)* *eraser (PP)*
bosque *(m.)* *forest (2)*
bota *boot (6)*
botella *bottle (4)*
brazalete de plata *(m.)* *silver*
  bracelet (6)
brazo *arm (8)*
brevemente *briefly*
brindar *to toast, make a toast (7)*
brócoli *(m.)* *broccoli (4)*
bucear *to dive, snorkel (7)*
bueno(a) *good (3)*
buscar *to look for (6)*

C

caballo *horse*
  montar a caballo *to go horseback*
  riding (7)
cabeza *head (8)*
cacique *(m.)* *leader*
cadena de oro *gold necklace (6)*
caerse *to fall down (5)*
calcetín *(m.)* *sock (6)*
cálculo *calculus (5)*
calendario *calendar (PP)*
caliente *hot*
calle *(f.)* *street (1)*
calor *heat*
  hace calor *it's warm (7)*
  tener calor *to be hot (1)*
calvo(a) *bald (3)*
calzar *to wear, take (shoe size)*
cama *bed (2)*
  hacer la cama *to make the bed (3)*
camarero(a) *waiter (waitress) (4)*
camarón *(m.)* *shrimp (4)*
cambiar *to change; to exchange (8)*
caminar *to walk (8)*
caminata: hacer caminatas *to go hiking (7)*
camisa *shirt (6)*
camiseta *T-shirt (6)*
campo *country(side) (7)*
canción *(f.)* *song (1)*
candelabro *Menorah, candelabra (7)*
canela *cinnamon*
canoso(a) *gray-haired (3)*
cansado(a) *tired (1)*
cantante *(m., f.)* *singer*
cantar *to sing (7)*
cara *face (3)*
  lavarse la cara *to wash one's face (3)*
carácter *(m.)* *character, personality (3)*
caraqueño(a) *resident of Caracas*
cariñoso(a) *affectionate (3)*
caro(a) *expensive (6)*
carrera *major (field of study) (5); race (3)*
  carrera de auto *auto racing*
carta *letter (8); menu (4)*
cartas *(playing) cards (7)*

cartel *(m.)* *poster (PP)*
casa *house (1)*
casado(a) *married (1)*
casamiento *marriage*
casarse *to get married (9)*
casi nunca *hardly ever (1)*
castaño(a) *chestnut (color), brown (3)*
castañuelas *castanets (6)*
catarro *cold (8)*
catedral *(f.)* *cathedral (8)*
catorce *fourteen (PP)*
cazar *to hunt*
celebración *(f.)* *celebration (7)*
celebrar *to celebrate (7)*
cena *supper, dinner (4)*
cenar *to eat supper (3)*
cerca *near (by) (8)*
  cerca (de) *close to (1)*
cereal *cereal (4)*
cero *zero (PP)*
cerrado(a) *closed (2)*
cerrar (ie) *to close (2)*
cerveza *beer (4)*
césped *(m.)* *lawn*
champaña *champagne (7)*
chaqueta *jacket (6)*
cheque de viajero *(m.)* *traveler's check (2)*
chico(a) *boy (girl) (3)*
chocar contra *to run into*
chocolate *(m.)* *chocolate (4)*
chuleta de cerdo *pork chop (4)*
churro *fritter (4)*
cien *one hundred (2)*
cien mil *one-hundred thousand (2)*
ciencias naturales *natural sciences (5)*
ciencias políticas *political sciences (5)*
ciencias sociales *social sciences (5)*
ciento uno *one hundred one (2)*
cierto(a) *true, certain (9)*
cinco *five (PP)*
cinco mil *five thousand (PP)*
cincuenta *fifty (1)*
cine *(m.)* *cinema, movie theater (7)*
cinematografía *film-making (5)*

cinturón *(m.)* *belt (6)*
cita *(n.)* *date (9)*
ciudad *(f.)* *city (2)*
cliente *(m., f.)* *customer, client*
clínica *clinic (8)*
clóset *(m.)* *closet (3)*
coche *(m.)* *car (2)*
cocina *kitchen (3)*
cocinar *to cook (3)*
codo *elbow (8)*
colegio *elementary school, high school (1)*
collar *(m.)* *necklace (6)*
color *(m.)* *color (6)*
  color crema *cream color (6)*
  color miel *honey color, hazel (colored)*
comedor *(m.)* *dining room (3)*
comer *to eat (1)*
  dar de comer *to feed (3)*
comida *food, meal (4)*
  comida rápida *fast food*
comisaría *police station (8)*
¿cómo? *how? (1)*
cómoda *bureau (3)*
cómodo(a) *comfortable (6)*
compañero(a) *partner (PP); date, escort (9)*
  compañero(a) de clase *classmate (1)*
  compañero(a) de cuarto *roommate (3)*
compañía *company (1)*
  compañía multinacional *multinational*
  company (5)
compartir *to share (4)*
completo(a) *complete; full (2)*
comprar *to buy (3)*
comprender *to understand (1)*
comprensivo(a) *comprehensive*
comprometerse *to get engaged (9)*
compromiso *engagement (to be married) (9)*
computadora *computer (PP)*
con *with (1)*
  con frecuencia *frequently, often (3)*
  con lunares *polka-dotted (6)*
concierto *concert (7)*
conferencia *(n.)* *lecture (5)*
conjunto *(musical) group (7)*

conmigo *with me*

conocer *to know (a person) (2), to be introduced to, meet (7)*

conocido(a) *known*

conseguir (i) *to get, obtain (5)*

consejero(a) *counselor (5)*

consejo *advice (9)*

consultor(a) *consultant (5)*

contador(a) *accountant (5)*

contar (ue) *to tell (a story) (7)*

contento: estar contento(a) *to be happy (1)*

contestar *to answer (1)*

convenir (ie) *to be helpful*

convertirse (ie) *to become*

copa *glass (4)*

  copa de vino *glass of wine (4)*

corazón *(m.) heart (8)*

corbata *necktie (6)*

cordillera *mountain range*

correo *post office (8)*

correo electrónico *e-mail (1)*

correr *to run (1)*

cortar *to cut*

  cortarse *to cut oneself, get cut*

cosa *thing (1)*

costar (ue) *to cost (2)*

creer *to believe, think (opinion) (5)*

crema *cream (8)*

criar *to raise (children)*

cruel *cruel*

cruzar *to cross (8)*

cuaderno *notebook (PP)*

cuadra *block (of a street) (8)*

cuadro *painting (3)*

  de cuadros *plaid (6)*

¿cuál(es)? *which one(s)? (1)*

¿cuándo? *when? (1)*

¿cuánto(a)? *how much? (1)*

¿cuántos(as)? *how many? (1)*

cuarenta *forty (PP)*

cuarto *room (1); fourth (2)*

cuatro *four (PP)*

cuatrocientos *four hundred (2)*

cubierto *place setting (4)*

cubito de hielo *ice cube (4)*

cuchara *spoon (4)*

cucharita *teaspoon (4)*

cuchillo *knife (4)*

cuello *neck (8)*

cuenta *(n.) bill, check (2); account (2)*

cuento *short story (7)*

cuidado: tener cuidado *to be careful (1)*

cuidarse *to take care of oneself (9)*

cumbre *(f.) peak*

cumpleaños *birthday (7)*

  pastel de cumpleaños *(m.) birthday cake (7)*

curso *course, term (of study) (5)*

D

daño *damage*

dar *to give (3)*

  dar de comer *to feed (3)*

  dar un beso *to give a kiss (1)*

  dar un paseo *to take a walk (7)*

  darse la mano *to shake hands*

dato *fact, information (1)*

de *of; from*

  de estilo moderno *modern (in style)*

  de estilo tradicional *traditionally styled*

  de ida *one-way (2)*

  de ida y vuelta *round-trip (2)*

  de la madrugada *A.M. (early morning) (2)*

  de la mañana *A.M., 6 A.M. to noon (2)*

  de la noche *P.M., sundown to midnight (2)*

  de la tarde *P.M., noon to sundown (2)*

  de nada *you're welcome (PP)*

  de rayas *striped (6)*

  de tamaño mediano *medium-sized (3)*

debajo de *under (3)*

deber *to owe (4)*

  deber + inf. *must (4)*

  deberse a *to be due to*

décimo(a) *tenth*

decorar *to decorate (7)*

dedo *finger (8)*

dedo del pie *toe (8)*

dejar *to leave; to let (9)*

  dejar de (+ inf.) *to stop (doing something) (9)*

delante de *in front of (3)*

delgado(a) *thin (3)*

demasiado(a) *(too) much (5)*

dentista *(m., f.) dentist (5)*

dentro de *inside*

depender *to depend (9)*

deporte *(m) sport (1)*

deprimido(a) *depressed (9)*

derecho *(adv.) straight ahead (8); (n.) law (5); right*

desayunar *to eat breakfast (4)*

desayuno *(n.) breakfast (4)*

descansar *to rest, relax (7)*

descompuesto(a) *out of order (3)*

desconectarse *to disconnect; to have some down time (9)*

desconsolado(a) *grief-stricken (9)*

descuento *(n.) discount (2)*

desear *to want, wish for (4)*

desfile *(m.) parade (7)*

desocupar *to check out (of hotel)*

desordenado(a) *messy (3)*

desorganizado(a) *disorganized (5)*

despedirse (i, i) *to say good-bye*

despejado *clear (2)*

despertarse (ie) *to wake up (3)*

después *after (1); afterwards (5)*

  después de *after (5)*

detrás de *behind (3)*

día *(m.) day (2)*

  Día de Acción de Gracias *(m.) Thanks-giving (7)*

  Día de Año Nuevo *(m.) New Year's Day (7)*

  Día de la Independencia *(m.) Fourth of July (7)*

  Día de las Brujas *(m.) Halloween (7)*

  Día de los Enamorados *(m.) St. Valentine's Day (7)*

  día festivo *holiday (7)*

diagnóstico *diagnosis (8)*

diario(a) *daily (9)*

diarrea *diarrhea (8)*

dibujar *to draw (7)*

dibujo *drawing (7)*

diccionario *dictionary (PP)*

diciembre *December (2)*

diecinueve *nineteen (PP)*

dieciocho *eighteen (PP)*

dieciséis *sixteen (PP)*

diecisiete *seventeen (PP)*

diente *(m.) tooth (8)*

diez mil *ten thousand (2)*

diez *ten (PP)*

difícil *difficult (9)*

diligencia *errand (8)*

dimitir *to resign*

Dios *God*

dirección *(f.) address (1)*

director(a) de personal *personnel director (5)*

disco compacto *compact disc*

discutir *to discuss (9)*

disfraz *(m.) costume (7)*

disfrutar (de) *to enjoy (7)*

divertido(a) *funny (7)*

divertirse (ie) *to have a good time (3)*

divorciado(a) *divorced (1)*

divorciarse *to get divorced (9)*

doblar *to turn (8)*

doble *double (2)*

  habitación doble *(f.) double room (2)*

doce *twelve (PP)*

docena *dozen (4)*

doler (ue) *to hurt, ache (8)*

dolor *(m.) pain (8)*

domingo *Sunday (2)*

¿dónde? *where? (1)*

  ¿de dónde? *from where? (1)*

dormir (ue) *to sleep (2)*

dormirse (ue, u) *to fall asleep (3)*

dormitorio *dormitory (3)*

dos millones *two million (2)*

dos *two (PP)*

doscientos *two hundred (2)*

ducha *(n.) shower (2)*

ducharse *to take a shower (3)*

dudar *to doubt (9)*

dudoso(a) *doubtful (9)*

dulces *(m.) candy (7)*

durante *during (3)*

durazno *peach (4)*

E

ecología   ecology (5)
educación (f.)   education (5)
educado(a)   well-mannered
efectivo: en efectivo   cash (2)
ejercicio   exercise (1)
el   the (sing.) (PP)
embarazada   pregnant (9)
emocionado(a)   excited (9)
empezar   to begin
empleado(a)   employee; maid (3)
en   on (PP)
  en efectivo   cash (2)
  en el medio   in the middle (3)
enamorado(a)   in love (9)
enamorarse (de)   to fall in love
  (with) (8)
encantar   to love (a thing or activity) (5)
encarcelado(a)   incarcerated
encender (ie)   to light (7)
encima de   on top of (3)
encontrar (ue)   to find (6); to meet (7)
enero   January (2)
enfadar   to anger (9)
enfermarse   to get sick (7)
enfermedad (f.)   illness (8)
enfermero(a)   nurse (5)
enfermo(a)   sick, ill (1)
  estar enfermo(a)   to be sick (1)
enfrente de   opposite, across
  from (8)
enojado(a)   angry (1)
  estar enojado(a)   to be angry (1)
ensalada   salad (4)
ensayo   essay

enseguida   right away (4)
enterarse   to find out
entonces   then (5)
entre   between (3)
  entre semana   during the week (1)
entregar   to hand in (9)
entrevista (n.)   interview (9)
enviar   to send, to mail (3)
envolver (ue)   to wrap
época   era; time
equipo   team (7)
escalar en roca   to rock climb, go rock
  climbing (7)
escalera   stairs, staircase (3)
escaparate (m.)   window (of a shop)
escoger   to choose, pick, select (6)
escribir   to write (1)
escuchar   to listen   to (1)
ese/esa   that, that one (6)
esos/esas   those (3)
espalda   back (8)
esperar   to wait; to hope (7)
esposo(a)   husband (wife) (3)
esquiar   to ski (7)
esquina   (street) corner (8)
estación (f.)   season (of the year) (7)
estación de tren (f.)   train station (8)
estadidad (f.)   statehood
estadística   statistics (5)
estado libre asociado   commonwealth (1)
estampado(a)   printed (6)
estante   shelf (3)
estar   to be (1)
  estar contento(a)   to be happy (1)

estar de buen/mal humor   to be in a
  good/bad mood (1)
estar de maravilla   to be in awe (1)
estar enfermo(a)   to be sick (1)
estar enojado(a)   to be angry (1)
estar nervioso(a)   to be nervous (1)
estar ocupado(a)   to be busy (1)
estar pendiente de   to keep track of
estar preocupado(a)   to be worried (1)
estar triste   to be sad (1)
este/esta   this, this one (6)
estilo (n.)   style (3)
  de estilo moderno   modern (in style)
  de estilo tradicional   traditionally
    styled
estómago   stomach (8)
estos/estas   these, these ones(6)
estrella   star (7)
estresado(a)   stressed out (9)
estudiante (m., f.)   student (PP)
  estudiante de derecho (m., f.)   law
    student
  estudios de postgrado   graduate
    school (5)
  estudios profesionales   professional
    studies (5)
estufa   stove (3)
excursión (f.)   trip, tour (2); field trip (5)
exhibir   to be on exhibit (7)
exigente   demanding (5)
exigir   to require
éxito   success
explicación (f.)   explanation
exposición (f.)   exhibition (7)

F

fabuloso(a)   great (7)
falda   skirt (6)
fallecer   to pass away, to die (3)
faltar   to be short, missing,
  lacking (6)
familia   family (1)
familiar (m.)   family member (3)
farmacia   pharmacy (8)
fascinante   fascinating (5)
fatal   terrible (7)
febrero   February (2)
fecha (n.)   date (2)
feo(a)   ugly (3)
festival (m.)   festival (7)
festivo(a): día festivo   holiday (7)
fideo   noodle

fiebre (f.)   fever (8)
fiesta   party (1)
fin (m.)   end
  a finales de   at the end of (5)
  fin de semana   weekend (1)
  fin de semana pasado   last weekend (5)
  por fin   finally
firmar   to sign
física   physics (5)
flan (m.)   custard (4)
florecer   to flourish
formal   dressy, fancy (6)
foto (f.)   picture (1)
fractura (n.)   fracture (8)
frasco   jar (4)
fregadero   kitchen sink (3)

fresa   strawberry (4)
fresco: hace fresco   it's cool (7)
frijol (m.)   bean (4)
frío(a)   cold
  hace frío   it's cold (7)
  tener frío   to be cold (1)
frito(a)   fried (4)
fuego   fire
  fuegos artificiales   fireworks (7)
fuente (f.)   source (9)
fumar   to smoke (9)
función (f.)   show (7)
fundador(a)   founder
furioso(a)   furious (9)
fútbol (m.): fútbol (europeo)   soccer (1)
  fútbol americano   football (1)

G

gafas   eyeglasses (3)
  gafas de sol   sunglasses (6)
galleta   cookie (4)
ganado   livestock (5)
ganas: tener ganas de (+ inf.)   to feel like
  (doing something) (1)
garganta   throat (8)

gaseosa   soda (4)
gato   cat (3)
gemelos   twins (1)
geografía   geography (5)
gerente (m., f.)   manager (5)
gimnasio   gym (1)
gobernador(a)   governor (1)

gordo(a)   fat (3)
gorra   cap (6)
gracias   thank you, thanks (PP)
graduarse   to graduate (5)
gramática   grammar (1)
gran almacén (m.)   department store (6)
grave   severe (8); serious, grave (9)

gripe (f.) flu (8)
gris gray (6)
guante (m.) glove (6)

guapo(a) handsome (3)
guardar cama to stay in bed (8)
guayabera loose-fitting men's shirt (6)

guerra war (2)
gustar to like, be pleasing (1)

H

habitación (f.) room
  habitación doble double room (2)
  habitación sencilla single room (2)
hablar to talk, speak (1)
hacer to make, do
  hace buen(mal) tiempo it's good (bad)
    weather (7)
  hacer caminatas to go hiking (7)
  hacer ejercicio to exercise, do exercise (1)
  hacer estudios de postgrado to go to
    graduate school (5)
  hacer la cama to make the bed (3)
  hacer un picnic to have a picnic (7)
  hacer un viaje to take a trip (2)
hacerse to become (5)

hambre (f.): **tener hambre** to be hungry (1)
hamburguesa hamburger (4)
hámster (m.) hamster (3)
hasta until (3)
  hasta tarde until later (3)
hay (haber) there is/there are (PP)
helado ice cream (4)
herido: ser herido to be injured
hermanastro(a) stepbrother
  (stepsister) (3)
hermano(a) brother (sister) (1)
hijastro(a) stepson (stepdaughter) (3)
hijo(a) son (daughter) (1)
historia history (5)
hogar (m.) home (3)

hoja de papel sheet of paper (PP)
hombre (m.) man (6)
hombro shoulder (8)
honesto(a) honest
horario schedule (5)
horno oven (4)
  al horno baked (4)
hospital (m.) hospital (1)
hotel (m.) hotel (2)
hoy today (2)
  por hoy nowadays
huelga (n.) strike
huevos revueltos scrambled eggs (4)
humanidades (f.) humanities (5)
humilde (adj.) humble

I

ida: de ida one-way (2)
  de ida y vuelta round-trip (2)
iglesia church (7)
igualmente likewise
impermeable (m.) raincoat (6)
importar to matter (6)
impresora printer (PP)
indiferente indifferent
inesperado unexpected (8)
infección (f.) infection (8)

informática computer science (5)
ingeniería engineering (5)
ingeniero(a) engineer (5)
inglés (m.) English (language) (1)
inodoro toilet (3)
intercambiar to exchange (7)
interesar to be interested in, interest (5)
internado internship
intoxicación alimenticia (f.) food
  poisoning (8)

investigación (f.) research (5)
invierno winter (7)
inyección (f.) shot
ir to go (1)
  ir a pie to go on foot (8)
  ir de caza to hunt (7)
  ir de picnic to go on a picnic (7)
irresponsable irresponsible (3)
isla island (3)

J

jamón (m.) ham (4)
Janucá Hannukah (7)
jarabe (m.) (cough) syrup (8)
jardín (m.) yard (3)
joven young (3)

joya jewel
jueves Thursday (2)
jugador(a) player (7)
jugar (ue) to play (1)
jugo de naranja orange juice (4)

julio July (2)
junio June (2)
juntos(as) together (1)
justo(a) fair, equitable (5)

K

kilo kilo (metric pound) (4)

L

la the (sing.) (PP)
lado: al lado de to the side of (3)
lago lake (7)
lámpara lamp (3)
lana wool
langosta lobster (4)
lápiz (m.) pencil (PP)
largo(a) long (5)
lastimar to hurt, injure (8)
lastimarse to injure oneself, get hurt (8)
lavabo bathroom sink (3)
lavaplatos (m.) dishwasher (3)
lavar to wash (3)
  lavarse el pelo/las manos/la cara
    to wash one's hair/hands/face (3)
lechuga lettuce (4)

leer to read (1)
legado legacy
lejos far (8)
  lejos (de) far from (1)
lentamente slowly
levantamiento uprising
levantar pesas to lift weights (7)
levantarse to get up (3)
libertad (f.) freedom
libre free, unoccupied (9)
  tiempo libre free time (1)
libro book (PP)
limpiar to clean (1)
  limpiar el polvo to dust (3)
limpio(a) (adj.) clean (3)
lindo(a) pretty

literatura literature (5)
litro liter (4)
llave (f.) key (2)
llegada arrival (2)
llegar (ue) to arrive (2)
llevar to wear (clothing) (6); to take, carry (7)
  llevarse bien (mal) to get along well
    (poorly) with someone (9)
llover (ue) to rain (7)
lluvia rain (7)
los/las the (pl.) (PP)
luchar to fight (3)
lucir to stand out; to wear, show off
luego then, next, later (5)
lugar (m.) place (2)
lunes Monday (2)

M

madera *wood (4)*
madrastra *stepmother (3)*
madre *(f.)* *mother (1)*
madrina *godmother (3)*
madrugada *dawn, early morning (5)*
maestría *master's degree*
maestro(a) *teacher (5)*
maíz *(m.)* *corn (4)*
mal de altura *(m.)* *altitude sickness (8)*
mal(o)(a) *bad (1)*
maleducado(a) *rude, ill-mannered*
manifestación *(f.)* *demonstration*
mano *(f.)* *hand*
  lavarse las manos *to wash one's hands (3)*
mantequilla *butter (4)*
mantilla *lace scarf (6)*
mañana *tomorrow (2)*
  de la mañana A.M., 6 A.M. to noon (2)
  por la mañana *in the morning (1)*
mapa *(m.)* *map (PP)*
maquillarse *to put on make-up*
maquinaria *machinery (5)*
maracas *maracas (6)*
marcar *to score*
mareo *dizziness, light-headedness, motion sickness (8)*
mariscos *shellfish (4)*
marrón *brown (6)*
martes *Tuesday (2)*
marzo *March (2)*
más *more*
  más tarde *later on (5)*
  más... que *more . . . than (3)*

mascota *pet (3)*
matemáticas *mathematics (5)*
mayo *May (2)*
mayonesa *mayonnaise (4)*
mayor *older; elderly (3)*
mechado(a) *shredded*
media hermana *half sister (3)*
mediano(a) *medium (3)*
  de tamaño mediano *medium-sized (3)*
medianoche *(f.)* *midnight (2)*
medicina *medicine (5)*
médico(a) *doctor (5)*
medio *half*
  de en medio *middle (child) (3)*
  en el medio *in the middle (3)*
medio hermano *half brother (3)*
mediodía *(m.)* *noon, midday (2)*
mejilla *cheek*
mejor *better; best (3)*
melocotón *(m.)* *peach (4)*
menor *younger; youngest (3)*
menos... que *less . . . than (3)*
mensaje *(m.)* *message, text message (3)*
mentiroso(a) *lying, deceitful*
menú *(m.)* *menu (4)*
mercado *market (6)*
merendar (ie) *to snack (4)*
merienda *snack; snack time (4)*
mermelada *marmalade (4)*
mes *(m.)* *month (2)*
  mes pasado *last month (5)*
  mes próximo *next month (5)*
mesa *table (PP)*

mesita *end table (3)*
mesita de noche *night stand (3)*
mí mismo(a) *myself (5)*
microondas *microwave (3)*
miedo: tener miedo *to be afraid (1)*
miércoles *Wednesday (2)*
mil *one thousand (2)*
millón *(m.)* *million (2)*
mirar *to watch, to look at (1)*
mochila *backpack (PP)*
moda *fashion (6)*
  última moda *latest fashion (6)*
moderno(a) *modern (3)*
molestar *to bother; to irritate (9)*
montaña *mountain (7)*
montar en bicicleta (a caballo) *to ride a bike (a horse) (1)*
morado(a) *purple (6)*
morirse (ue, u) *to die (9)*
mostrar (ue) *to show (6)*
moverse (ue) *to move (a part of the body)*
muchísimo(a) *very much (7)*
mucho(a) *much, a lot (1)*
mudarse *to move (one's residence), move out*
muebles *(m.)* *furniture (3)*
muerte *(f.)* *death*
mujer *(f.)* *woman (6)*
multinacional *(adj.)* *multinational (5)*
muñeca *wrist (8)*
museo *museum (2)*
música *music (1)*

N

nacer *to be born (1)*
nadar *to swim (7)*
nariz *(f.)* *nose (8)*
náuseas *nausea (8)*
navegar *to navigate, surf (the Internet)*
Navidad *(f.)* *Christmas (7)*
necesitar *to need (1)*
negocios *business (5)*
negro(a) *black (3)*
nervioso: estar nervioso(a) *to be nervous (1)*
nevar (ie) *to snow (7)*
nieto(a) *grandson (granddaughter) (3)*

nieve *(f.)* *snow (7)*
niñez *(f.)* *childhood*
niño(a) *child*
noche *(f.)* *night*
  de la noche P.M., *sundown to midnight (2)*
  por la noche *in the evening (1), at night (5)*
Noche Vieja *(f.)* *New Year's Eve (7)*
Nochebuena *Christmas Eve (7)*
nombre *(m.)* *name (1)*
normalmente *normally, usually (3)*
nota *(n.)* *(academic) grade (5)*

noticias *news (3)*
novecientos *nine hundred (2)*
novela *novel (1)*
noveno(a) *ninth (6)*
noventa *ninety (PP)*
noviembre *November (2)*
novio(a) *boyfriend/girlfriend (1); fiancé/ fiancée (9)*
nublado *cloudy (7)*
nueve *nine (PP)*
nuevo(a) *new (1)*
número *number (1)*
nunca *never (PP)*

O

obra (de teatro) *play, drama (7)*
obrero(a) *laborer (5)*
observatorio *observatory (5)*
ochenta *eighty (PP)*
ocho *eight (PP)*
ochocientos *eight hundred (2)*
octavo(a) *eighth (6)*
octubre *October (2)*

ocupado(a) *busy (1)*
  estar ocupado(a) *to be busy (1)*
ocupar *to check in (a hotel)*
ocurrir *to happen, occur (7)*
oficina *office*
  oficina de turismo *tourism office (8)*
oficio *occupation, trade (5)*
oído *inner ear (8)*
ojalá *I hope that . . . ; May . . . (9)*

ojo *eye (3)*
once *eleven (PP)*
optimista *optimistic (9)*
ordenado(a) *neat, tidy (3)*
oreja *outer ear (8)*
organizar *to organize (9)*
orgulloso(a) *proud (9)*
otoño *autumn, fall (7)*
otro(a) *other; another (7)*

P

paciente *(m., f.)* patient *(8)*
padecer to suffer (from illness)
padrastro stepfather *(3)*
padre *(m.)* father *(1)*
padres parents *(1)*
padrino godfather *(3)*
paella rice dish with saffron, seafood, chicken *(4)*
pagar to pay (for) *(6)*
página page *(PP)*
pájaro bird *(3)*
palta rellena avocado stuffed with chicken or tuna salad *(4)*
pan *(m.)* bread *(4)*
   barra (de pan) loaf (of bread) *(4)*
   pan tostado *(m.)* toast *(4)*
panecillo roll (bread) *(4)*
pantalones cortos *(m.)* shorts *(6)*
pantalones *(m.)* pants *(6)*
papa potato *(4)*
papas fritas French fries *(4)*
papelería stationery store
paquete *(m.)* package *(4)*
¿para qué? what for? *(1)*
paracetamol acetaminophen, Tylenol *(8)*
parada de autobuses bus stop *(8)*
paraguas *(m.)* umbrella *(6)*
parecer to seem, appear *(6)*
pariente(a) *(n.)* relative *(3)*
parrilla: a la parrilla grilled *(4)*
parque *(m.)* park *(1)*
parque zoológico *(m.)* zoo *(8)*
partido game *(1)*
pasado(a) last *(5)*
pasar to spend (time) *(1)*
   pasarlo bien to have a good time *(7)*
Pascua Easter *(7)*
pasear to stroll *(7)*
paseo: dar un paseo to take a walk *(7)*
pasillo aisle *(3)*
pastel *(m.)* cake *(7)*
   pastel de calabaza *(m.)* pumpkin pie *(7)*
   pastel de cumpleaños *(m.)* birthday cake *(7)*
pastilla pill, tablet *(8)*
patata potato *(4)*
paterno(a) paternal *(3)*
patinar (sobre hielo) to (ice) skate *(1)*
pavo turkey *(7)*
pecas freckles
pecho chest *(8)*
pedir (i, i) to ask for; to order *(4)*
   pedir la bendición to ask someone for a blessing
peinarse to comb one's hair

película movie *(1)*
pelo hair *(3)*
   lavarse el pelo to wash one's hair *(3)*
pendiente: estar pendiente de to keep track of
pensar (ie) to think, to plan *(2)*
peor worse; worst *(3)*
pera pear *(4)*
perder (ie) to lose *(8)*
perderse (ie) to get lost *(8)*
perdón pardon me, excuse me *(PP)*
perezoso(a) lazy *(3)*
periódico newspaper *(1)*
periodismo journalism *(5)*
periodista *(m., f.)* journalist *(5)*
perro dog *(3)*
perseguir to pursue
personaje *(m.)* character (of a story) *(9)*
personalidad *(f.)* personality *(3)*
pesa: levantar pesas to lift weights *(7)*
pesado(a) heavy *(5)*
Pésaj *(m.)* Passover *(7)*
pescado fish (cooked) *(4)*
pescar to fish *(7)*
pesimista pessimistic *(9)*
pésimo miserable *(7)*
pez tropical tropical fish *(3)*
picnic *(m.)*: **ir de picnic** to go on a picnic *(7)*
pie *(m.)* foot *(8)*
   ir a pie to go on foot *(8)*
pierna leg *(8)*
pimienta black pepper *(4)*
pintar to paint *(7)*
pintura painting *(7)*
piña pineapple *(4)*
piscina swimming pool *(2)*
piso floor *(6)*
pizarra chalkboard *(PP)*
planchar to iron *(3)*
   planta baja ground/first floor *(6)*
planta floor *(6)*
plátano banana *(4)*
plato dish *(3)*
   plato de cerámica ceramic plate *(6)*
   plato principal first course *(4)*
   segundo plato second course *(4)*
playa beach *(2, 7)*
poco(a) (a) little, not much *(1)*
poder (ue) to be able, can *(2)*
poesía poetry *(1)*
pollo asado roast chicken *(4)*
poner to put; to turn on (TV, radio); to set (the table) *(3)*
ponerse to put on *(3)*

ponerse en forma to get in shape *(9)*
por by
   por casualidad by chance
   por fin finally *(5)*
   por la mañana in the morning *(1)*
   por la noche at night *(1)*
   por la tarde in the afternoon *(1)*/in the evening *(5)*
¿por qué? why? how come? *(1)*
porque because *(1)*
posponer to postpone, put off *(9)*
postre *(m.)* dessert *(4)*
practicar to play (a sport), practice *(1)*
preferir (ie) to prefer *(2)*
pregunta *(n.)* question *(1)*
preguntar to ask
prenda (de vestir) article of clothing *(6)*
preocupado(a) worried *(1)*
   estar preocupado(a) to be worried *(1)*
preocuparse to worry *(9)*
preparar to prepare *(3)*
presentación *(f.)* presentation *(5)*
presentar to present, to introduce *(7)*
préstamo loan
primavera spring *(7)*
primer plato first course *(4)*
primero(a) first *(5)*
primo(a) cousin *(3)*
principios: a principios de at the beginning of *(5)*
prisa: tener prisa to be in a hurry *(1)*
privado(a) private *(2)*
probable likely, probable *(9)*
probador *(m.)* dressing room *(6)*
probar (ue) to taste, to try *(4)*
   probarse (ue) to try on *(6)*
procrastinar to procrastinate *(9)*
profesor(a) professor *(PP)*, teacher *(1)*
programa *(m.)* program, show *(1)*
programador(a) programmer *(5)*
prohibir to forbid; to prohibit *(9)*
pronóstico forecast *(7)*
propina tip *(4)*
protector solar sunscreen *(8)*
proteger to protect
próximo(a) next *(5)*
proyecto project *(5)*
psicología psychology *(5)*
psicólogo(a) psychologist *(5)*
pueblo group of people *(2)*
puesto job *(9)*
pulmones *(m.)* lungs *(8)*
punto stitch
pupitre *(m.)* desk *(PP)*

Q

¿quién(es)? who? *(1)*
¿qué? what? *(1)*
quedar to fit *(6)*
   quedarse to stay, to remain *(7)*
quehaceres *(m.)* household chores *(3)*
queja complaint *(9)*

quemarse to get burned
querer (ie) to want *(PP, 2)*
queso cheese *(4)*
química chemistry *(5)*
quince fifteen *(PP)*
quinientos five hundred *(2)*

quinto fifth *(2)*
quisquilloso(a) picky *(5)*
quitar el polvo to dust
quitarse to take off (clothing) *(3)*
quizás perhaps *(9)*

R

radiodespertador (*m.*)   *clock radio (with alarm) (3)*
radiografía   *x-ray*
rama   *branch*
rato   *while (5)*
razón (*f.*): **tener razón**   *to be right (1)*
rebaja: de rebaja   *on sale (6)*
receta   *recipe (4); prescription (8)*
recetar   *to prescribe (8)*
rechazar   *to reject*
recibir   *to receive (7)*
recoger   *to put in order, pick up a room (3)*
recolectar   *to collect (5)*
recomendar (ie)   *to recommend (4)*
recuerdo   *souvenir (6)*
red social (*f.*)   *social network (1)*
redacción (*f.*)   *writing*

refresco   *soda (4)*
refrigerador (*m.*)   *refrigerator (3)*
regalar   *to give (as a present) (7)*
regalo   *present, gift (7)*
   papel de regalo   *wrapping paper*
regatear   *to bargain, haggle over a price (6)*
regresar   *to return, go back (1)*
regular (*adj.*)   *average, so-so (5)*
relajarse   *to relax (7)*
reloj (*m.*)   *clock (PP)*
remedio   *remedy (8)*
renombre (*m.*)   *renown*
reproductor de MP3/MP4 (*m.*)   *MP3/MP4 player (PP)*
resbaloso(a)   *slippery (7)*
reservación (*f.*)   *reservation (2)*
resfriado (*n.*)   *cold (8)*

residencia estudiantil   *residence, dormitory (1)*
respuesta   *response, answer (1)*
restaurante (*m.*)   *restaurant (1)*
retrato (*n.*)   *portrait*
reunirse   *to get together (7)*
revista   *magazine (1)*
revuelto(a)   *scrambled (4)*
rico(a)   *delicious (4)*
rodilla   *knee (8)*
rojo(a)   *red (3)*
romper   *to break (up) (9)*
romperse   *to break (7)*
ropa   *clothing (6)*
rosado(a)   *pink (6)*
roto(a)   *broken (3)*
rubio(a)   *blond(e) (3)*

S

sábado   *Saturday (2)*
saber   *to know* (information) *(8)*
sabroso(a)   *delicious*
sacar   *to get a grade (5)*
   sacarle   *to take (out)*
sal (*f.*)   *salt (4)*
sala   *living room (3)*
   sala de clase   *classroom (PP)*
salida   *departure (2)*
salir   *to leave, go out (3); to go out* (on a social occasion) *(7)*
   salir bien (mal)   *to do well (poorly) (9)*
saludar   *to greet*
sandalia   *sandal (6)*
sandía   *watermelon (4)*
sándwich (*m.*)   *sandwich (4)*
sarape (*m.*)   *Mexican sarape (6)*
seco(a)   *dry*
sed (*f.*): **tener sed**   *to be thirsty (1)*
seda   *silk*
seguir (i, i)   *to follow (3)*
segundo(a)   *second (2)*
   segundo plato   *second course (4)*
seguro(a)   *sure (9)*
seis   *six (PP)*
seiscientos   *six hundred (2)*

sello (postage)   *stamp (8)*
semana   *week (2)*
   fin de semana (*m.*)   *weekend (1)*
   semana pasada   *last week (5)*
   Semana Santa   *Holy Week*
semestre (*m.*)   *semester (1)*
sencillo(a)   *simple (6)*
   habitación sencilla (*f.*)   *single room (2)*
sentarse (ie)   *to sit down (3)*
sentir (ie, i)   *to regret, be sorry (9)*
   sentirse (ie, i)   *to feel (3)*
señalar   *to point out*
separarse   *to separate, to get a (marital) separation (9)*
septiembre   *September (2)*
séptimo(a)   *seventh (6)*
ser   *to be (1)*
   ser herido   *to be injured*
serio(a)   *serious (3)*
servilleta   *napkin (4)*
servir (i, i)   *to serve (4)*
sesenta   *sixty (PP)*
setecientos   *seven hundred (2)*
setenta   *seventy (PP)*
sexto(a)   *sixth (6)*
sí mismo(a)   *himself, herself*

siempre   *always (3)*
siete   *seven (PP)*
siglo   *century*
silla   *chair (PP)*
simpático(a)   *likable (3)*
sinagoga   *synagogue (7)*
síntoma (*m.*)   *symptom (8)*
sobre   *above; on (3)*
sobrevivir   *to survive*
sobrino(a)   *nephew (niece) (3)*
sociología   *sociology (5)*
sofá (*m.*)   *sofa (3)*
sol: hace sol   *it's sunny (7)*
soltero(a)   *single (1)*
sombrero   *hat (6)*
sopa   *soup (4)*
sorprender   *to surprise (9)*
sorprendido(a)   *surprised (9)*
sótano   *basement (6)*
su   *your* (formal) *(PP)*
sucio(a)   *dirty (3)*
sudadera   *sweatshirt (6)*
sueño: tener sueño   *to be sleepy (1)*
suéter (*m.*)   *sweater (6)*
suficiente   *enough (9)*
supermercado   *supermarket*

T

tal vez   *maybe, perhaps (9)*
talla   *size (6)*
tamaño   *size (3)*
tan... como   *as . . . as (3)*
tanto(a)(s)... como   *as much (many) . . . as (3)*
tarde (*f.*)   *afternoon (2); (adv.) late (3)*
   de la tarde   P.M., *noon to sundown (2)*
   más tarde   *later on (5)*
   por la tarde   *in the afternoon (1)*
tarjeta   *card (2)*
   tarjeta de crédito   *credit card (2)*
   tarjeta de débito   *debit card (2)*
   tarjeta estudiantil   *student I.D. card (2)*
   tarjeta postal   *postcard (8)*

taza   *cup (4)*
   taza de café   *cup of coffee (4)*
té (*m.*)   *tea (4)*
teatro   *theater (7)*
teléfono celular   *cell phone (PP)*
televisión (*f.*)   *television (1)*
televisor (*m.*)   *television set (3)*
temperatura   *temperature (7)*
temporalmente   *temporarily (9)*
temprano   *early (3)*
tenedor (*m.*)   *fork (4)*
tener   *to have (1)*
   tener calor   *to be hot (1)*
   tener cuidado   *to be careful (1)*

tener frío   *to be cold (1)*
tener ganas de (+ inf.)   *to feel like* (doing something) *(1)*
tener hambre   *to be hungry (1)*
tener lugar   *to take place (9)*
tener miedo   *to be afraid (1)*
tener prisa   *to be in a hurry (1)*
tener razón   *to be right (1)*
tener sed   *to be thirsty (1)*
tener sueño   *to be sleepy (1)*
tener vómitos   *to be vomiting (8)*
tenis (*m.*)   *tennis (1)*
teoría   *theory (5)*
tercer(o)(a)   *third (2)*

terminar *to finish (7)*
tía *aunt (1)*
tiempo *weather (7)*
tiempo libre *free time (7)*
tienda *(n.) store (2)*
tímido(a) *shy (3)*
tina *bathtub (3)*
tío *uncle (1)*
tiza *chalk (PP)*
tobillo *ankle (8)*
tocar *to play (a musical instrument);
  to touch (1)*
toda la noche *all night*
todos los días *every day (1)*
tomar *to take, drink (1); to take (4)*
  tomar apuntes *to take notes (5)*

tomar el sol *to sunbathe (7)*
tomate *(m.) tomato (4)*
torcer *(ue) to twist, sprain*
tormenta *storm (7)*
torta *cake (4)*
tortilla *omelette (4); flour tortilla
  (Mexico) (4)*
tos *(f.) cough (8)*
trabajador(a) *hard-working (3)*
  trabajador(a) social *social
    worker (5)*
trabajar *to work (1)*
trabajo *(n.) work, job (3)*
  trabajo escrito *written paper (9)*
tradicional *traditional*
traje *(m.) suit (6)*

traje de baño *(m.) bathing suit (6)*
transporte *(m.) transportation (2)*
tras *after*
tratado *treaty*
tratar de *(+ inf.) to deal with,
  to be about (9)*
  tratarse *to treat oneself (9)*
trece *thirteen (PP)*
treinta *thirty (PP)*
treinta y uno *thirty-one (PP)*
tren *(m.) train (2)*
trepar *to climb*
tres *three (PP)*
trescientos *three hudred (2)*
triste *sad (1)*
  estar triste *to be sad (1)*

U

último(a) *last (6)*
  última moda *latest fashion (6)*

un poco (de)... *a little (of) . . . (1)*
universidad *(f.) university (1)*

uno *one (PP)*

V

vacaciones *(f.) vacation (7)*
vacunarse *to get innoculated (8)*
valer *to cost*
vaqueros *jeans (6)*
vaso *glass (4)*
  vaso de leche *glass of milk (4)*
vecino(a) *neighbor (1)*
veinte *twenty (PP)*
veintidós (veintitrés, veinticuatro...)
  *twenty-two (twenty-three, twenty-four . . .)
  (PP)*
veintiuno *twenty-one (PP)*
vela *candle (7)*
velorio *wake, vigil*
vendedor(a) *salesperson (5)*

ventaja *advantage*
ventana *window (PP)*
ver *to look (7)*
verano *summer (7)*
verdad *(f.) truth (9)*
verde *green (3)*
vestido *dress (6)*
vestirse *(i, i) to get dressed (3); to wear(6)*
veterinario(a) *veterinarian (5)*
viajar *to travel (2)*
viaje *(m.) trip (2)*
vida *life*
  vida diaria *daily life*
  vida marina *aquatic life (5)*
vídeo *video (1)*

videojuegos *video games (1)*
viejo(a) *old (3)*
viento: hace viento *it's windy (7)*
viernes *Friday (2)*
villancico *(Christmas) carol (7)*
visitar *to visit (1)*
vivir *to live (1)*
volver *(ue) to return, to go back (2)*
vómito *vomiting (8)*
vuelo *airplane flight (2)*
vuelta: de ida y vuelta *round-trip (2)*
vuestro(a) *your (inform., pl.)(1)*

Y

y *and (1)*

yeso *cast (8)*

yo *I (1)*

Z

zona arqueológica *archaeological site (2)*

Vocabulario

INGLÉS - ESPAÑOL

The following abbreviations are used in this glossary:

adj.	adjective	**m.**	masculine
conj.	conjunction	**n.**	noun
f.	feminine	**PP**	paso preliminar
form.	formal	**pl.**	plural
inf.	infinitive	**sing.**	singular
inform.	informal	**v.**	verb

A

A.M. *de la mañana;* A.M., **early morning**
   de la madrugada (2)
a *un(a) (PP)*
   (a) little *poco(a) (1)*
   a lot *mucho(a) (1)*
above *sobre (3)*
accept *aceptar (6)*
account *cuenta (2)*
accountant *contador(a) (5)*
accustomed: to be accustomed
   (to) *acostumbrar a (7)*
acetaminophen *paracetamol (8)*
ache *(v.) doler (ue) (8)*
across from *enfrente de (8)*
activity *actividad (f.) (1)*
address *(n.) dirección (f.) (1)*
advice *(n.) consejo (9)*
advise *aconsejar (9)*
affectionate *cariñoso(a) (3)*
afraid: to be afraid *tener miedo (1)*
after *después (1); después de (5)*
afternoon *tarde (f.) (1)*
   in the afternoon *por la tarde (1)*
afterwards *después (5)*
ahead: straight ahead *derecho*
   (adv.) (8)

airplane *avión (m.) (2)*
   airplane flight *vuelo (2)*
airport *aeropuerto (8)*
aisle *pasillo (3)*
algebra *álgebra (5)*
all night *toda la noche*
although *aunque (6)*
altitude sickness *mal de altura (8)*
always *siempre (3)*
analysis *análisis (m.) (8)*
and *y (1)*
anger *(v.) enfadar (9)*
angry *enojado(a) (1)*
   to be angry *estar enojado(a) (1)*
ankle *tobillo (8)*
another *otro(a) (7)*
answer *(n.) respuesta (1); (v.) contestar (1)*
anthropology *antropología (5)*
antibiotic *antibiótico (8)*
anything *algo (1)*
apartment *apartamento (1)*
appear *parecer (6)*
apply *aplicarse (8)*
approved: to be approved *aprobarse (ue) (1)*
April *abril (2)*
aquatic life *vida marina (5)*

archaeological site *zona arqueológica (2)*
arm *brazo (8)*
arrival *llegada (2)*
arrive *llegar (ue) (2)*
art *arte (m.) (5)*
   fine arts *bellas artes (5)*
   arts and crafts *artesanía (6)*
as . . . as *tan... como (3)*
as much (many) . . . as *tanto(a)(s)...*
   como (3)
aside from *aparte de*
ask *preguntar*
   ask for *pedir (i, i) (4)*
asleep: to fall asleep *dormirse (ue, u) (3)*
aspirin *aspirina (8)*
at night *por la noche (1)*
at what time? *¿a qué hora? (1)*
attend *asistir a (1)*
August *agosto (2)*
aunt *tía (1)*
auto racing *(n.) carrera de autos*
autumn *otoño (7)*
avenue *avenida (8)*
average *(adj.) regular (5)*
avocado stuffed with chicken or tuna
   salad *palta rellena (4)*

B

baby *(n.) bebé (m., f.) (9)*
back *espalda (8)*
backpack *mochila (PP)*
bad *mal(o)(a) (1)*
badly behaved *maleducado(a) (3)*
bag *(n.) bolsa (4)*
baked *al horno (4)*
balanced *balanceado(a) (9)*
bald *calvo(a) (3)*
banana *plátano, banana (4)*
bank *banco (2)*
bargain *(v.) regatear (6)*
basement *sótano (6)*

bath(room) *baño (2)*
bath: to take a bath *bañarse (3)*
bathing suit *traje de baño (m.) (6)*
bathroom sink *lavabo (3)*
bathtub *bañera, tina (3)*
be *estar, ser (1)*
   to be able *poder (ue) (2)*
   to be about *tratar de (+ inf.)*
   to be accustomed (to) *acostumbrar*
      a (7)
   to be afraid *tener miedo (1)*
   to be approved *aprobarse (ue)*
   to be careful *tener cuidado (1)*

   to be cold *tener frío (1)*
be due to *deberse a*
be happy *alegrarse (9)*
be helpful *convenir (ie)*
be hot *tener calor (1)*
be hungry *tener hambre (1)*
be in a good/bad mood *estar de buen/*
   mal humor (1)
be in a hurry *tener prisa (1)*
be injured *ser herido*
be interested in *interesar (5)*
be introduced to *conocer (7)*
be on exhibit *exhibir (7)*

be pleasing *gustar (1)*
be right *tener razón (1)*
be short, missing, lacking *faltar (6)*
be sleepy *tener sueño (1)*
be sorry *sentir (ie, i) (9)*
be thirsty *tener sed (1)*
be vomiting *tener vómitos (8)*
beach *(n.)* *playa (2, 7)*
bean *frijol (m.) (4)*
beard *barba (3)*
because *porque (1)*
become *convertirse (ie)*
bed *cama (2)*
   go to bed *acostarse (ue) (3)*
   make the bed *hacer la cama (3)*
beef *bistec (m.) (4)*
beer *cerveza (4)*
before *antes (de) (3)*
begin *empezar (ie)*
beginning: at the beginning of *a principios de (5)*
behind *detrás de (3)*
beige *beige (6)*
believe *creer (5)*
belt *cinturón (m.) (6)*
beret *boina (6)*

better, best *mejor (3)*
between *entre (3)*
bill *(n.)* *cuenta (2)*
biology *biología (5)*
bird *pájaro (3)*
birthday *cumpleaños (m.) (7)*
   birthday cake *pastel de cumpleaños (m.) (7)*
black *negro(a) (3)*
black pepper *pimienta (4)*
bless *bendecir*
blessing *bendición (f.)*
   ask someone for a blessing *pedir la bendición*
block (of a street) *cuadra (8)*
blond(e) *rubio(a) (3)*
blouse *blusa (6)*
blue *azul (6)*
boat *barco*
book *libro (PP)*
boot *bota (6)*
born: to be born *nacer (1)*
bother *molestar (9)*
bottle *(n.)* *botella (4)*
boy *chico (3)*
boyfriend *novio (1)*

bracelet: silver bracelet *brazalete de plata (m.) (6)*
branch *rama*
bread *pan (m.) (4)*
   loaf of bread *barra (de pan) (4)*
break *(v.)* *romperse (7)*
break up *romper (9)*
breakfast *(n.)* *desayuno (4)*
   eat breakfast *desayunar (4)*
briefly *brevemente (3)*
broccoli *brócoli (m.) (4)*
broken *roto(a) (3)*
brother *hermano (1)*
   half brother *medio hermano (3)*
brown *castáno (3), marrón (6)*
bureau *cómoda (3)*
burned: to get burned *quemarse (8)*
bus *(n.)* *autobús (m.) (2)*
bus stop *parada de autobuses (8)*
business *negocios (5)*
busy *ocupado(a) (1)*
   be busy *estar ocupado(a) (1)*
butter *mantequilla (4)*
buy *comprar (3)*
by *por (1)*
   by chance *por casualidad*

C

cake *torta (4); pastel (m.) (7)*
calculus *cálculo (5)*
calendar *calendario (PP)*
candelabra *candelabro (7)*
candle *vela (7)*
candy *dulces (m.) (7)*
cap *gorra (6)*
car *coche (m.) (2)*
card *tarjeta (2)*
   playing cards *cartas (7)*
   postcard *tarjeta postal (8)*
care: to take care of oneself *cuidarse (9)*
careful: to be careful *tener cuidado (1)*
carry *llevar (7)*
cash *en efectivo (2)*
cast *yeso (8)*
castanets *castañuelas (6)*
cat *gato (3)*
cathedral *catedral (f.) (8)*
celebrate *celebrar (7)*
celebration *celebración (f.) (3)*
cell phone *teléfono celular (PP)*
century *siglo*
cereal *cereal (m.) (4)*
certain *cierto(a) (9)*
chair *silla (PP)*
chalk *tiza (PP)*
chalkboard *pizarra (PP)*
champagne *champaña (7)*
change *(v.)* *cambiar (8)*
character *carácter (m.) (3)*
   character (of a story) *personaje (m.) (9)*
cheap *barato(a) (6)*
check *(n.)* *cuenta (2)*
   traveler's check *cheque de viajero (2)*
check in (a hotel) *ocupar*
check out (of hotel) *desocupar*
cheek *mejilla*

cheese *queso (4)*
chemistry *química (5)*
chest *pecho (8)*
chestnut (color) *castaño(a) (3)*
chicken: roast chicken *pollo asado (4)*
child *niño(a)*
childhood *niñez (f.)*
chili pepper *ají picante (m.)*
chocolate *chocolate (m.) (4)*
choose *escoger (6)*
chores: household chores *quehaceres (m.) (3)*
Christmas *Navidad (f.) (7)*
   (Christmas) carol *villancico (7)*
Christmas Eve *Nochebuena (7)*
church *iglesia (7)*
cinema *cine (m.) (7)*
cinnamon *canela*
city *ciudad (f.) (2)*
classroom *sala de clase (PP)*
classmate *compañero(a) de clase (1)*
clean *(adj.) limpio(a) (3); (v.) limpiar (1)*
clear *despejado (7)*
client *cliente (m., f.)*
climb *trepar*
clinic *clínica (8)*
clock *reloj (m.) (PP)*
clock radio *radiodespertador (m.) (3)*
close *(v.)* *cerrar (ie) (2)*
close to *cerca (de) (1)*
closed *cerrado(a) (2)*
closet *clóset (m.) (3)*
clothing *ropa (6)*
   article of clothing *prenda (de vestir) (6)*
cloudy *nublado (7)*
coat *(n.)* *abrigo (8)*
cold *(n.) resfriado, catarro; (adj.) frío(a)*
   it's cold *hace frío (7)*
   to be cold *tener frío (1)*

collect *recolectar (5)*
color *(n.)* *color (m.) (6)*
comb: to comb one's hair *peinarse*
comfortable *cómodo(a) (6)*
commonwealth *estado libre asociado (1)*
compact disc (CD) *disco compacto*
company *compañía (1)*
   multinational company *compañía multinacional (5)*
complaint *queja (9)*
complete *completo(a) (2)*
comprehensive *comprensivo(a)*
computer *computadora (PP)*
computer science *informática (5)*
concert *concierto (7)*
consultant *consultor(a) (5)*
cook *(v.)* *cocinar (3)*
cookie *galleta (4)*
cool: it's cool *hace fresco (7)*
corn *maíz (m.) (4)*
corner *esquina (8)*
cost *(v.)* *valer (6); costar (ue)*
costume *disfraz (m.) (7)*
cotton *algodón (m.)*
cough *tos (f.) (8)*
   (cough) syrup *jarabe (para la tos) (m.) (8)*
counselor *consejero(a) (5)*
country(side) *campo (7)*
course: first course *primer plato (4)*
   second course *segundo plato (4)*
   course, term (of study) *curso (5)*
cousin *primo(a) (3)*
crafts: arts and crafts *artesanía (6)*
cream color *color crema (6)*
cream *crema (8)*
credit card *tarjeta de crédito (2)*
cross *cruzar (8)*
cruel *cruel*

cup *taza (4)*
  cup of coffee *taza de café (4)*

custard *flan (4)*
customer *cliente (m., f.)*

cut *(v.) cortar*
  cut oneself, to get cut *cortarse*

D

daily *diario(a) (9)*
  daily life *vida diaria*
damage *(n.) daño*
dance *(v.) bailar (1)*
date *(n.) fecha (2); cita (9); compañero(a) (9)*
daughter *hija (1)*
dawn *madrugada (5)*
day *día (m.) (2)*
  every day *todos los días (1)*
deal with *tratar de (+inf) (9)*
death *muerte (f.)*
debit card *tarjeta de débito (2)*
deceitful *mentiroso(a) (3)*
December *diciembre (2)*
decorate *decorar (7)*
delicious *rico(a) (4)*
demanding *exigente (5)*
demonstration *manifestación (f.)*
dentist *dentista (m., f.) (5)*
department: department store *gran almacén (m.) (6)*
departure *(n.) salida (2)*
depend *depender (9)*
depressed *deprimido(a) (9)*

desk *pupitre (m.) (PP)*
dessert *postre (m.) (4)*
diagnosis *diagnóstico (8)*
diarrhea *diarrea (8)*
dictionary *diccionario (PP)*
die *fallecer (4); morirse (ue, u) (9)*
difficult *difícil (9)*
dining room *comedor (m.) (3)*
dinner *cena (4)*
dirty *sucio(a) (3)*
disconnect *desconectarse (9)*
discount *(n.) descuento (2)*
discuss *discutir (9)*
dish *(n.) plato (3)*
dishwasher *lavaplatos (m.) (3)*
disorganized *desorganizado(a) (5)*
dive *(v.) bucear (7)*
divorced *(adj.) divorciado(a) (1)*
  to get divorced *divorciarse (9)*
dizziness *mareo (8)*
do *hacer (3)*
  to do business *comerciar (6)*
  to do exercise *hacer ejercicio (1)*
  to do well (poorly) *salir bien (mal) (9)*

doctor *médico(a) (5)*
dog *perro (3)*
dormitory *residencia estudiantil (1); dormitorio (3)*
double *doble (2)*
  double room *habitación doble (f.) (2)*
doubt *(v.) dudar (9)*
doubtful *dudoso(a) (9)*
dozen *docena (4)*
drama *obra (de teatro) (7)*
draw *dibujar (7)*
drawing *dibujo (7)*
dress *vestido (6)*
dressed: to get dressed *vestirse (i, i) (3)*
dressy *formal (6)*
drink *(v.) tomar (1); beber (4)*
dry *seco(a)*
due: to be due to *deberse a (3)*
during *durante (3)*
  during the week *entre semana (1)*
dust *(v.) limpiar el polvo (3)*

E

ear (inner) *oído (8);* **(outer)** *oreja (8)*
early *temprano (3)*
  early morning *madrugada (5)*
earring *arete (m.) (6)*
Easter *Pascua (7)*
eat *comer (1), alimentarse*
  eat breakfast *desayunar (4)*
  eat lunch *almorzar (ue) (4)*
  eat supper *cenar (3)*
ecology *ecología (5)*
education *educación (f.) (5)*
eggs: scrambled eggs *huevos revueltos (4)*
eight hundred *ochocientos (2)*
eight *ocho (PP)*
eighteen *dieciocho (PP)*
eighth *octavo(a) (6)*
eighty *ochenta (PP)*
elbow *codo (8)*
elderly *mayor (3)*

elementary school *colegio (1)*
eleven *once (PP)*
e-mail *correo electrónico (1)*
embroidered *bordado(a)*
employee *empleado(a)(3)*
end *(n.) fin (m.)*
  at the end of *a finales de (5)*
engaged: to get engaged: *comprometerse (9)*
engagement (to be married): *compromiso (9)*
engineer *ingeniero(a) (5)*
engineering *ingeniería (5)*
English *(language) inglés (m.) (1)*
enjoy *disfrutar (de) (7)*
enough *suficiente (9)*
equitable *justo(a) (5)*
era *época*
eraser *borrador (m.) (PP)*
errand *diligencia (8)*
escort *(n.) compañero(a) (9)*

essay *ensayo*
even *aunque (3)*
evening *noche (1)*
  in the evening *por la noche (1)*
event *acontecimiento (9)*
every day *todos los días (1)*
exchange *(v.) cambiar (8)*
exchange *intercambiar (7)*
excited *emocionado(a) (9)*
excuse me *perdón (PP)*
exercise *(n.) ejercicio (1)*
  to exercise, to do exercise *hacer ejercicio (1)*
exhausted *agotado(a) (9)*
exhibit: to be on exhibit *exhibir (7)*
exhibition *exposición (f.) (7)*
expensive *caro(a) (6)*
explanation *explicación (f.)*
eye *ojo (3)*
eyeglasses *anteojos, gafas (3)*

F

face *(n.) cara (3); (v.) enfrentar (9)*
  wash one's face *lavarse la cara (3)*
fact *dato (1)*
fair *justo(a) (5)*
fall *(n.) otoño (7); (v.) caerse (5)*
fall asleep *dormirse (ue, u) (5)*
fall in love (with) *enamorarse (de) (8)*
family *familia (1)*
  family member *familiar (m.) (3)*
fan *abanico (6)*
fancy *formal (6)*
far *lejos (8)*

far from *lejos (de) (1)*
farmer *agricultor(a) (5)*
fascinating *fascinante (5)*
fashion *moda (6)*
  latest fashion *última moda (6)*
fat *gordo(a) (3)*
father *padre (m.) (1)*
February *febrero (2)*
feed *dar de comer (3)*
feel *(v.) sentirse (ie, i) (9)*
  feel like (doing something) *tener ganas de (+ inf.) (1)*

festival *festival (m.) (7)*
fever *fiebre (f.) (8)*
fiancé (fiancée) *novio(a) (9)*
field trip *excursión (f.) (5)*
fifteen *quince (PP)*
fifth *quinto (2)*
fifty *cincuenta (PP)*
fight *(v.) luchar (3)*
film-making *cinematografía (5)*
finally *por fin*
find *(v.) encontrar (ue) (6)*
  find out *enterarse*

fine (adv.) *bien (1)*
finger *dedo (8)*
finish *(v.) terminar (7)*
fire *fuego (7)*
fireworks *fuegos artificiales (7)*
first *primer(o)(a) (5)*
  first course *plato principal (m.) (4)*
  first floor *planta baja (3)*
  first name *nombre (m.) (1)*
fish (cooked) *pescado (4)*
fish *(v.) pescar (7)*
  tropical fish *pez tropical (m.) (3)*
fit *(v.) quedar (8)*
five *cinco (PP)*
five hundred *quinientos (2)*
five thousand *cinco mil (2)*
fix oneself up *arreglarse*
flight: airplane flight *vuelo (2)*
floor *piso (6); planta (3)*
  ground/first floor *planta baja (6)*

flourish *florecer*
flu *gripe (f.) (8)*
follow *seguir (i, i) (3)*
food *comida (4)*
  fast food *comida rápida*
  food poisoning *intoxicación alimenticia (f.) (8)*
foot *pie (m.) (8)*
  go on foot *ir a pie (8)*
football *fútbol americano (m.) (1)*
forbid *prohibir (9)*
forecast *(n.) pronóstico (7)*
forest *bosque (m.) (2)*
fork *tenedor (m.) (4)*
forty *cuarenta (PP)*
founder *fundador(a)*
four *cuatro (PP)*
four hundred *cuatrocientos (2)*
fourth *cuarto (2)*

Fourth of July *Día de la Independencia (m.) (7)*
fracture *(n.) fractura (8)*
freckles *pecas*
free *(adj.) libre (9)*
  free time *tiempo libre (7)*
freedom *libertad (f.)*
French fries *papas fritas (4)*
frequently *a menudo (1); con frecuencia (3)*
Friday *viernes (2)*
fried *frito(a) (4)*
friend *amigo(a) (3)*
friendly *amable (3)*
fritter *churro (4)*
full *completo(a) (2)*
funny *divertido(a) (7)*
furious *furioso(a) (9)*
furnished *amueblado(a) (3)*
furniture *muebles (m.) (3)*

G

game *partido (1)*
geography *geografía (5)*
get *conseguir (i) (5)*
  to get a grade (in school) *sacar (5)*
  to get a (marital) separation *separarse (9)*
  to get along well (poorly) with someone *llevarse bien (mal) (9)*
  to get burned *quemarse*
  to get cut *cortarse (80)*
  to get divorced *divorciarse (9)*
  to get dressed *vestirse (i, i) (3)*
  to get engaged *comprometerse (9)*
  to get hurt *lastimarse (8)*
  to get in shape *ponerse en forma (9)*
  to get lost *perderse (ie) (8)*
  to get married *casarse (9)*
  to get ready *arreglarse (3)*
  to get sick *enfermarse (7)*
  to get together *reunirse (7)*
  to get up *levantarse (3)*
gift *(v.) regalar (7); (n.) regalo (7)*
girl *chica (3)*
girlfriend *novia (1)*

give *dar (3)*
  give (as a present) *regalar (7)*
  give a kiss *dar un beso (1)*
glass *copa, vaso (4)*
  glass of milk *vaso de leche (4)*
  glass of wine *copa de vino (4)*
glove *guante (m.) (6)*
go *ir (1)*
  to go back *regresar (1); volver (ue) (2)*
  to go camping *acampar (7)*
  to go hiking *hacer caminatas (7)*
  to go horseback riding *montar a caballo (7)*
  to go on a picnic *ir de picnic (7)*
  to go on foot *ir a pie (8)*
  to go out *salir (3);* **to go out (on a social occasion)** *salir (7)*
  to go to bed *acostarse (ue) (3)*
  to go to graduate school *hacer estudios de postgrado (5)*
God *Dios*
godfather (godmother) *padrino (madrina) (3)*
good *bueno(a) (3)*
good bye: to say good-bye *despedirse (i, i) (3)*

governor *gobernador(a) (1)*
grade *nota (5)*
graduate *(v.) graduarse (5)*
  to go to graduate school *hacer estudios de postgrado (5)*
grammar *gramática (1)*
grandfather (grandmother) *abuelo (abuela) (1)*
grandparents *abuelos (1)*
grandson (granddaughter) *nieto(a) (3)*
grave *(adj.) grave (9)*
gray *gris (6)*
gray-haired *canoso(a) (3)*
great *fabuloso(a) (7)*
green *verde (3)*
greet *saludar*
grief-stricken *desconsolado(a) (9)*
grilled *a la parrilla (4)*
ground floor *planta baja (3)*
group: musical group *conjunto (7)*
gym *gimnasio (1)*

H

hacerse *to become (5)*
haggle over a price *regatear (6)*
hair *pelo (3)*
  to comb one's hair *peinarse (3)*
  to wash one's hair *lavarse el pelo (3)*
Halloween *Día de las Brujas (m.) (7)*
ham *jamón (m.) (4)*
hamburger *hamburguesa (4)*
hamster *hámster (m.) (3)*
hand *(n.) mano (f.)*
  to wash one's hands *lavarse las manos (3)*
hand in *entregar (9)*
handicraft *artesanía (6)*
handsome *guapo(a) (3)*
Hannukah *Janucá (7)*
happen *ocurrir (7)*

happy: to be happy *estar contento(a) (1)*
  to make happy *alegrar (9)*
hardly ever *casi nunca (1)*
hard-working *trabajador(a) (3)*
hat *sombrero (6)*
have *tener (1)*
  to have a good time *divertirse (ie, i) (3), pasarlo bien (7)*
  to have a snack *merendar (ie) (4)*
  to have just (done something) *acabar de (+ inf.) (9)*
  to have some down time *desconectarse (9)*
hazel (colored) *miel*
head *cabeza (8)*
heart *corazón (m.) (8)*

heavy *pesado(a) (5)*
hectic *ajetreado(a) (3)*
help *(n.) ayuda (9); (v.) ayudar (3)*
helpful: to be helpful *convenir (ie) (2)*
high school *colegio (1)*
hiking: to go hiking *hacer caminatas (7)*
himself (herself) *sí mismo(a)*
history *historia (5)*
holiday *día festivo (7)*
Holy Week *Semana Santa*
home *hogar (m.) (3)*
homemaker *ama de casa (5)*
honest *honesto(a)*
honey color *color miel*
hope *(v.) esperar (7)*
  I hope that . . . *ojalá... (9)*

horse *caballo*
  to go horseback riding *montar a caballo (7)*
hospital *hospital (m.) (1)*
host (hostess) *anfitrión (anfitriona)*
hot *caliente*
  to be hot *tener calor (1)*
hotel *hotel (m.) (2)*

house *casa (1)*
household chores *quehaceres (m.) (3)*
how? *¿cómo? (1)*
how come? *¿por qué?*
how many? *¿cuántos(as)? (1)*
how much? *¿cuánto(a)? (1)*
humanities *humanidades (f.) (5)*
humble *(adj.)* *humilde*

hungry: to be hungry *tener hambre (1)*
hunt *cazar, ir de caza (7)*
hurry: to be in a hurry *tener prisa (1)*
hurt *(v.)* *doler (ue); lastimar (8)*
  to get hurt *lastimarse (8)*
husband *esposo (3)*

I

ice cream *helado (4)*
ice cube *cubito de hielo (4)*
ill-mannered *antipático(a)*
illness *enfermedad (f.) (8)*
in front of *delante de (3)*
in the afternoon *por la tarde (1)*
in the evening *por la noche (1)*
in the morning *por la mañana (1)*
incarcerated *encarcelado(a)*

indifferent *indiferente*
inexpensive *barato(a) (6)*
infection *infección (f.) (8)*
information *dato (1)*
injure oneself *lastimarse (8)*
injured: to be injured *ser herido*
inside *dentro de*
interest, to be interested in *interesar (5)*
internship *internado*

interview *(n.)* *entrevista (9)*
introduce *presentar (7)*
introduced: to be introduced to *conocer (7)*
iron *planchar (3)*
irresponsible *irresponsable (3)*
irritate *molestar (9)*
island *isla (3)*

J

jacket *chaqueta (6)*
January *enero (2)*
jar *frasco (4)*
jeans *vaqueros (6)*

jewel *joya*
job *puesto (9)*
journalism *periodismo (5)*
journalist *periodista (m., f.) (5)*

July *julio (2)*
June *junio (2)*

K

keep track of *estar pendiente de*
key *(n.)* *llave (f.) (2)*
kilo (metric pound) *kilo (4)*
kitchen *cocina (3)*

kitchen sink *fregadero (3)*
knee *rodilla (8)*
knife *cuchillo (4)*

know (people) *conocer (2)*, **(information)** *saber (8)*
known *conocido(a)*

L

laborer *obrero(a) (5)*
lace scarf *mantilla (6)*
lake *lago (7)*
lamp *lámpara (3)*
last *(adj.)* *pasado(a) (5)*
  last month *mes pasado (5)*
  last week *semana pasada (5)*
  last weekend *fin de semana pasado (5)*
last *(v.)* *durar (9)*
late *tarde (3)*
later *luego (5)*
  later on *más tarde (5)*
latest *último(a) (6)*
  latest fashion *última moda (6)*
law *derecho (n.) (5)*
lawn *césped (m.)*
lawyer *abogado(a) (5)*
lazy *perezoso(a) (3)*
leader *(n.)* *cacique (m.)*
learn *aprender (1)*
leave (go out) *salir (3); dejar (9)*

lecture *(n.)* *conferencia (5)*
left: to the left *a la izquierda (3)*
leg *pierna (8)*
legacy *legado*
less . . . than *menos... que (3)*
let *dejar (9)*
letter *carta (8)*
lettuce *lechuga (4)*
library *biblioteca (1)*
life: daily life *vida diaria (1)*
  aquatic life *vida marina (5)*
lift weights *levantar pesas (7)*
light *(v.)* *encender (ie) (7)*
light-headedness *mareo (8)*
likable *simpático(a) (3)*
like *(v.)* *gustar (1)*
likely *probable (9)*
likewise *igualmente (1)*
listen to *escuchar (1)*
liter *litro (4)*
literature *literatura (5)*

little: a little (of) . . . *un poco (de)... (1)*
live *(v.)* *vivir (1)*
livestock *(n.)* *ganado (5)*
living room *sala (3)*
loaf (of bread) *barra (de pan) (4)*
loan *(n.)* *préstamo*
lobster *langosta (4)*
lodging *alojamiento (5)*
long *largo(a) (5)*
look *ver (7)*
  to look at *mirar (1)*
  to look for *buscar (6)*
lose *perder (ie) (8)*
love (a thing or activity) *encantar (5)*
  in love *enamorado(a) (9)*
lunch *(n.)* *almuerzo (4)*
  to eat lunch *almorzar (ue) (4)*
lungs *pulmones (m.) (8)*
lying *mentiroso(a)*

M

machinery *maquinaria (5)*
magazine *revista (1)*
maid *empleado(a) (3)*
mail (v.) *enviar (3)*

major (field of study) *(n.)* *carrera (5)*
make *hacer (3)*
  to make happy *alegrar (9)*
  to make the bed *hacer la cama (3)*

man *hombre (m.) (6)*
manager *gerente (m., f.) (5)*
map *(n.)* *mapa (m.) (PP)*
maracas *maracas (6)*

March *marzo (2)*
market *mercado (6)*
marmalade *mermelada (4)*
marriage *casamiento*
married *casado(a) (1)*
   to get married *casarse (9)*
master's degree *maestría*
mathematics *matemáticas (5)*
matter *importar (6)*
May *mayo (2)*
maybe *tal vez (9)*
mayonnaise *mayonesa (4)*
meal *comida (4)*
medicine *medicina (5)*
medium *mediano(a) (3)*
   medium-sized *de tamaño mediano (3)*
meet *conocer, encontrar (ue), reunirse (7)*
Menorah *candelabro (7)*
menu *menú (m.), carta (4)*

messy *desordenado(a) (3)*
microwave *microondas (3)*
midday *mediodía (m.) (2)*
middle (child) *de en medio (3)*
   in the middle *en el medio (3)*
midnight *medianoche (f.) (2)*
million *millón (m.) (2)*
miserable *pésimo(a) (7)*
modern *moderno(a) (3)*
Monday *lunes (2)*
month *mes (m.) (2)*
   last month *mes pasado (5)*
   next month *mes próximo (5)*
more . . . than *más... que (3)*
morning: in the morning *por la mañana (1)*
mother *madre (f.) (1)*
motion sickness *mareo (8)*
mountain *montaña (7)*
mountain range *cordillera*

moustache *bigote (m.) (3)*
mouth *boca (8)*
move (a part of the body) *moverse*
   to move (one's residence), to move
   out *mudarse*
movie *película (1)*
movie theater *cine (m.) (7)*
MP3/MP4 player *reproductor de MP3/*
   MP4 (m.) (PP)
much *mucho(a) (1)*
multinational *(adj.)* *multinacional (5)*
   multinational company *compañía*
   internacional (5)
museum *museo (2)*
music *música (1)*
musical group *conjunto (7)*
must *deber + inf. (4)*
myself *mí mismo(a) (5)*

N

name *nombre (m.) (1)*
   last name *apellido (1)*
napkin *servilleta (4)*
nausea *náuseas (8)*
navigate *navegar*
navy blue *azul marino (6)*
near(by) *cerca de (8)*
neat *ordenado(a) (3)*
neck *cuello (8)*
necklace *collar (m.) (6)*
   gold necklace *cadena de oro (6)*
necktie *corbata (6)*
need *(v.)* *necesitar (1)*
neighbor *vecino(a) (1)*
nephew *sobrino (3)*
nervous: to be nervous *estar nervioso(a) (1)*

never *nunca (PP)*
new *nuevo(a) (1)*
New Year's Day *Día de Año Nuevo (m.) (7)*
New Year's Eve *Noche Vieja (f.) (7)*
news *noticias (3)*
newspaper *periódico (1)*
next *luego (5); próximo(a) (5)*
   next month *mes próximo (5)*
niece *sobrina (3)*
night *noche (f.)*
   all night *toda la noche (7)*
   at night *por la noche (5)*
night stand *mesita de noche (3)*
nine *nueve (PP)*
nine hundred *novecientos (2)*
nineteen *diecinueve (PP)*

ninety *noventa (PP)*
ninth *noveno(a) (6)*
noodle *fideo*
noon *mediodía (m.) (2)*
normally *normalmente (3)*
nose *nariz (f.) (8)*
not much *poco(a) (1)*
notebook *cuaderno (PP)*
notes *apuntes (m.) (5)*
nourish oneself *alimentarse*
novel *novela (1)*
November *noviembre (2)*
nowadays *hoy por hoy*
number *número (1)*
nurse *enfermero(a) (5)*

O

observatory *observatorio (5)*
obtain *conseguir (i) (5)*
occupation *oficio (5)*
October *octubre (2)*
office *oficina*
often *a menudo (1); con frecuencia (3)*
old *viejo(a) (3)*
older, oldest *mayor (3)*
omelette *tortilla (4)*
on *en (PP); sobre (3)*

   on top of *encima de (3)*
one hundred *cien (2)*
one hundred one *ciento uno (2)*
one thousand *mil (2)*
one-hundred thousand *cien mil (2)*
one-way *de ida (2)*
open *(v.)* *abrir (2)*
open *abierto(a) (2)*
opposite *(adj.)* *enfrente de (8)*
optimistic *optimista (9)*

orange (color) *anaranjado(a) (6)*
orange juice *jugo de naranja (4)*
order *(v.)* *pedir (i, i) (4)*
order: out of order *descompuesto(a) (3)*
organize *organizar (9)*
other *otro(a) (7)*
oven *horno (4)*
owe *deber (4)*

P

P.M. (afternoon) *de la tarde (2); (night) de*
   la noche (2)
package *paquete (m.) (4)*
page *(n.)* *página (PP)*
pain *dolor (m.) (8)*
paint *(v.)* *pintar (7)*
painting *(n.)* *cuadro (3), pintura (7)*
pants *pantalones (m.) (6)*
paper: sheet of paper *hoja de papel (PP)*
   wrapping paper *papel de regalo*
parade *desfile (m.) (7)*
pardon me *perdón (PP)*

parents *padres (1)*
park *parque (m.) (1)*
partner *compañero(a) (PP)*
party *(n.)* *fiesta (1); (political) partido (1)*
pass away *fallecer (3)*
pass the basic courses *aprobar (ue) (5)*
Passover *Pésaj (m.) (7)*
paternal *paterno(a) (3)*
patient *paciente (m., f.) (8)*
pay (for) *pagar (6)*
peach *durazno, melocotón (m.) (4)*
peak *(n.)* *cumbre (f.) (5)*

pear *pera (4)*
pen *bolígrafo (PP)*
pencil *lápiz (m.) (PP)*
people: group of people *pueblo (2)*
perhaps *quizás; tal vez (9)*
personality *personalidad (f.) (3);*
   carácter (m.) (3)
personnel director *director(a) de personal (5)*
pessimistic *pesimista (9)*
pet *mascota (3)*
pharmacy *farmacia (8)*
physics *física (5)*

pick (v.) *escoger (6)*
picky *quisquilloso(a) (5)*
picnic: to go on a picnic *ir de picnic (7)*
  to have a picnic *hacer un picnic (7)*
picture *foto (f.) (1)*
pie: pumpkin pie *pastel de calabaza (m.) (7)*
pill *pastilla (8)*
pineapple *piña (4)*
pink *rosado(a) (6)*
place (n.) *lugar (m.) (2)*
place setting *cubierto (4)*
plaid *de cuadros (6)*
plan (v.) *pensar (ie) (2)*
plate: ceramic plate *plato de cerámica (6)*
play (n.) *obra (de teatro) (7)*
play (v.) *jugar (ue) (1)*
  to play (a musical instrument) *tocar (1)*
  to play (a sport) *practicar (1); jugar (ue) (1)*
player *jugador(a) (7)*
pleasing: to be pleasing *gustar (1)*
poetry *poesía (1)*
point out *señalar*
police station *comisaría (8)*
polka-dotted *con lunares (6)*

pool (swimming) *piscina (2)*
poorly: to do poorly *salir mal (9)*
population *población (f.) (2)*
pork chop *chuleta de cerdo (4)*
portrait (n.) *retrato*
post office *correo (8)*
postage stamp *sello (8)*
postcard *tarjeta postal (8)*
poster *cartel (m.) (PP)*
postpone *posponer (9)*
potato *papa, patata (4)*
practice (v.) *practicar (1)*
prefer *preferir (ie) (2)*
pregnant *embarazada (9)*
prepare *preparar (3)*
prescribe *recetar (8)*
prescription *receta (8)*
present (n.) *regalo (7); (v.) presentar (7)*
presentation *presentación (f.) (5)*
printed *estampado(a) (6)*
printer *impresora (PP)*
private *privado(a) (2)*
probable *probable (9)*
procrastinate *procrastinar (9)*

professional studies *estudios profesionales (5)*
professor *profesor(a) (PP)*
program (n.) *programa (m.) (1)*
programmer *programador(a) (5)*
prohibit *prohibir (9)*
project (n.) *proyecto (5)*
protect *proteger*
proud *orgulloso(a) (9)*
psychologist *psicólogo(a) (5)*
psychology *psicología (5)*
pumpkin pie *pastel de calabaza (m.) (7)*
purple *morado(a) (6)*
purse: leather purse *bolso de cuero (6)*
pursue *perseguir*
put *poner (3)*
  to put in order, pick up the room *recoger (3)*
  to put off *posponer (9)*
  to put on make-up *maquillarse*
  to put on oneself *ponerse (3); aplicarse (8)*
  to put out *apagar (7)*

Q

question (n.) *pregunta (1)*

quite *bastante (8)*

R

race (n.) *carrera (3)*
rain (n.) *lluvia (7); (v.) llover (ue) (7)*
raincoat *impermeable (m.) (6)*
raise (v.) *criar*
read *leer (1)*
ready: to get ready *arreglarse (3)*
real estate agent *agente (m., f.) de bienes raíces (5)*
receive *recibir (7)*
recipe *receta (4)*
recommend *recomendar (ie) (4)*
red *rojo(a) (3)*
refrigerator *refrigerador (m.) (3)*
regret (v.) *sentir (ie, i) (9)*
reject *rechazar*
relative (n.) *pariente (m.) (3)*
relax *descansar; relajarse (7)*
remain (v.) *quedarse (7)*
remedy *remedio (8)*

renown *renombre (m.)*
rent (v.) *alquilar (3)*
require (v.) *exigir*
research *investigación (f.) (5)*
reservation *reservación (f.) (2)*
residence *residencia estudiantil (1)*
resign *dimitir*
response (n.) *respuesta (1)*
rest *descansar*
restaurant *restaurante (m.) (1)*
return (v.) *regresar, volver (ue) (2)*
rice *arroz (m.) (4)*
  rice dish with saffron, seafood, chicken *paella (4)*
ride a bike (a horse) *montar en bicicleta (a caballo) (1)*
right (n.) *derecho*
  to be right *tener razón (9)*
  to the right *a la derecha (3)*

right away *enseguida (4)*
right there *allí mismo (8)*
ring (n.) *anillo (6)*
roasted *asado(a) (4)*
rock climb, go rock climbing *escalar en roca (7)*
roll (bread) *panecillo (4)*
room *habitación (f.) (2), cuarto (1)*
  classroom *sala de clase (PP)*
  double room *habitación doble (2)*
  dressing room *probador (m.) (6)*
  single room *habitación sencilla (2)*
roommate *compañero(a) de cuarto (3)*
round-trip *de ida y vuelta (2)*
rude *antipático(a)*
rug *alfombra (3)*
run *correr (1)*
  run into *chocar contra*
  run over *atropellar*

S

sad *triste (1)*
  to be sad *estar triste (1)*
sailboat *barco de vela (7)*
salad *ensalada (4)*
salad dressing *aderezo (4)*
sale: on sale *de rebaja (6)*
salesperson *vendedor(a) (5)*
salt *sal (f.) (4)*
sand *arena*
sandal *sandalia (6)*
sandwich *sándwich (m.) (4)*
sarape (Mex.) *sarape (m.) (6)*
Saturday *sábado (2)*

say good-bye *despedirse (i, i)*
schedule (n.) *horario (5)*
scholarship *beca (9)*
school: go to graduate school *hacer estudios de post-grado (5)*
science: natural science *ciencias naturales (5)*
  political science *ciencias políticas (5)*
  social science *ciencias sociales (5)*
score (v.) *marcar*
scrambled *revuelto(a) (4)*
season (of the year) *estación (f.) (7)*
second *segundo(a) (2)*
  second course *segundo plato (4)*

seem *parecer (6)*
select *escoger (6)*
semester *semestre (m.) (1)*
send *enviar (3)*
separate *separarse (9)*
September *septiembre (2)*
serious *serio(a) (3); grave (9)*
serve *servir (i, i) (4)*
set (the table) *poner (3)*
seven hundred *setecientos (2)*
seventeen *diecisiete (PP)*
seventh *séptimo(a) (6)*
seventy *setenta (PP)*

severe   *grave (8)*
shake hands   *darse la mano*
share *(v.)*   *compartir (4)*
shave *(v.)*   *afeitarse (3)*
sheet of paper   *hoja de papel (PP)*
shelf   *estante (3)*
shellfish   *mariscos (4)*
shirt   *camisa (6)*
  loose-fitting men's shirt   *guayabera (6)*
short   *bajo(a) (3)*
short story   *cuento (7)*
shorts   *pantalones cortos (m.) (6)*
shot   *inyección (f.)*
shoulder   *hombro (8)*
show *(n.)*   *función (f.) (7); programa (m.) (1);*
  (v.) mostrar (ue) (8)
  show off   *lucir (6)*
shower *(n.)*   *ducha (2)*
  to take a shower   *ducharse (5)*
shredded   *mechado(a)*
shrimp   *camarón (m.) (4)*
shy   *tímido(a) (3)*
sick, ill   *enfermo(a) (1)*
sick: to get sick   *enfermarse (7)*
  to be sick   *estar enfermo(a) (1)*
side: to the side of   *al lado de (3)*
sign *(v.)*   *firmar*
silk   *seda*
simple   *sencillo(a) (6)*
sing   *cantar (7)*
singer   *cantante (m., f.)*
single room   *habitación sencilla (f.) (2)*
single   *soltero(a) (1)*
sister   *hermana (1)*
  half sister   *media hermana (3)*
sit down   *sentarse (ie)(3)*
six hundred   *seiscientos (2)*
six   *seis (PP)*
sixteen   *dieciséis (PP)*
sixth   *sexto(a) (6)*
sixty   *sesenta (PP)*
size *(n.)*   *talla (6)*
skate   *patinar (1)*
  ice skate   *patinar sobre hielo (1)*
ski *(v.)*   *esquiar (7)*
skirt   *falda (6)*

sleep *(v.)*   *dormir (ue) (2)*
sleepy: to be sleepy   *tener sueño (1)*
slippery   *resbaloso(a) (7)*
slowly   *lentamente, despacio (PP)*
smoke *(v.)*   *fumar (9)*
snack, snack time   *merienda (4)*
  to have a snack   *merendar (ie) (4)*
snorkel *(v.)*   *bucear (7)*
snow *(n.)*   *nieve (f.) (7); (v.) nevar (ie) (7)*
soccer   *fútbol (europeo) (1)*
social network   *red social (f.) (1)*
sociology   *sociología (5)*
sock   *calcetín (m.) (6)*
soda   *gaseosa, refresco (4)*
sofa   *sofá (m.) (3)*
something   *algo (1)*
sometimes   *a veces (3)*
son   *hijo (1)*
song   *canción (f.) (1)*
sorry: be sorry   *sentir (ie, i) (9)*
so-so   *regular (5)*
soup   *sopa (4)*
source   *fuente (f.) (9)*
souvenir   *recuerdo (6)*
speak   *hablar (1)*
spend (time)   *pasar (1)*
spoon   *cuchara (4)*
sport   *deporte (m.) (1)*
spring   *primavera (7)*
St. Valentine's Day   *Día de los*
  Enamorados (m.) (7)
stairs, staircase   *escalera (3)*
stamp (postage)   *sello (8)*
stand out *(v.)*   *lucir*
star   *estrella (7)*
statehood   *estadidad (f.)*
stationery store   *papelería*
statistics   *estadística (5)*
stay *(v.)*   *quedarse (7)*
stay in bed   *guardar cama (8)*
stepbrother (stepsister)   *hermanastro(a) (3)*
stepfather   *padrastro (3)*
stepmother   *madrastra (3)*
stepson (stepdaughter)   *hijastro(a) (3)*
stitch   *punto*
stomach   *estómago (8)*

stop (doing something)   *dejar de (+ inf.) (9)*
store *(n.)*   *tienda (2)*
  department store   *gran almacén (m.) (6)*
storm   *tormenta (7)*
story   *cuento (7)*
stove   *estufa (3)*
straight ahead *(adv.)*   *derecho (8)*
strawberry   *fresa (4)*
street   *calle (f.) (1)*
street corner   *esquina (8)*
stressed out   *estresado(a) (9)*
strike *(n.)*   *huelga*
striped   *de rayas (6)*
stroll *(v.)*   *pasear (7)*
student   *estudiante (m., f.) (PP)*
  law student   *estudiante de derecho (6)*
student I.D. card   *tarjeta estudiantil (2)*
style *(n.)*   *estilo (3)*
  modern (in style)   *de estilo moderno*
  traditionally styled   *de estilo tradicional*
subject   *asignatura (5)*
success *(n.)*   *éxito (1)*
suffer (from illness)   *padecer*
sugar   *azúcar (m.) (4)*
suit   *traje (m.) (6)*
summer   *verano (7)*
sunbathe   *tomar el sol (7)*
Sunday   *domingo (2)*
sunglasses   *gafas de sol (6)*
sunny: it's sunny   *hace sol (7)*
sunscreen   *protector solar (8)*
supermarket   *supermercado*
supper   *cena (4)*
sure   *seguro(a) (9)*
surf (the Internet)   *navegar (1)*
surname   *apellido (1)*
surprise *(v.)*   *sorprender (9)*
surprised   *sorprendido(a) (9)*
survive   *sobrevivir*
sweater   *suéter (m.) (6)*
sweatshirt   *sudadera (6)*
swim *(v.)*   *nadar (7)*
swimming pool   *piscina (2)*
symptom   *síntoma (m.) (8)*
synagogue   *sinagoga (7)*
syrup (cough)   *jarabe (para la tos) (m.) (6)*

T

table   *mesa (PP)*
  end table   *mesita (3)*
tablet   *pastilla (8)*
take (shoe size)   *calzar (6)*
take   *tomar (1); llevar (7)*
  to take a shower   *ducharse (5)*
  to take a trip   *hacer un viaje (2)*
  to take a walk   *dar un paseo (7)*
  to take care of oneself   *cuidarse (9)*
  to take notes   *tomar apuntes (5)*
  to take off (clothing)   *quitarse (3)*
  to take out   *sacarle*
  to take place   *tener lugar (9)*
talk *(v.)*   *hablar (1)*
tall   *alto(a) (3)*
tap water   *agua de la llave*
taste *(v.)*   *probar (ue) (4)*
tea   *té (m.) (4)*

teacher   *profesor(a) (1); maestro(a) (5)*
team *(n.)*   *equipo (7)*
teaspoon   *cucharita (4)*
television   *televisión (f.) (1)*
television set   *televisor (m.) (3)*
tell (a story)   *contar (ue) (7)*
temperature   *temperatura (7)*
temporarily   *temporal (9)*
ten   *diez (PP)*
ten thousand   *diez mil (2)*
tennis   *tenis (m.) (1)*
tenth   *décimo (6)*
terrible   *fatal (7)*
thank you, thanks   *gracias (PP)*
Thanksgiving   *Día de Acción de Gracias*
  (m.) (7)
that, that one   *ese/esa (6)*
the   *el (la), los (las) (PP)*

theater   *teatro (7)*
  movie theater   *cine (m.) (7)*
then   *luego, entonces (5)*
theory   *teoría (5)*
there is/are   *hay (haber) (PP)*
these   *estos/estas (3);* these ones
  estos/estas (6)
thin   *delgado(a) (3)*
thing   *cosa (1)*
think *(v.)*   *pensar (ie) (2)*
  (opinion)   *creer (5)*
third   *tercer(o)(a) (2)*
thirsty: to be thirsty   *tener sed (1)*
thirteen   *trece (PP)*
thirty   *treinta (PP)*
thirty-one   *treinta y uno (PP)*
this, this one   *este/esta (6)*
those, those ones   *esos/esas; aquellos*

throat   *garganta (8)*
Thursday   *jueves (2)*
ticket   *boleto (2)*
tidy   *ordenado(a) (3)*
tight-fitting   *ajustado(a) (6)*
time   *tiempo (7); época*
  free time   *tiempo libre (1)*
  to have a good time   *divertirse (ie, i) (3);*
    pasarlo bien (7)
tip *(n.)*   *propina (4)*
tired   *cansado(a) (1)*
toast *(v.)*   *brindar (7); (n.) pan tostado (m.) (4)*
today   *hoy (2)*
toe   *dedo del pie (8)*
together   *juntos (1)*
  to get together   *reunirse (7)*
toilet   *inodoro (3)*
tomato   *tomate (m.) (4)*
tomorrow   *mañana (2)*

too much   *demasiado(a) (5)*
tooth   *diente (m.) (8)*
tortilla (flour)   *tortilla (Mex.) (4)*
touch *(v.)*   *tocar (5)*
tour *(n.)*   *excursión (f.) (2)*
tourism office   *oficina de turismo (8)*
trade   *oficio (5)*
traditionally styled   *de estilo tradicional*
train *(n.)*   *tren (m.) (2)*
train station   *estación de tren (f.) (8)*
transportation   *transporte (m.) (2)*
travel agency   *agencia de viajes (2)*
travel   *viajar (2)*
traveler's check   *cheque de viajero (m.) (2)*
treat oneself   *tratarse*
treaty   *tratado*
tree   *árbol (m.) (7)*
trip *(n.)*   *viaje (m.) (2); excursión (f.) (2)*
true   *cierto(a) (9)*

truth   *verdad (f.) (9)*
try *(v.)*   *tratar (9); probar (ue) (4)*
  to try on   *probarse (ue) (6)*
  to try to (do something)   *tratar de*
    (+ inf.) (9)
T-shirt   *camiseta (6)*
Tuesday   *martes (2)*
turkey   *pavo (7)*
turn *(v.)*   *doblar (8)*
turn on (the TV, radio)   *poner (3)*
twins   *gemelos (1)*
twist *(v.)*   *torcer (ue)*
two   *dos (PP)*
two hundred   *doscientos (2)*
two million   *dos millones (2)*
Tylenol   *paracetamol (8)*

U

ugly   *feo(a) (3)*
umbrella   *paraguas (m.) (6)*
uncle   *tío (1)*
under   *debajo de (3)*
understand   *comprender (1)*

unexpected   *inesperado(a) (3)*
university   *universidad (f.) (1)*
unoccupied   *libre (9)*
unpleasant   *antipático(a) (3)*
until   *hasta (3)*

  until late   *hasta tarde (3)*
uprising   *levantamiento*
usually   *normalmente (3)*

V

vacation   *vacaciones (f.) (7)*
very much   *muchísimo(a) (7)*
veterinarian   *veterinario(a) (5)*

video   *vídeo (1)*
videogames   *videojuegos (1)*
vigil *(n.)*   *velorio*

visit *(v.)*   *visitar (1)*
vomiting   *vómito (8)*

W

wait *(v.)*   *esperar (7)*
waiter (waitress)   *camarero(a) (4)*
wake *(n.)*   *velorio*
wake up   *despertarse (ie) (3)*
walk   *caminar (8)*
  to take a walk   *dar un paseo (7)*
wallet   *billetera (6)*
want *(v.)*   *desear (4); querer (ie) (2)*
war   *guerra (2)*
warm: it's warm   *hace calor (7)*
wash *(v.)*   *lavar (3)*
  wash one's hair/hands/face   *lavarse el*
    pelo/las manos/la cara (3)
watch *(v.)*   *mirar (1)*
watermelon   *sandía (4)*
weapon   *arma*
wear   *llevar (6); (shoe size) calzar*
weather *(n.)*   *tiempo (3)*
  it's good (bad) weather   *hace buen (mal)*
    tiempo (7)
wedding   *boda (9)*
Wednesday   *miércoles (2)*

week   *semana (2)*
  last week   *semana pasada (5)*
  last weekend   *fin de semana pasado (5)*
  weekend   *fin de semana (m.) (1)*
weight: to lift weights   *levantar pesas (7)*
welcome: you're welcome   *de nada (PP)*
well *(adv.)*   *bien (1)*
  to do well   *salir bien (9)*
  to get along well   *llevarse bien (9)*
well-mannered   *educado(a)*
what for?   *¿para qué? (1)*
what?   *¿qué? (1)*
when?   *¿cuándo? (1)*
where from?   *¿de dónde? (1)*
where to?   *¿adónde? (1)*
where?   *¿dónde? (1)*
which one(s)?   *¿cuál(es)? (1)*
while   *rato (5)*
white   *blanco(a) (6)*
who?   *¿quién(es)? (1)*
why?   *¿por qué? (1)*
wife   *esposa (3)*

window   *ventana (PP); escaparate (m.)*
windy: it's windy   *hace viento (7)*
winter   *invierno (7)*
wish for   *desear (4)*
with   *con (1)*
  with me   *conmigo*
woman   *mujer (f.) (6)*
wood   *madera (4)*
wool   *lana*
work *(n.)*   *trabajo (3); (v.) trabajar (1)*
worker   *trabajador(a) (3)*
  social worker   *trabajador(a) social (5)*
worried   *preocupado(a) (1)*
worry *(v.)*   *preocuparse (9)*
  to be worried   *estar preocupado(a) (1)*
worst, worse   *peor (3)*
wrap   *envolver (ue) (6)*
wrist   *muñeca (8)*
write   *escribir (1)*
writing   *redacción (f.)*
  written paper   *trabajo escrito (9)*

X

x-ray   *radiografía*

Y

yard *jardín (m.) (3)*
year *año (2)*
   last year *el año pasado (5)*
   next year *el próximo año (5)*

yellow *amarillo(a) (6)*
yesterday *ayer (5)*
young *joven (3)*

younger, youngest *menor (3)*
your *(form. sing.) su; (inform., pl.)*
   vuestro(a) (1)

Z

zoo *parque zoológico (m.) (8)*

Vocabulario temático

PASO PRELIMINAR

En la sala de clase / In the classroom

En la sala de clase	In the classroom
¿Qué hay en la sala de clase?	What is there in the classroom?
Hay...	There is/are . . .
También hay...	There is also . . .
un bolígrafo	a pen
un borrador	an eraser
un calendario	a calendar
un cartel	a poster
una computadora	a computer
un cuaderno	a notebook
un diccionario	a dictionary
un estudiante	a (male) student
una estudiante	a (female) student
una hoja de papel	a sheet of paper
una impresora	a printer
un lápiz	a pencil
un libro	a book
un mapa	a map
una mesa	a table, desk
una mochila	a bookbag/backpack
la pizarra	the chalkboard
la profesora	the (female) teacher
una puerta	a door
un pupitre	a student desk
un reloj	a clock
un reproductor de MP3/MP4	MP3/MP4 player
la sala	the room
una silla	a chair
un teléfono celular	cell phone
una tiza	a piece of chalk
una ventana	a window

Las instrucciones del professor / de la profesora / Classroom instructions

Las instrucciones del professor / de la profesora	Classroom instructions
Abran el libro en la página…	Open your book to page…
Repitan.	Repeat.
Contesten en español.	Answer in Spanish.
Lean la información.	Read the information.
Estudien las páginas…	Study pages . . .
Cierren el libro.	Close your book.
Escuchen.	Listen.
Trabajen con un(a) compañero(a).	Work with a partner.
Hagan la tarea para…	Do the homework for . . .

El abecedario / The alphabet

El abecedario	The alphabet
—¿Qué es esto?	—What is this?
—Es un pupitre.	—It is a desk.
—¿Cómo se escribe "pupitre"?	—How do you spell it/write it?
—Se escribe pe-u-pe-i-te-erre-e.	—You spell it p-u-p-i-t-r-e.

a	a	**Argentina**	a	Argentina
b	be	**Bolivia**	b	Bolivia
c	ce	**Colombia**	c	Colombia
d	de	**Dinamarca**	d	Denmark
e	e	**Ecuador**	e	Ecuador
f	efe	**Francia**	f	France
g	ge	**Guatemala**	g	Guatemala
h	hache	**Honduras**	h	Honduras
i	i	**Inglaterra**	i	England
j	jota	**Japón**	j	Japan
k	ka	**Kenia**	k	Kenya
l	ele	**Luxemburgo**	l	Luxemburg
m	eme	**Mónaco**	m	Monaco
n	ene	**Nicaragua**	n	Nicaragua
ñ	eñe	**España**	ñ	Spain
o	o	**Omán**	o	Oman
p	pe	**Perú**	p	Peru
q	cu	**Quito**	q	Quito
r	erre	**Rusia**	r	Russia
s	ese	**Suiza**	s	Switzerland
t	te	**Tailandia**	t	Thailand
u	u	**Uruguay**	u	Uruguay
v	uve	**Venezuela**	v	Venezuela
w	uve doble	**Washington**	w	Washington
x	equis	**México**	x	Mexico
y	ye	**Yemen**	y	Yemen
z	zeta	**Nueva Zelanda**	z	New Zealand

Los números de 0 a 20 / Numbers from 0–20

Los números de 0 a 20	Numbers from 0–20
¿Cuántos pupitres hay en la sala de clase?	How many desks are there in the classroom?
Hay *veinte*.	There are *twenty*.
¿Cuántas *sillas* hay?	How many *chairs* are there?
Hay *veintiuna*.	There are *twenty-one*.

0	cero	0	zero
1	uno	1	one
2	dos	2	two
3	tres	3	three
4	cuatro	4	four
5	cinco	5	five
6	seis	6	six
7	siete	7	seven
8	ocho	8	eight
9	nueve	9	nine
10	diez	10	ten
11	once	11	eleven
12	doce	12	twelve
13	trece	13	thirteen
14	catorce	14	fourteen
15	quince	15	fifteen
16	dieciséis	16	sixteen
17	diecisiete	17	seventeen
18	dieciocho	18	eighteen
19	diecinueve	19	nineteen
20	veinte	20	twenty

Los números de 10 a 100

10	diez (once, doce, trece…)
20	veinte (veintiuno, veintidós, veintitrés…)
30	treinta (treinta y uno, treinta y dos…)
40	cuarenta (cuarenta y uno, cuarenta y dos…)
50	cincuenta (cincuenta y uno, cincuenta y dos…)
60	sesenta (sesenta y uno…)
70	setenta (setenta y uno…)
80	ochenta (ochenta y uno…)
90	noventa (noventa y uno…)
100	cien (ciento uno, ciento dos, ciento tres…)

Para presentarnos / Introducing ourselves

—Hola. Me llamo *Amanda*. / —Hi. I'm (My name is) *Amanda*.

—Hola, *Amanda*. Soy *Chris*. / —Hi, *Amanda*. I'm *Chris*.

—Mucho gusto. / —Nice to meet you.

—Mucho gusto, Amanda. / —Nice to meet you, Amanda.

Cómo hablar con tu professor(a) / Talking with your professor

Más despacio, por favor. / (Speak) More slowly, please.

Tengo una pregunta. / I have a question.

¿Cómo se dice...? / How do you say . . . ?

¿Qué quiere decir...? / What does . . . mean?

¿Puede repetir, por favor? / Could you repeat that, please?

¿En qué página? / On what page?

Sí./No. / Yes./No.

No sé. / I don't know.

Gracias. / Thank you./Thanks.

De nada. / You're welcome.

Perdón. / Pardon me.

Con permiso. / Excuse me.

CAPÍTULO 1

Paso 1

Las presentaciones informales / Introducing yourself to classmates

—Hola. Soy *Francisco Martín*. ¿Cómo te llamas? / —Hi. I'm *Francisco Martín*. What's your name?

—Me llamo *Elena Suárez Lagos*. / —I'm *Elena Suárez Lagos*.

—Mucho gusto, *Elena*. / —Nice to meet you, *Elena*.

—Mucho gusto, *Francisco*. / —It's a pleasure to meet you, *Francisco*.

Las presentaciones formales / Introducing yourself to professors

—Buenos días. Me llamo *Rafael Díaz*. ¿Cómo se llama usted? / —Good morning. My name is *Rafael Díaz*. What is your name?

—Soy *Carmen Acosta*. / —I'm *Carmen Acosta*.

—Encantado. / —Pleased to meet you.

—Igualmente. / —Likewise./Same here.

Los saludos informales / Greeting classmates and friends

—Hola, *Patricia*. / —Hi, *Patricia*.

—Hola, *Margarita*. / —Hi, *Margarita*.

—¿Cómo estás? / —How are you?

—*Bien*, gracias. ¿Y tú? / —*Fine (Good),* thanks. And you?

    Regular. / So-so.

—Muy bien. *Hablamos* más tarde. / —Great. *We'll talk* later.

—Está bien. *Hasta luego.* / —O.K. *See you later.*

    Nos vemos. / See you around.

Los saludos formales / Greeting your professors

—Buenas tardes, *profesor(a)*. / —Good afternoon, *professor*.

—Buenas tardes, *Roberto*. / —Good afternoon, Roberto.

—¿Cómo está usted? / —How are you?

—*Estoy bastante bien.* ¿Y usted? *Ocupado(a), pero bien*. / —*I'm quite well.* And you? *Busy, but well.*

—*Bien*, gracias. Bueno, nos vemos en clase. / —Fine, thanks. Well, see you in class.

—Adiós. *Hasta mañana.* / —Good-bye. *See you tomorrow.*

Más saludos y despedidas / More ways to greet and say good-bye

Buenos días. / Good morning.

Buenas tardes. / Good afternoon/evening.

Buenas noches. / Good evening/night.

Chao. *(informal)* / Bye. *(informal)*

Hasta pronto. / See you soon.

¡Que pases un buen fin de semana! *(informal)* / —Have a good weekend! *(informal)*

¡Que pase un buen fin de semana! *(formal)* / —Have a good weekend! *(formal)*

Para expresar los estados / Expressing how you feel

—¿Qué tal? *(informal)* / —How are you? *(informal)*

—Estoy… de maravilla. / —I'm great.

—¿Cómo estás? *(informal)* / —How are you? *(informal)*

—Estoy muy *enfermo(a)*. ¿Y tú? / —I'm very *sick/ill.* And you?

—¿Cómo está Ud.? *(formal)* / —How are you? *(formal)*

—Estoy un poco *cansado(a)*. ¿Y Ud.? / —I'm (feeling) a bit *tired.* And you?

Algunos estados / How you feel

de maravilla / great

(bastante) bien / (quite) well

regular / so-so

mal / bad

de buen humor / in a good mood

de mal humor / in a bad mood

cansado/cansada / tired

contento/contenta / happy

enfermo/enferma / sick/ill, under the weather

enojado/enojada / angry

nervioso/nerviosa	nervous
ocupado/ocupada	busy
preocupado/preocupada	worried
triste	sad

Información básica

Exchanging basic information with classmates

—¿Cómo te llamas? — What is your name?

—Me llamo *Victoria Rosati Álvarez.* — My name is *Victoria Rosati Álvarez.*

—Todos me dicen *Viki.* — Everyone calls me *Viki.*

—¿De dónde eres? — Where are you from?

—Soy de *Nueva York.* Nací en *San Juan, Puerto Rico.* — I'm from *New York.* I was born in *San Juan, Puerto Rico.*

—¿Dónde vives? — Where do you live?

—Aquí en la Universidad vivo en la residencia *Capstone.* — Here at the university I live in *Capstone Residence Hall.*

una casa en la calle *Azalea* — a house on *Azalea* Street
los apartamentos *Greenbriar* — *Greenbriar* Apartments
cerca del campus — close to the campus

—¿En qué año (de estudios) estás? — What year (of studies) are you in?

—Estoy en *primer* año. — I'm in *my first year (a freshman).*

segundo — *second year (a sophomore)*
tercer — *third year (a junior)*
cuarto — *fourth year (a senior)*

—¿Cuántas clases tienes este semestre? — How many classes do you have this semester?

—Tengo *cuatro clases* y *un laboratorio.* — I have *four classes and a lab.*

—¿Cuál es tu número de teléfono? — What's your phone number?

Mi celular es el *7-98-46-16 (siete, noventa y ocho, cuarenta y seis, dieciséis).* — My cell phone is 798-4616.

—¿Cuál es tu dirección de correo electrónico? — What's your e-mail address?

—Es *Viki278@yahoo.com (Viki dos, siete, ocho, arroba yahoo punto com).* — It's Viki278@yahoo.com.

Paso 2

La familia y los amigos

Family and friends

—¿Cómo es tu familia, *Dulce*? — What's your family like, *Dulce*?

—Aquí tengo una foto. Mira. — Here's a picture of us. Look.

Este es mi hermano mayor, *Carlos.* Tiene *veinte* años. — This is my older brother, *Carlos.* He's *twenty* (years old).

Esta soy yo. Tengo *diecisiete* años. — This is me. I'm *seventeen.*

Esta es mi tía *Felicia.* Es *soltera* y vive *con nosotros.* — This is my aunt, *Felicia.* She's *single* and lives *with us.*

—Este es mi papá. Se llama *Arturo.* — This is my dad. His name is *Arturo.*

—Esta es mi mamá. Se llama *Beatriz.* — This is my mom. Her name is *Beatriz.*

—Estos son mis buenos amigos, *Marcos* y *Sara.* — These are my good friends *Marcos and Sara.*

—Esta es mi hermana menor, *Elisa.* Tiene *diez* años. — This is my younger sister, *Elisa.* She's *ten.*

Otros familiares

Other family members

los abuelos	grandparents
el abuelo	grandfather
la abuela	grandmother
los padres	parents
el padre	father
la madre	mother
los esposos	spouses/married couple
el esposo	husband
la esposa	wife
los hijos	children/sons and daughters
el hijo	son
la hija	daughter
los gemelos	twins
los tíos	uncle and aunt
el tío	uncle
la tía	aunt

Otros amigos

Other friends and acquaintances

los novios	engaged couple
el novio	boyfriend/fiancé
la novia	girlfriend/fiancée
unos (buenos) amigos	some (good) friends
un (buen) amigo	a (good) friend (male)
una (buena) amiga	a (good) friend (female)
los vecinos	neighbors
el vecino	neighbor (male)
la vecina	neighbor (female)
mis compañeros de cuarto	my roommates
mi compañero de cuarto	my roommate (male)
mi compañera de cuarto	my roommate (female)

Nuestra rutina entre semana
En casa

Our weekday routine
At home

Entre semana mis padres trabajan mucho. — During the week my parents work a lot.

Están súper ocupados. — They are very busy.

Mi hermanito pasa el día en el colegio. — My brother spends the day at school.

Aprende a leer y a escribir — He's learning to read and to write.

Por la noche mis padres y mi hermano comen juntos y conversan. — At night my parents and my brother eat together and talk/chat.

En la universidad — At the university

Mis amigos y yo asistimos a clases todos los días. — My friends and I attend classes every day.

Por la noche tenemos que estudiar mucho. — At night we have to study a lot.

A veces practicamos deportes o miramos televisión. — Sometimes we play sports or we watch television.

Otras actividades — Other activities

Normalmente yo… / Normally I…
paso mucho tiempo en las redes sociales. / I spend a lot of time in social networks.
voy al gimnasio por la mañana/por la tarde. / I go to the gym in the morning/in the afternoon.
escucho música/mi iPod. / I listen to music/my iPod.
A veces yo… / Sometimes I…
limpio el cuarto/el apartamento. / I clean the room/the apartment.
preparo la comida. / I prepare meals/dinner.
tomo café con mis amigos. / I get coffee with my friends.

Paso 3

El tiempo libre — Free-time activities

¿Qué te gusta hacer en tu tiempo libre? / What do you like to do with your free time?
Me gusta ir a fiestas y bailar. / I like to go to parties and dance.
Me gusta montar en bicicleta o correr en el parque. / I like to ride my bike or run in the park.
Me gusta practicar *el tenis*. / I like to play *tennis*.
el básquetbol / *basketball*
el fútbol americano / *football*
el béisbol / *baseball*
Me gusta mirar películas y partidos de fútbol. / I like to watch movies and soccer matches.

Otros pasatiempos — Other pastimes

¿Con qué frecuencia *vas de compras*? / How often *do you go shopping*?
vas al cine? / *do you go to the cinema*?
Voy de compras *a menudo*. / I go shopping *often*.
a veces / *sometimes*
casi todos los días / *almost every day*
Casi *nunca* voy al cine. / I almost *never* go to the cinema.
Nunca / *Never*
¿A tus amigos y a ti les gusta *jugar videojuegos*? / Do your friends and you like *to play videogames*?
patinar (sobre hielo) / *to skate (to ice skate)*
nadar / *to swim*
Sí, nos gusta mucho. / Yes, we like it a lot.
No, no tanto. / No, not so much.

CAPÍTULO 2

Paso 1

Cómo hablar de horarios — Talking about schedules

—¿A qué hora sale *el vuelo 245*? / —What time does *flight 245* leave?
—Sale a *la una*. / —It leaves at *one o'clock*.
—¿A qué hora llega? / —What time does it arrive?
—Llega a *las tres*. / —It arrives at *three o'clock*.
—¿A qué hora abre *el museo*? / —What time does *the museum* open?
—Abre a *las nueve y media*. / —It opens at *nine-thirty*.
—¿A qué hora cierra? / —What time does it close?
—Cierra a *la una y media*. / —It closes at *one-thirty*.

Cómo decir la hora — Telling time

¿Qué hora es? / What time is it?
Perdón, ¿me puede decir la hora? / Excuse me, can you tell me the time?
Es mediodía. / It's noon.
Es la una. / It's one o'clock.
Es la una y media. / It's one-thirty.
Son las dos. / It's two o'clock.
Son las dos y cuarto. / Son las dos y quince. / It's quarter past two. / It´s two-fifteen.
Son las cinco. / It's five.
Son las ocho menos veinte. / Son las siete y cuarenta. / It's twenty to eight. / It's seven-forty
Es medianoche. / It's midnight.

Para expresar "A.M." y "P.M." — Expressing A.M. and P.M.

—¿A qué hora llegamos? / —What time do we arrive?
—A las tres de la tarde. / —At three o'clock.
de la mañana / 6 A.M. to noon
de la tarde / noon to sundown
de la noche / sundown to midnight
de la madrugada / early morning hours

Los días de la semana — Days of the week

—¿Qué día es hoy? / —What day is today?
—Hoy es *lunes*. / —Today is *Monday*.
lunes / Monday
martes / Tuesday
miércoles / Wednesday
jueves / Thursday
viernes / Friday
sábado / Saturday
domingo / Sunday
—¿Cuándo está abierto *el museo*? / —When is *the museum* open?
—Está abierto *todos los días, de lunes a sábado*. / —It's open *every day, Monday through Saturday*.
—¿Cuándo está cerrado? / —When is it closed?
—Está cerrado *los domingos*. / —It's closed on *Sundays*.

Los meses del año — Months of the year

—¿Qué fecha es hoy? / —What is today's date?
—Es el 25 (veinticinco) de *noviembre*. / —It's the *25th of November*.
enero / January
febrero / February
marzo / March
abril / April
mayo / May
junio / June
julio / July
agosto / August
septiembre / September
octubre / October
noviembre / November
diciembre / December

—¿Cuándo salimos para *Mérida?*
—When do we leave for Merida?

—Salimos el *martes, primero de junio.*
—We leave *Tuesday, June 1st.*

—¿Cuándo regresamos?
—When do we come back?

—Regresamos el *jueves, 10 de junio.*
—We come back *Thursday, July 10th.*

Para planificar un viaje
Making travel plans

—¿En qué puedo servirle?
—May I help you?

—Me gustaría hacer una excursión este fin de semana.
—I would like to take a trip this weekend.

¿Qué me recomienda?
What do you recommend?

—¿Prefiere ir a la playa, o visitar una zona arqueológica?
—Do you prefer to go to the beach or to visit. an archaeological site?

—Quiero visitar una zona arqueológica.
—I want to visit an archaeological site.

—Le recomiendo la excursión a Chichén Itzá.
—I recommend the side trip to Chichén Itzá.

—¿Cuándo sale la excursión?
—When does the side trip leave?

—Sale el viernes a las ocho de la mañana.
—It leaves on Friday at eight in the morning.

Regresa el domingo por la noche.
It returns on Sunday night.

—¿Cuánto es la excursión?
—How much is the side trip?

—El paquete cuesta cinco mil pesos.
—The package costs five thousand pesos.

—¿Qué está incluido en el paquete?
—What is included in the package?

—Incluye el transporte, el hotel y los desayunos.
—It includes transportation, the hotel and breakfast.

El transporte es en *autobús.*
  tren
  avión
The transportation is *by bus.*
  train
  plane

—¿Cómo quiere pagar?
—How do you want to pay?

—Voy a pagar *en efectivo.*
  con tarjeta de crédito/débito
  con cheque de viajero
—I am going to pay *in cash.*
  with a credit/debit card
  with a traveler's check

Paso 2

En el hotel
Hotel arrangements

Para conseguir una habitación
Getting a room

—¿En qué puedo servirle?
—May I help you?

—Quisiera
  una habitación.
  hacer una reservación.
—I would like
  a room.
  to make a reservation

—¿Para cuántas personas?
—For how many people?

—Para *dos.*
—For *two.*

—¿Para cuándo?
—For when?

—Para *el ocho de abril.*
—For *April 8.*

—¿Por cuántas noches?
—For how many nights?

—Por *tres noches.*
—For *three nights.*

—¿Qué tipo de habitación quiere?
—What type of room do you want?

—Quiero una habitación
  con dos camas.
  sencilla
  doble
—I want a room
  with two beds.
  a single
  a double

—Su nombre y apellidos, por favor.
—Your first and last name, please.

—*Roberto Rivera Moreno.*
—*Roberto Rivera Moreno.*

—Aquí tiene la llave. Su habitación está en el *tercer piso.*
—Here's the key. Your room is on the *third* floor.

—Gracias.
—Thanks.

Preguntas típicas en un hotel
Common questions in a hotel

—¿Sabe Ud. dónde está *el banco?*
—Do you know where there is *a bank?*

—Sí, hay uno en la esquina.
—Yes, there is one on the corner.

—¿Conoce Ud. un buen restaurante típico?
—Do you know of a good typical restaurant?

—Sí, *Casa Lolita* es uno de los mejores y no está lejos del hotel.
—Yes, *Casa Lolita* is one of the best and it's not far from the hotel.

—¿Dan descuentos para *estudiantes?*
—Do you give a discount to *students?*

—Sí, *con la tarjeta estudiantil.*
—*Yes, with a student I.D. card.*

No, lo siento, no damos descuentos.
No, I'm sorry, we don't offer discounts.

—¿En qué piso está *la piscina?*
  el gimnasio
—Which floor is *the pool* on?
  the gym

—Está en *la planta baja.*
—It's on *the ground floor.*

Los pisos
Floors of a building

la planta baja — ground floor
el primer piso — first floor
el segundo piso — second floor
el tercer piso — third floor
el cuarto piso — fourth floor
el quinto piso — fifth floor

Los números de 100 a 10 000 000
Numbers from 100 to 10,000,000

—¿Cuánto cuesta *una habitación doble?*
  el boleto (de ida/de ida y vuelta)
—How much does a *double room cost?*
  the ticket (one way/ roundtrip)

—*Mil cien (1100) pesos.*
—*One thousand one hundred pesos.*

100 cien	100 one hundred
101 ciento uno(a)	101 one hundred one
200 doscientos(as)	200 two hundred
300 trescientos(as)	300 three hundred
400 cuatrocientos(as)	400 four hundred
500 quinientos(as)	500 five hundred
600 seiscientos(as)	600 six hundred
700 setecientos(as)	700 seven hundred
800 ochocientos(as)	800 eight hundred
900 novecientos(as)	900 nine hundred
1000 mil	1,000 one thousand
5000 cinco mil	5,000 five thousand
10 000 diez mil	10,000 ten thousand
100 000 cien mil	100,000 one-hundred thousand
750 000 setecientos(as) cincuenta mil	750,000 seven-hundred fifty thousand

1 000 0000 un millón	1,000,000 one million		
2 000 000 dos millones	2,000,000 two million		
10 500 000 diez millones quinientos(as) mil	10,500,000 ten million, five hundred thousand		

CAPÍTULO 3

Paso 1

Mi familia — Talking about your family

—¿Cómo es tu familia, *Carlos*?
—What's your family like, *Carlos*?

—Mi familia es *grande*.
—My family is *large*.
 de tamaño mediano — medium-sized
 pequeña — small

En casa somos *seis: mis padres, mis hermanas, mi tía y yo.*
—There are *six* of us: *my parents, my sisters, my aunt, and myself.*

Mis abuelos *paternos* viven en Maracaibo.
My *paternal* grandparents live in Maracaibo.

Mis abuelos *maternos* fallecieron hace años.
My *maternal* grandparents died years ago.

Tengo *dos* primos por parte de mi *papá.*
I have *two* cousins on my *father's* side.

Otros parientes — Other relatives

el abuelo/la abuela	grandfather/grandmother
el nieto/la nieta	grandson/granddaughter
el tío/la tía	uncle/aunt
el primo/la prima	cousin (male)/ cousin (female)
el sobrino/la sobrina	nephew/niece
el padrino/la madrina	godfather/godmother
el padrastro/la madrastra	stepfather/stepmother
el medio hermano/ la media hermana	half brother/half sister
el hermanastro/la hermanastra	stepbrother/stepsister
el hijastro/la hijastra	stepson/stepdaughter

Las mascotas — Talking about pets

—¿Tienen Uds. mascotas?
—Do you have any pets?

—No, no tenemos ninguna.
—No, we don't have any.
 Sí, tenemos *varias mascotas.*
 Yes, we have *several pets.*

un perro	a dog
un gato	a cat
unos pájaros	some birds
unos peces tropicales	some tropical fish
un hámster	a hamster

Las descripciones personales — Describing people

¿Cómo es *Dulce*?
What is *Dulce* like?

Dulce es muy *bonita*. Es de estatura mediana.
Dulce is *very pretty*. She is *medium-height.*

Tiene el pelo *castaño* y los ojos *verdes.*
She has *brown* hair and *green* eyes.

¿Y *Carlos*? ¿Cómo es?
And *Carlos*? What is he like?

Carlos es *muy buena persona.*
Carlos is *a very good person.*

Es *amable.*
He is *friendly.*

También, es *responsable y trabajador.*
Also, he is *responsible and hard-working*

Rasgos físicos — Describing physical characteristics

Es *alto/bajo.*
He is *tall/short.*
 de estatura mediana — of medium height
 delgado/gordo — slender (thin)/fat (heavy-set)

 joven/viejo; mayor — young/old; elderly
 guapo/feo — good-looking/ugly
 calvo — bald

Tiene el pelo
He/She has
 negro y los ojos *azules.* — black hair and blue eyes.
 rubio verdes — blonde green
 castaño castaños — brown brown
 rojo — red
 canoso — gray

Tiene *barba.* — He has *a beard.*
 bigote — *a mustache*

Lleva *gafas/anteojos.* — He wears *glasses.*

La personalidad y el carácter — Describing personality and character traits

Es *simpático/antipático.*
He is *nice/unpleasant.*
 tímido/sociable — shy/outgoing
 cariñoso/un poco distante — warm, affectionate/ a little aloof

También, es muy
He is also very
 serio/divertido. — serious/fun (to be with).
 perezoso/trabajador — lazy/hard-working
 optimista/pesimista — optimistic/pessimistic
 responsable/irresponsable — responsible/irresponsible

Es un poco raro.
He is a little strange.

Tiene un buen sentido del humor.
He has a good sense of humor.

Paso 2

Los cuartos y los muebles — Describing rooms and furnishings

—¿Dónde viven tú y tu familia?
—Where do you and your family live?

—Acabamos de *comprar* una nueva casa.
—We've just *bought* a new house.
 alquilar — *rented*

—¿Cómo es tu (nueva) casa?
—What is your (new) house like?

—Tiene *dos pisos* y hay *seis cuartos.*
—It has *two floors* and *six rooms.*

En la planta baja, hay *una cocina, un comedor y una sala.*
On the first (ground) floor, there's *a kitchen, a dining room, and a living room.*

En el primer piso, hay *tres dormitorios grandes y un baño.*
On the second floor, there are *three large bedrooms and a bathroom.*

una alfombra	a rug
una bañera/una tina	a bathtub
una cama	a bed
una cocina	a kitchen
un comedor	a dining room
una cómoda	a chest of drawers
un cuadro	a painting/a picture

una ducha	a shower
un estante	a book shelf
una estufa	a stove
un fregadero	a (kitchen) sink
un inodoro	a toilet
una lámpara	a lamp
un lavabo	a sink/lavatory
un lavaplatos	a dishwasher
una mesa	a table
una mesita	a small table/end table
una mesita de noche	a night stand
un microondas	a microwave oven
un refrigerador	a refrigerator
una sala	a living room
unas sillas	some chairs
un sillón	an easy chair
un sofá	a sofa/couch
un televisor	a TV set

Cómo describir algunas características de una casa
How to describe some characteristics of a house

Mi casa es *nueva (vieja)*.
My house is *new (old)*.

La sala es *grande (de tamaño mediano, pequeña)*.
The living room is *big (medium-sized, small)*.

Los muebles son *elegantes (cómodos)*
The furniture is *elegant (comfortable)*

Cómo describir algunas condiciones de una casa
How to describe some conditions of a house

Normalmente, mi dormitorio está *ordenado (desordenado)*.
Normally, my bedroom is *tidy/neat (messy)*.

Por lo general, la cocina está *limpia (sucia)*.
Generally, the kitchen is *clean (dirty)*.

Por desgracia, el refrigerador está *descompuesto* **y la ventana está** *rota*.
Unfortunately, the refrigerator is *not working* and the window is *broken*.

Para indicar relaciones espaciales
Describing where something is located

—**¿Dónde está el gato?**
—Where's the cat?

—**Está...**
—It's . . .

en las cortinas, a la izquierda del estante
on the curtains, to the left of the bookshelf

en la lámpara, a la derecha del estante
on the lamp, to the right of the bookshelf

sobre la cama
on (top of) the bed

encima de la mesita, detrás del radiodespertador
on top of the end table behind the clock radio

entre los libros
among/between the books

al lado de la computadora
next to/beside the computer

delante del clóset
in front of the closet

debajo de la cama
under(neath) the bed

en la mochila, en el medio del cuarto
in the bookbag, in the middle of the room

Paso 3

Mi rutina
My daily routine

Un día ajetreado
A hectic day

Por la mañana
In the morning

Normalmente, me despierto *a las ocho (temprano/tarde)*.
I wake up *at eight o'clock (early/late)*.

Me levanto *a las ocho y cuarto*.
I get up *at a quarter past eight*.

Me ducho y me visto *rápidamente*.
I take a shower and dress quickly.

Salgo de casa *a las nueve menos cuarto*.
I leave the house *at quarter to nine*.

Paso el día *en clase un la uni*.
I spend the day *in class, at the university*.

Por la tarde y por la noche
In the afternoon and in the evening/at night

Después de clase, mis amigos y yo vamos con frecuencia *a un café (al centro estudiantil, al gimnasio)*.
After class, my friends and I often go *to a cafe (to the student center, to the gym)*.

Antes de estudiar, ceno con mi familia.
Before studying, I eat supper with my family.

Por lo general, estudio *por dos o tres horas*.
Generally, I study for *two or three* hours.

Me acuesto *a la medianoche (a la una, bastante tarde)*.
I go to bed *at midnight (at one o'clock, quite late)*.

Los quehaceres domésticos
Household chores

¿Cómo dividen Uds. las responsabilidades para los quehaceres?
How do you divide up household chores?

Todos los días la empleada *limpia la casa y lava la ropa*.
Everyday, the maid *cleans the house and does the laundry*.

Yo siempre *les doy de comer a los perros*.
I always *feed the dogs*

Normalmente mi hermana *lava los platos*.
Usually my sister *washes the dishes*.

Por lo general, mi padre *ayuda con los quehaceres*.
Generally, my father *helps around the house*.

Le gusta *cocinar*.
He likes *to cook*.

Mi hermanito nunca *pone la mesa*.
My little brother never *sets the table*.

Nunca quiere *hacer su cama*.
He never wants *to make his bed*.

Expresiones de frecuencia
Expressions of frequency

siempre	always
todos los días	every day
una vez por semana	once a week
a veces	sometimes
con frecuencia	frequently/often
nunca/no… nunca	never

CAPÍTULO 4

Paso 1

El desayuno / Breakfast

—¿Qué te gusta desayunar?
—What do you like to have for breakfast?

—Casi siempre como...
y bebo...
—I almost always eat . . . and drink . . .

un vaso de leche	a glass of milk
la mermelada	jam/marmalade
los huevos (revueltos)	(scrambled) eggs
la mantequilla	butter
el pan tostado	toast
el cereal	cereal
el jugo de naranja	orange juice
una taza de café con leche y azúcar	a cup of coffee with milk and sugar

El almuerzo / Lunch / Midday meal

—¿Qué almuerzas?
—What do you have for lunch?

—Por lo general, como...
y bebo...
—Generally I eat . . . and drink . . .

una cerveza	a beer
el maíz	corn
los mariscos	seafood
la langosta	lobster
los camarones	shrimp
el brócoli	broccoli
una copa de vino	a glass of wine
las chuletas de cerdo	pork chops
una papa/una patata (al horno)	a (baked) potato
el pollo asado	roasted chicken

La merienda / Snack

—¿Qué meriendas?
—What do you have for a snack?

—Depende de la hora. Por la mañana, prefiero... Por la tarde, prefiero...
—It depends on the time of day. In the morning I prefer . . . In the afternoon, I prefer . . .

un sándwich de jamón y queso	a ham and cheese sandwich
un helado	ice cream
un refresco/una gaseosa	a soft drink
una taza de té	a cup of tea
una tortilla (de huevos)	an omelette
unos churros	some churros (fritters)
unas galletas	some cookies
una hamburguesa	a hamburger
un vaso de té frío	a glass of iced tea
una taza de chocolate	a cup of hot chocolate

La cena / Supper

—¿Qué prefieres cenar?
—What do you prefer to have for supper?

—En los restaurantes pido...
En casa como...
—In restaurants, I order . . . At home, I eat . . .

el bistec a la parrilla	grilled steak
el arroz con frijoles	rice and beans
las papas fritas	French fries
la ensalada de lechuga y tomate con aderezo	a lettuce and tomato salad with dressing
el pescado	fish
el panecillo	a roll
la sopa	soup
el flan	flan (custard)
la torta	cake

En el restaurante / In a restaurant

Antes de pedir / Before ordering

—¡Camarero(a)!
—Waiter/Waitress!

—Necesito un menú, por favor.
—I need a menu, please.

—Aquí lo tiene.
—Here it is.

—¿Cuál es el plato del día?
—What is today's special?

—Hoy tenemos lomo saltado.
—Today we have lomo saltado.

—Quiero probar algo típico. ¿Qué me recomienda?
—I want to try something typical. What do you recommend?

—Le recomiendo el lomo saltado o la palta rellena.
—I recommend lomo saltado or palta rellena (stuffed avocado).

Para pedir / To place an order

—¿Qué desea pedir?
—What do you want to order?

—De primer plato, quiero sopa a la criolla. De plato principal, deseo lomo saltado.
—For the first course, I want soup, creole style. For the second course, I want lomo saltado.

—¿Y para beber?
—And to drink?

—Para beber, quisiera una copa de vino.
—To drink, I'd like a glass of wine.

—¿Quiere algo de postre?
—Do you want dessert?

—De postre, voy a probar el flan.
—For dessert, I'm going to try the flan.

—¿Necesita algo más?
—Do you need anything else?

—¿Me puede traer
unos cubitos de hielo?
la sal
la pimienta
—Could you bring me
some ice cubes?
salt
pepper

Después de comer / After eating

—La cuenta, por favor.
—The check/bill please.

—Se la traigo enseguida.
—I'll bring it right to you.

—¿Está incluida la propina en la cuenta?
—Is the tip included in the check?

—No, no está incluida.
Sí, está incluida.
—No, it's not included.
Yes, it's included.

El cubierto / Place setting

un tenedor	fork
un cuchillo	knife
una cuchara	spoon
una cucharita	teaspoon
una servilleta	napkin
la sal	salt
la pimienta	pepper
una copa	(wine) glass

| un vaso | glass |
| unos cubitos de hielo | some ice cubes |

Paso 2

En el mercado

—¿Qué desea Ud.?
—¿Me puede dar *un kilo de manzanas*?
—Aquí tiene. ¿Necesita Ud. algo más?
—Sí, quiero *un melón*.

—¡Enseguida! ¿Algo más?
—No, gracias. Eso es todo. ¿Cuánto le debo?

At a market

—What would you like?
—Could you give me *a kilo of apples*?
—Here you go. Do you need anything else?
—Yes, I want *a melon/cantaloupe*.

—Right away! Anything else?
—No, thanks. That's everything. How much do I owe you?

Otras frutas

unas bananas/unos plátanos	bananas/plantains
unos melocotones/unos duraznos	peaches
unas peras	pears
unas fresas	strawberries
una piña	pineapple
una sandía	watermelon
las uvas	grapes

Other fruits

Otros comestibles

un paquete de galletas	a package of cookies
una bolsa de arroz	a bag of rice
un litro de leche	a liter of milk
un frasco de mayonesa	a jar of mayonnaise
una barra de pan	a loaf of bread
una botella de agua mineral	a bottle of mineral water
una docena de huevos	a dozen eggs

Other foods

CAPÍTULO 5

Paso 1

Cómo hablar de los horarios y las especializaciones

—¿Qué clases tomas este semestre?
—Este semestre tomo *inglés y literatura*.
—¿Te gusta tu horario?

—Sí, me encanta.
   No, no me gusta porque...

—¿A qué hora empieza tu primera clase?
—Mi primera clase empieza *a las ocho*.
—¿A qué hora termina tu última clase?

Talking about your schedule and academic major

—What classes are you taking this semester?
—This semester I'm taking *English and literature*.
—Do you like your schedule?
—Yes, I love it. No, I don't like it because . . .
—What time does your first class start?
—My first class starts at *eight o'clock*.
—What time is your last class over?

—Mi última clase termina *a las dos y media*.
—¿Cuál es tu carrera?
—Todavía no (lo) sé. Estudio *economía*.
—¿Cuándo piensas graduarte?

—Pienso graduarme *a finales de mayo. a principios de diciembre*

—My last class is over *at two-thirty*.
—What's your major?
—I don't know yet. I study *economics*.
—When do you plan on graduating?
—I plan to graduate *at the end of May. at the beginning of December*

Las asignaturas

Humanidades y bellas artes	Humanities and Fine Arts
arte	art
música	music
literatura	literature
teatro	theater
Ciencias sociales	**Social sciences**
antropología	anthropology
ciencias políticas	political science
geografía	geography
historia	history
psicología	psychology
sociología	sociology
Ciencias naturales	**Natural sciences**
biología	biology
física	physics
ecología	ecology
química	chemistry
Matemáticas	**Mathematics**
álgebra	algebra
cálculo	calculus
Estudios profesionales	**Professsional studies**
negocios	business
derecho	law
medicina	medicine
ingeniería	engineering
informática	computer science
educación	education
periodismo	journalism
cinematografía	film-making

Cómo pedir y dar opiniones sobre las clases

—¿Qué piensas de tus clases este semestre?
—Mi clase de *microbiología* es bastante *interesante/aburrida*
Me encanta mi clase de *historia del arte*.
No me gusta nada mi clase de *ciencias marinas*.
Las conferencias de *historia medieval* son *fascinantes / pesadas*.

How to ask and give opinions about classes

—What do you think of your classes this semester?
—My microbiology is quite *interesting/boring*
I love my *art history* class.

I don't like my *marine science* class at all.
The lectures in *medieval history* are *fascinating / tedious*.

Los exámenes de cálculo son *difíciles pero justos.* ...*largos pero fáciles*	The calculus exams are *difficult but fair.* ...*long but easy.*

Opiniones sobre los profesores

	Expressing opinions about professors
—¿Qué tal tus profesores?	—What about your professors?
—Son *bastante dinámicos(as).* *muy exigentes* *un poco quisquillosos(as)*	—They're *quite dynamic.* *very demanding* *a bit/little picky*
Mi profesor de *química* es muy *organizado/desorganizado.*	My *chemistry* professor is very *organized/ unorganized.*

Las notas

	Grades
—¿Cómo te va en *psicología*?	—How's it going for you in *psychology*?
—(No) Me va bien.	—It's (not) going well.
Saqué una nota muy buena en *mi presentación.* *el último trabajo escrito*	I got a good/high grade on *my presentation.* *the last (research) paper*
(No) Salí muy bien en el examen.	I did (not do) well in the test.

Las profesiones, los oficios y los planes para el futuro

	Professions, trades and plans for the future
—¿A qué te quieres dedicar?	—What do you want to do (for a living)?
—Quiero ser *médico(a).*	—I want to be *a doctor.*
—No estoy seguro(a) todavía.	—I'm not sure yet.
—¿Qué quieres hacer después de graduarte?	—What do you want to do after you graduate?
—Me gustaría *hacer estudios de postgrado.*	—I'd like to *do graduate work / go to grad school.*
estudiar medicina	*study medicine*
Espero trabajar *para el gobierno.* *con una empresa multinacional*	I hope to work *for the government.* *with a multinational company*

Profesiones y ocupaciones

	Professions and occupations
abogado(a)	lawyer
agente de bienes raíces	real estate agent
agricultor(a)	farmer
ama de casa	homemaker
consejero(a)	advisor/counselor
consultor(a)	consultant
contador(a)	accountant
dentista	dentist
director(a) de personal	director of personnel
enfermero(a)	nurse
gerente	manager
ingeniero(a)	engineer
maestro(a)	teacher
médico(a)	doctor
obrero(a)	laborer
periodista	journalist

programador(a)	programmer
psicólogo(a)	psychologist
trabajador(a) social	social worker
vendedor(a)	salesperson
veterinario(a)	veterinarian

Paso 2

Cómo hablar del pasado

	Talking about the past
¿Qué hiciste ayer? Primero, me levanté y me vestí.	What did you do yesterday? First, I got up and got dressed.
Después de desayunar, asistí a clases.	After eating breakfast, I went to class.
Luego, volví a casa y almorcé con mi familia.	Next, I returned home and ate lunch with my family.
Entonces, estudié para mi examen de 3 a 5.	Then, I studied for my exam from 3 to 5.
Más tarde salí con mis amigos a un club para bailar.	Later (on), I went out to a club with my friends to dance.
Antes de acostarme, miré la tele por un rato.	Before I went to bed, I watched TV for a while.

Paso 3

Cómo hablar de las excursiones académicas

	Talking about field trips
El semestre pasado mi clase de ciencias marinas hizo una excursión al centro acuático de la universidad.	Last semester my marine science class took a trip to the aquatic center of the university.
El director del centro hizo una presentación sobre *los delfines* y todos tomamos apuntes.	The director of the center gave a presentation on *dolphins* and we all took notes.
Luego, tuvimos que *recolectar datos* para nuestros proyectos.	Then, we had to *collect data* for our projects.
Más tarde, fuimos *al observatorio del centro.*	Later, we went to the *center's observatory.*
Pudimos observar *varios animales acuáticos.*	We were able to observe *different aquatic animals.*

CAPÍTULO 6

Paso 1

De compras en un gran almacén

	Shopping in a department store
—Por favor, ¿dónde se encuentran *los zapatos para hombres/caballeros?* *mujeres/damas* *niños(as)* *jóvenes*	—Excuse me, where could I find *men's shoes*? *women's* *boy's (girl's)* *teen's*
—Están en *la planta baja.*	—They are on the *main (ground) floor.*

La ropa — Clothing

una blusa	a blouse
unas botas	boots
unos calcetines	socks
una camisa	a shirt
una camiseta	a T-shirt
una chaqueta	a jacket
un cinturón	a belt
una corbata	a necktie
una falda	a skirt
unos guantes	gloves
un impermeable	a raincoat
unas pantalones	pants/trousers
unos pantalones cortos	shorts
unas sandalias	sandals
una sudadera	a sweatshirt
un suéter	a sweater
un traje	a suit
un traje de baño	a bathing suit
unos vaqueros	jeans
un vestido	a dress

Los pisos — Floors

el sótano	basement
la planta baja	the main (ground) floor
el primer (1er) piso	first floor
el segundo (2º) piso	second floor
el tercer (3er) piso	third floor
el cuarto (4º) piso	fourth floor
el quinto (5º) piso	fifth floor
el sexto (6º) piso	sixth floor
el séptimo (7º) piso	seventh floor
el octavo (8º) piso	eighth floor
el noveno (9º) piso	ninth floor
el décimo (10º) piso	tenth floor

Los colores y otros detalles — Colors and other details

anaranjado	orange
amarillo	yellow
azul	blue
azul marino	navy blue
blanco	white
beige	beige
(color) crema	cream (color)
gris	gray
marrón	brown
morado	purple
negro	black
rojo	red
rosado	pink
verde	green
con lunares	with polka dots
de cuadros	plaid
de rayas	striped
estampado	printed

Para comprar la ropa — Buying clothes

—¿Qué desea? —What do you want?
—Estoy buscando un suéter. —I'm looking for a sweater.
—Es para Ud. o es un regalo? —Is it for you or is it gift?

—Es para mí. — It's for me.
—¿De qué color? —In what color?
—Quiero un suéter *verde*. —I want a *green* sweater.
—*No me importa el color.* —*It doesn't matter what color.*

—¿Qué talla lleva Ud.? —What size do you wear?
—Llevo la talla —I wear a size
  mediana. *medium.*
  pequeña *small*
  (extra) grande *(extra) large*
—¿Qué le parece este suéter? —How do you like/What do you think of this sweater?

—No sé. Me parece —I don't know. It seems
  un poco caro. *a little expensive.*
  demasiado formal *too formal (dressy)*
—¿Tiene otro *más barato*? —Do you have another one *that's less expensive?*

                 más sencillo *that's more simple / plainer*
—¿Quiere probarse *este suéter*? —Do you want to try *this sweater* on?

—Sí, quiero probármelo. —Yes, I'd like to try it on.
¿Dónde está el probador? Where is the dressing room?

—¿Cómo le queda *el suéter*? —How does *the sweater* fit?
—Me queda *bien/mal*. —It fits well/poorly.
¿Tiene una talla más Do you have a *bigger/*
  grande/pequeña? *smaller size?*
—¿Cuánto cuesta? —How much does it cost?
—Está de rebaja. Cuesta —It's on sale. It costs
  40,00 euros. *40.00 euros.*
—Bien. Me lo llevo. Good. I'll take it.

Paso 2

Los recuerdos — Souvenirs

¿Qué se puede comprar en un mercado típico?	What can you buy at a typical market?
una billetera	a wallet
una boina	a beret
una cadena de oro	a gold chain
una gorra	a cap
una guayabera	a guayabera (a shirt worn by men in warm climates)
una mantilla	a lace shawl
una piñata	a piñata
unas castañuelas	castanets
unas gafas de sol	sunglasses
unas maracas	maracas
unos aretes	earrings
un abanico	a fan
un anillo	a ring
un bolso de cuero	a leather purse
un brazalete de plata	a silver bracelet
un collar	a necklace
un paraguas	an umbrella
un plato de cerámica	a ceramic plate (dish)
un sarape	a sarape
un sombrero	a hat

Para escoger un artículo

—¿Me puede mostrar *esa camiseta*?
—Aquí *la* tiene.
—¿Tiene Ud. *esta camiseta en azul*?
—Lo siento, no nos queda ninguna.

Choosing an article

—Can you show me *that T-shirt*?
—Here you go.
—Do you have *this T-shirt in blue*?
—Sorry, we're out.

Para regatear

—¿Cuánto cuesta *ese anillo*?

—*Cuarenta euros.*
—¡Uy! ¡Qué caro! ¿Me puede hacer un descuento?

—Bueno... para Ud., se lo dejo en *treinta y cinco euros*.
—Le doy *treinta euros*.
—No, lo siento. No puedo aceptar menos de *treinta y tres*.
—Está bien. Me *lo* llevo.

Bargaining

—How much does *that ring* cost?
—*Forty euros.*
—Wow! That's expensive! Can you give me a discount?
—Well . . . for you, I'll sell it for *35 euros*.
—I'll give you *30 euros*.
—No, I'm sorry. I can't take less than *33 euros*.
—That's fine. I'll take *it*.

CAPÍTULO 7

Paso 1

El tiempo libre: las invitaciones
Para invitar

—¿Quieres ir *al cine* el sábado?

    al teatro
    al museo de arte
    a un concierto
—¿Por qué no *salimos a bailar* esta noche?
    jugamos a las cartas
    damos un paseo
    vamos al partido de fútbol

Free time: Invitations
Inviting

—Do you want to go *to the movies* on Saturday?
    to the theater
    to the art museum
    to a concert
—Why don't we *go out dancing* tonight?
    play cards
    take a walk
    go to the soccer match

Para aceptar la invitación

¡Qué buena idea!
¡Cómo no!
¡Me encantaría!

To accept an invitation

What a great idea!
Sure, why not!
I'd love to!

Para declinar la invitación

Lo siento, pero *tengo que estudiar*.
Gracias, pero no puedo.
    Estoy cansado(a).
    Tengo otro compromiso.

    No sé jugar.
Quizás la próxima vez.

To decline an invitation

I'm sorry but *I have to study*.
Thanks, but I can't.
    I'm tired.
    I have another engagement.
    I don't know how to play.
Maybe next time.

Para pedir información y hacer los planes

—¿A qué hora empieza?
—Empieza *a las ocho*.
—¿Dónde nos encontramos?

To ask for information and make plans

—What time does it start?
—It starts *at eight o'clock*.
—Where shall we meet?

—Paso por tu casa *a las siete y media*.

—¿Cuánto cuestan los boletos?

—La entrada es gratuita.

—I'll come by your house/ I'll pick you up *at seven-thirty*.
—How much do the tickets cost?
—It's free to get in.

Otras preguntas útiles

¿Qué película dan?

¿Qué obra presentan?

¿Quiénes tocan?

¿Quiénes juegan?

More useful questions

What movie are they showing?
What play are they presenting?
Who/What band is playing?
Who/What teams are playing?

El fin de semana
Un fin de semana divertido

—¿Qué tal tu fin de semana?
—Me divertí muchísimo.
—¿Adónde fuiste?
—Fui *al lago*.
—¿Qué hiciste?
—Mi amigo(a) y yo *paseamos en barco de vela*.
—¡Qué divertido!
—Sí, lo pasamos muy bien. ¿Y tú qué hiciste?

The weekend
A fun weekend

—How was your weekend?
—I had a lot of fun.
—Where did you go?
—I went *to the lake*.
—What did you do?
—My friend and I *went out in a sail boat*.
—How fun!
—Yes, we had a good time. And what did you do?

Un fin de semana regular/malo

—¿Cómo pasaste el fin de semana?
—Lo pasé *fatal*.
    bastante mal
—¿Qué pasó?
—Me enfermé y tuve que quedarme en casa.
—¡Qué lástima!
—Sí, pero hoy me siento mejor. ¿Y tú cómo pasaste el fin de semana?

An average/bad weekend

—How did you spend the weekend?
—It was *terrible*.
    pretty bad
—What happened?
—I got sick and had to stay at home.
—That's too bad!
—Yes, but I feel better today. And you, how did you spend the weekend?

Actividades populares

En las montañas:
acampar
dormir bajo las estrellas
escalar en roca

hacer caminatas

En la playa:
bucear
esquiar
nadar
pasear en barco de vela
tomar el sol

En el campo:
montar a caballo
ir de caza

Popular activities

In the mountains:
to go camping
to sleep under the stars
to rock climb/go rock climbing
to go hiking

At the beach:
to snorkel/go diving
to ski
to swim
to go sailing
to sunbathe

In the countryside:
to go horseback riding
to go hunting

pescar	to fish/go fishing
En el gimnasio:	**At the gym:**
correr	to run
levantar pesas	to lift weights
hacer yoga	to do yoga
hacer ejercicio aeróbico	to do aerobics
En un festival:	**At a festival:**
escuchar música	to listen to music
ver artesanías	to look at the arts and crafts
probar la comida	to try/taste the food
bailar	to dance
En casa:	**At home:**
descansar	to rest
mirar televisión	to watch television
relajarse	to relax
leer	to read

Paso 2

Las estaciones	**Seasons**
En las zonas templadas:	**In temperate regions:**
el otoño	fall/autumn
el invierno	winter
la primavera	spring
el verano	summer
En las zonas tropicales:	**In tropical regions:**
la estación de lluvia	rainy season
la estación seca	dry season

El tiempo	**Weather**
¿Qué tiempo hace hoy?	What's the weather like today?
Hace buen tiempo.	The weather's nice/good.
Hace sol y mucho calor.	It's sunny and very hot.
El día está pésimo.	It's a miserable day.
Está lloviendo mucho.	It's raining hard.
¡Destesto la lluvia!	I hate the rain!
Hace mucho frío.	It's very cold out.
Está nevando.	It's snowing.
¡Me gusta la nieve!	I like the snow!
Hace fresco hoy.	It's cool out today.
Hace mucho viento.	It's very windy.
Creo que va a llover.	I think it's going to rain.

Otras expresiones de tiempo	**Other weather expressions**
Hace *fresco*.	It's *cool out.*
(mucho) calor	*(very) hot*
(mucho) frío	*(very) cold*
(mucho) viento	*(very) windy*
(muy) buen tiempo	*(very) nice weather*
(muy) mal tiempo	*(very) bad weather*
Está *lloviendo*.	It's *raining.*
nevando	*snowing*
Está *despejado*.	It's *clear out.*
nublado	*cloudy*

El día está *pésimo*.	The weather's *really bad* today.
fatal	*terrible*
¿A cuántos grados estamos?	What is the temperature?
Estamos a 20 grados.	It's 20 degrees.
¿Cuál es el pronóstico para mañana?	What's the forecast for tomorrow?
Va a *llover*.	It's going *to rain.*
nevar	*to snow*
haber una tormenta	*There's going to be a storm.*

Los días festivos y las celebraciones	**Holidays and celebrations**
Para celebrar el Día de la Independencia, siempre vamos a ver un desfile en mi pueblo. Cuando era niño(a), *me gustaba ver los fuegos artificiales*.	To celebrate Independence Day, we always go see a parade in my town. When I was little, *I used to like watching fireworks.*
Para celebrar el Día de Acción de Gracias, normalmente toda la familia se reúne en mi casa. Siempre comemos pavo y pastel de calabaza. Cuando era niño(a), *jugaba al fútbol americano con mis primos*.	To celebrate Thanksgiving, usually my whole family getstogether at my house. We always eat turkey and pumpkin pie. When I was a child, *I would play football with my cousins.*
Para celebrar mi cumpleaños, por lo general salgo a comer con mi familia. Cuando era niño(a), *tenía una fiesta todos los años*.	To celebrate my birthday, I generally go out to eat with my family. When I was little, *I had a party every year.*

Las celebraciones y las costumbres	**Celebrations and traditions**
la Navidad	Christmas
decorar un árbol y cantar villancicos	decorate a tree and sing carols
la Nochebuena	Christmas Eve
intercambiar regalos	exchange presents
la Janucá	Hannukah
encender las velas del candelabro	light the candles on the candelabra/Menorah
la Noche Vieja	New Year's Eve
brindar con champaña	make a toast with champagne
el Día de Año Nuevo	New Year's Day
reunirse con amigos	get together with friends
la Pascua Florida	Easter
ir a la iglesia	go to church
el Pésaj	Passover
ir a la sinagoga	go to synagogue/shul
el Día de las Brujas	Halloween
llevar disfraz y pedir dulces	wear a costume and go trick-or-treating
el Día de los Enamorados	St. Valentine's Day
regalar flores o chocolates	give flowers or chocolates (as a gift)
el cumpleaños	birthday

| apagar las velas del pastel de cumpleaños | blow out the candles of the birthday cake |
| | |

comprar protector solar	buy sunscreen
comprar tarjetas postales	buy postcards
—En *el correo.*	—At *the post office.*
el banco	*the bank*
la farmacia	*the pharmacy/drugstore*
la tienda de recuerdos	*the souvenir shop*

Paso 3

Cómo contar un cuento / How to tell a story

—¿Qué me cuentas?	—What's new/What's up?
—¿Sabes qué pasó?	—Do you know what happened?
—Dime, dime, ¿qué pasó?	—Tell me, tell me; what happened?
—*Gregorio se rompió la pierna.*	—*Greg broke his leg.*
—¡No me digas! ¿Cuándo ocurrió?	—You're kidding! When did that happen?
—*Anteayer.*	—*The day before yesterday.*
—¿Dónde estaba?	—Where was he (when it happened)?
—*Estaba en las montañas, de vacaciones.*	—*He was in the mountains, on vacation.*
—¿Cómo pasó?	—How did it happen?
—*Gregorio hacía una caminata con sus amigos. Como llovía un poco, todo estaba resbaloso Gregorio se cayó y se rompió la pierna*	—*Greg was hiking with his friends. Since it was raining a little, everything was slippery. Greg fell and broke his leg.*
—*Ay, pobrecito.*	—*Oh, the poor thing!*
—*Sí, es una lástima.*	—*Yes, it's a shame/too bad.*

Expresiones de interés / Showing interest

¡No me digas!	You're kidding!
¿De veras?	Really?
¡Ay, pobrecito!	Oh, poor thing!
¡Qué horror!	How awful!
¡Qué alivio!	What a relief!
Eso es increíble.	That's incredible.
¡Menos mal!	Thank goodness! / That's a relief!
¡Qué buena (mala) suerte!	What good (bad) luck!

Algunas preguntas típicas / Some typical questions

¿Dónde estaba?	Where was he/she?
¿Cuándo ocurrió?	When did it happen?
¿Qué hora era?	What time was it?
¿Qué tiempo hacía?	What was the weather like?
¿Cómo fue/pasó?	How did it happen?
Y luego, ¿qué?	And then what (happened)?

CAPÍTULO 8

Paso 1

Unas diligencias por la ciudad / Running errands around a city

| —Perdone, ¿dónde se puede *comprar sellos?* *cambiar dinero* | —Excuse me, where can you *buy stamps?* *change money* |

Unos lugares importantes / Some important places

el aeropuerto	airport
la catedral	cathedral
la clínica	clinic/hospital
la comisaría	police station
el correo	post office
la estación de metro	subway station
la estación del tren	train station
la farmacia	pharmacy
la iglesia	church
la oficina de turismo	tourism office
la parada de autobús	bus stop
el parque zoológico	zoo

Para indicar la ubicación / Locating tourist destinations

—Por favor, ¿dónde está *el correo?*	—Excuse me, where's *the post office?*
—Está *al final de la calle.* *en la esquina* *a tres cuadras de aquí*	—It's *at the end of the street.* *on the corner* *three blocks from here*
—¿Se puede ir a pie?	—Can you get there on foot?
—Sí, está bastante cerca.	—Yes, it's fairly close.
—No, está lejos de aquí. Es mejor tomar *el autobús.* *el metro*	—No, it's far from here. It's better to take *the bus.* *the subway*

Expresiones de ubicación / Expressions of location

detrás de	behind
delante de	in front of
a la izquierda de	to the left of
a la derecha de	to the right of
al lado de	next to
enfrente de	in front of/facing, opposite
entre	between
al otro lado de la calle	on the other side of the street

Para pedir y dar instrucciones / Asking for and giving directions

—Por favor, ¿cómo se va a *la oficina de turismo?*	—Please, how do you get to *the tourism office?*
—Siga todo derecho. Está al final de la calle, a la izquierda.	—Keep going straight. It's at the end of the street, on the left.
—Perdone, ¿hay *un banco* por aquí?	—Excuse me, is there *a bank* around here?
—Sí, el Banco Nacional está bastante cerca. Camine 100 metros por esta calle. Está a la derecha, al lado de la farmacia.	—Yes, National Bank is fairly close. Walk 100 meters along this street. It's on the right, next to the pharmacy.

Otras instrucciones

Vaya a la esquina.
Tome *la Avenida de la Independencia*.
Tome la *segunda* calle a la *izquierda*.
Siga derecho por *cuatro* cuadras.

Doble a la *derecha* en la calle *República*.
Camine *cien* metros.

Cruce la calle.

Giving other directions

Go to the corner.
Take *Indepedence Avenue*.

Take the *second* street on the *left*.
Keep going straight for *four* blocks.
Turn to the *right* at *Republic* Street.
Walk *a hundred* meters (one block).
Cross the street.

Paso 2

Las partes del cuerpo

la boca	mouth
el brazo	arm
la cabeza	head
el codo	elbow
el corazón	heart
el cuello	neck
los dedos	fingers
los dedos del pie	toes
los dientes	teeth
la espalda	back
el estómago	stomach
la garganta	throat
el hombro	shoulder
la mano	hand
la muñeca	wrist
la nariz	nose
el oído	inner ear
los ojos	eyes
la oreja	ear
el pecho	chest
el pie	foot
la pierna	leg
los pulmones	lungs
la rodilla	knee
el tobillo	ankle

Parts of the body

Para indicar lo que te duele

—¿Qué le duele?
—Me duele *el pecho*.
  Me duelen *los oídos*.
  Tengo dolor de *cabeza*.

To indicate what is hurting you

—What's hurting you?
—My *chest* hurts.
  My *ears* hurt.
  I have a *headache*.

Las enfermedades

—¿Qué tiene?
—Me siento mal. Tengo tos y fiebre.

Illnesses

—What's wrong?
—I feel poorly/sick. I'm coughing and have a fever.

Otros síntomas

Tengo *tos*.
  fiebre
  diarrea
  náuseas
  mareos
  vómitos
Me lastimé *la espalda*.
  el pie
Me rompí *un brazo*.
  la pierna

Other symptoms

I have *a cough*.
  have a *fever*
  have *diarrhea*
  feel *nauseous*
  feel *dizzy*
  am *vomiting*
I hurt *my back*.
  my foot
I broke *my arm*.
  my leg

El diagnóstico

—¿Qué tengo, doctor(a)?

—Ud. tiene *gripe*.
  un virus
  un resfriado
  una infección
  una intoxicación alimenticia

The diagnosis

—What's wrong with me, doctor?
—You have *the flu*.
  a virus
  a cold
  an infection
  food poisoning

Los remedios

—¿Qué debo hacer?
—Tome estas pastillas y guarde cama por unos días.

The remedies

—What should I do?
—Take these pills and stay in bed for a few days.

Otros remedios y consejos

Tenemos que ponerle un yeso.

Tome *estas pastillas para el dolor*.

  este jarabe para la tos
Quiero que Ud.
  guarde cama.
  descanse mucho en casa
  tome estos antibióticos
Le recomiendo que
  tome paracetamol cada cuatro horas.
  se aplique esta crema tres veces al día

Other remedies and advice

We have to put a cast on you.
I'm going to give you some *pills for the pain / painkillers*.
  this cough syrup
I want you
  to stay in bed.
  to rest a lot at home
  to take these antibiotics
I recommend that
  you take acetaminophen every four hours.
  apply this cream/lotion three times a day

CAPÍTULO 9

Paso 1

Las vicisitudes del estudiante

—¿Qué te pasa?
—Estoy totalmente estresado(a) por todas mis obligaciones.

Student difficulties

—What's the matter?
—I'm completely stressed out with all my obligations.

—Sí, entiendo perfectamente. Debes encontrar la manera de desconectarte un poco.

—Tienes razón, pero es difícil.

—Yes, I understand completely. You need to find a way to disconnect a bit.

—You're right, but it's hard.

Algunas quejas comunes

Estoy agotado(a) de tanto trabajar.
Necesito volver a ponerme en forma.
Estoy furioso(a) con mi novio(a).
Mi compañero(a) de cuarto y yo no nos llevamos bien.
No tengo dinero para pagar todas mis cuentas.
Tengo que entregar un trabajo escrito mañana y todavía no lo he empezado.

Some common complaints

I'm exhausted from so much work.
I need to get back into shape.
I'm furious with my boyfriend/girlfriend.
My roommate and I don't get along well.
I have no money to pay all my bills.
I have to turn in a (research) paper tomorrow and I haven't even started it.

Para dar consejos

Debes...
Tienes que...
   dormir ocho horas diarias

   buscar una solución
   tomarte unos días libres
   discutir el problema
   comer comidas balanceadas
   pedir ayuda
   hacer más ejercicio
   organizarte mejor
   dejar de fumar
   dejar de posponer las cosas

Giving advice

You should . . .
You have to . . .
   get eight hours of sleep every night
   find a solution
   take some days off
   discuss the problem
   eat balanced meals
   ask for help
   exercise more
   organize yourself better
   stop smoking
   stop procrastinating

Para reaccionar a los consejos

Tienes razón.
Sí, es verdad, pero...
Es buena idea.
Bueno, no sé. No estoy seguro(a).

Reacting to the advice

You're right.
Yes, it's true, but . . .
It's a good idea.
Well, I don't know. I'm not sure.

Paso 2

Los grandes momentos de la vida
Buenas noticias

—¿Qué me cuentas?
—Estoy *contentísimo*. ¡Tengo buenas noticias!
—¿Sí? Cuéntame qué pasa.

—*Mi hermana mayor está embarazada y voy a ser tío.*

—*¡Cuánto me alegro!*

Major events in your life
Good news

—What's new?
—I'm *extremely happy.* I have good news!
—Really? Tell me what is going on.
—*My older sister is pregnant and I'm going to be an uncle.*
—*I'm so happy (for you)!*

Otros sentimientos

Estoy *orgulloso(a).*
   emocionado(a)
   enamorado(a)
   muy alegre

Other feelings

I am *proud.*
   excited
   in love
   very happy

Otras noticias buenas

Acabo de conocer al hombre (a la mujer) de mis sueños.
Mi hermana mayor va a graduarse con honores de la universidad.
Mi primo y su novia van a comprometerse.
Mis mejores amigos van a casarse.

Other good news

I've just met the man (woman) of my dreams.
My older sister is graduating from the university with honors.
My cousin and his girlfriend are getting engaged.
My best friends are getting married.

Para reaccionar a las buenas noticias

¡Cuánto me alegro!
¡Qué buena noticia!
¡Estupendo!
¡Qué maravilloso!
¡Qué bueno!

Reacting to good news

I'm so happy!
What great news!
Great! / Fantastic!
That's wonderful!
That's great!

Malas noticias

—¿Todo bien?
—En realidad, no. Estoy *muy triste.*
—¿Sí? ¿Qué te pasa?
—Acabo de recibir malas noticias. *Mis padres van a separarse.*
—*¡Cuánto lo siento!*

Bad news

—Is everything okay?
—Actually, no. I'm *very sad.*
—Really? What's wrong?
—I just got bad news. *My parents are separating.*
—*I'm so sorry!*

Otros sentimientos

Estoy *preocupado(a).*
   deprimido(a)
   desconsolado(a)
   sorprendido(a)

Other feelings

I am *worried.*
   depressed
   grief-stricken
   surprised

Otras noticias malas

Mi hermano y su novia rompieron su compromiso.

Mis tíos van a divorciarse.

Se murió mi tía abuela.

Other bad news

My brother and his fiancée broke off their engagement.
My aunt and uncle are getting a divorce.
My great aunt died.

Para reaccionar a las malas noticias

¡Cuánto lo siento!
¡Qué pena!
¡Lo siento mucho!
¡Ojalá que todo salga bien!

Reacting to bad news

I'm so sorry!
How sad!
I'm very sorry!
I hope (Hopefully) everything will be fine.

Paso 3

Cuéntame de tu vida

—¿Qué hay de nuevo?

—Acabo de tener una entrevista para una beca.

—¿Sí? ¿Piensas que te la van a dar?

—Creo que sí. Me fue muy bien en la entrevista.

Para expresar grados de certeza o duda

¡Sin ninguna duda!

Creo que sí.
Es casi seguro.
Es muy probable.

Tell me about your life

—What's up? / What's going on?

—I just had an interview for a scholarship.

—Yeah? Do you think they will give it to you?

—I think so. The interview went really well.

Expressing certainty and doubt

Certainly! / Without a doubt!

I think so.
It's almost a sure thing.
It's very likely.

Es posible.
Quizás.
Depende.
Es dudoso.
Es poco probable.
Creo que no.
¡Imposible!

It's possible.
Perhaps.
It depends.
It's doubtful.
It's very unlikely.
I don't think so.
Impossible!/No way!

Para expresar optimismo

Me siento muy optimista.
Pienso que todo se va a arreglar.

¡No te preocupes!

Expressing optimism

I feel very optimistic.
I think that everything will turn out fine.

Don't worry!

Para expresar pesimismo

Me siento pesimista.
No estoy seguro(a); es muy difícil.
Creo que va a salir mal.

Expressing pessimism

I feel pessimistic.
I'm not sure; it's unlikely.
I think it will turn out badly.

Index